U0124671

◆ 大数据战略重点实验室重大研究项目

◆ 基于大数据的城市科学研究北京市重点实验室重点研究项目

◆ 北京国际城市文化交流基金会智库工程出版基金资助项目

大数据战略重点实验室◎著

连玉明◎主编

主权区块链2.0

改变未来世界的
新　力　量

SOVEREIGNTY BLOCKCHAIN **2.0**

NEW FORCES

CHANGING THE WORLD OF FUTURE

ZHEJIANG UNIVERSITY PRESS

浙江大学出版社

浙江大学国际联合商学院

浙江大学金融科技研究院

特别支持

大数据战略重点实验室浙江大学研究基地

学术支持

编撰委员会

区块链是基于数字文明的超公共产品

当今世界正面临百年未有之大变局。在这个大变局中,究竟什么在变,朝什么方向变,会变成什么样,这些问题还具有诸多不确定性,甚至是不可预知性。但是,可以确定的是,有两种力量正在改变我们的生活,改变整个世界,进而改变文明的秩序。这两种力量,一是数字货币,它将引发经济领域的全面变革;二是数字身份,它将重构社会领域的治理模式。

一、科技变革,特别是新一代信息技术,将推动数字货币和数字身份的广泛普及和应用。不论是数字货币还是数字身份,它们的普及和应用必然打破"信息孤岛",把分散的点数据和分割的条数据汇聚到一个特定的平台上,并使之发生持续的聚合效应。这种聚合效应是通过数据的多维融合、关联分析和数据挖掘,揭示事物的本质规律,从而对事物做出更加全面、更加快捷、更加精准和更加有效的研判和预测。我们把这种聚合效应称为块数据。块数据的持续聚合又将形成块数据组织,这种新的组织将解构和重构组织模式,引发新的范式革命。

二、块数据组织所引发的范式革命究竟是什么,究竟会带来什么样的革命性变化。如果用一句话来概括,那就是一场改变未来世界的治理革命。因为,在数字货币和数字身份推动下形成的块数据组织,本质上是一个在公正算法控制下的去中心化、分布式组织模式,我们称之为分权共治组织。这个组织通过三大核心技术,即分布式账本、智能合约和跨链技术建立起一套可信且不可篡改的共识、共享和共治机制。这套机制通过编程和代码把时间、空间、瞬间多维叠加所形成的数据流加以固化,形成可记录、可追溯、可确权、可定价、可交易、可监管的技术约束力,进而建构一种数字信任体系,这就是我们所说的区块链。当数字货币、数字身份遇到区块链并与之珠联璧合时,就标志着我们已经跨入一个新的世界。在这个新的世界里,网络就是我们的计算机。区块链借助于网络与终端,将对数字货币与数字身份赋值、赋能、赋权,从而建构可信数字经济、可编程社会和可追溯政府的监管框架,并形成新的数字秩序。这种数字秩序引发的是文明的重构。如果说,互联网的核心是链接,链接带来信息传递,在传递中实现价值的提升,那么,区块链的核心则是重构,重构引发秩序变化,在变化中推动文明的跃进。从这个意义上说,互联网是工业文明的高级形态,区块链是数字文明的重要标志。认清这一点,有助于我们更加深刻地把握区块链的本质。

三、区块链的真正意义,是基于共同利益和共同价值的超级账本。这个超级账本的本质是从人对人的依赖、人对物的依赖转化为人对数的依赖。数据成为区块链的逻辑起点。数据价值最大化成为终极目标。数据权、共享权、数据主权成为核心问题。既要数尽其用,又要保护数权,必然要求建构一个以数权为基点的权利保障体系,这个体系我们称之为数权制度。基于数权制度建构一套调整数据权属、数据权利、数据利用和数据保护的法律规范,就形成数权法。当数权法与区块链走到一起时,区块链就从技术之治走向制度之治。这种基于制度安排和治理体系的区块链叫主权区块链。主权区块链改变了互联网的游戏规则,推动互联网从信息互联网、价值互联网向秩序互联网跃升,这种跃升从人类命运共同体的角度说,就是一种全球性的秩序共同体,我们称之为全球公共产品。这种公共产品既超越特定的地域、边界、时空和群体,又强调区域间的共同合作、共同提供、共同建构和共同秩序,它不同于工业文明时代的纯公共产品或准公共产品,但又具有市场制度下公共产品的特质和属性,我们把它叫作基于数字文明的超公共产品。我们可以把区块链作为一种技术创新、一种场景应用、一种基础设施、一种治理模式,但本质上区块链是一种数字秩序,这种秩序是工业文明迈向数字文明的重要分水岭。

　　大数据战略重点实验室近年来致力于数字文明新秩序的理论研究,先后推出块数据、数权法、主权区块链三大理论成果。这三大理论成果被称为"数字文明三部曲"。这个"三部曲"的核心观点就是构建数字文明新秩序的三大支柱。块数据、数权法、主权区块链着力解决数字文明新秩序中的三个核心问题,成为推动人类从工业文明走向数字文明的主要基石。块数据解决的是融合问题。只要万物被数据化,融合就成为可能。这就是"数化万物,智在融合"的重大意义。数权法解决的是共享问题。数权法的本质是共享权,而共享权是基于利他主义文化的制度建构。特别是"数据人"假设的提出,为利他主义文化建构和制度建构提供了理论基础。如果利他主义理论是成立的,那么,共享权作为一种基本人权就成为可能。这种可能将揭示数权的本质,并依据这个本质建构数权体系及其法律制度,从而推动数字文明新秩序的确立。共享权有望成为人类人权史上新的里程碑。主权区块链解决的是科技向善问题,也就是科技的灵魂是什么。科技正在凸显向善的文化价值。科技向善是通往普遍、普惠、普适数字社会的路标。科技向善的核心是良知之治,致良知正是阳明心学的灵魂和精髓。"全球良知"必将成为人类命运共同体的共同价值取向。如果从理论上确立了融合、共享、良知三大价值取向，人类走向数字文明的文化障碍就能得到破解，人类命运共同体必将行稳致远。

从数字货币、数字身份到块数据、数权法、主权区块链，前两种被称为改变世界的两种力量，后三种被称为重构数字文明新秩序的三大支柱。科学家霍金说，我们站在一个美丽新世界的入口，而这是一个令人兴奋的，同时充满了不确定性的世界。区块链的世界是美丽的、令人兴奋的，同时也是不确定的。这种不确定性既面临着挑战，又蕴含着更大的机遇。

2020 年 12 月 14 日于雄安

目　录

绪　论

当今世界正经历百年未有之大变局,世界进入动荡变革期。看未来最重要的是看大势、大是和大事。大势即趋势性特征,大是即规律性问题,大事即关键性要素。21世纪的大势是人类从物理世界向数字世界的全面迁徙;大是是科技成为"历史的有力的杠杆"和"最高意义上的革命力量",对人类生存方式、生产方式、生活方式、情感方式进行全面改造;大事是以互联网为代表的新一代信息技术日新月异,基础性、战略性、前沿性、颠覆性技术快速迭代演进,5G、大数据、云计算、区块链、人工智能、量子技术等先进技术迸发创新活力,特别是新冠肺炎疫情全球大流行使大变局加速变化。这将是一场从个人到社会,从规则到思维,从制度到秩序,从文化到文明的整体式变革和跃迁。

在这次伟大的变革中,区块链是影响未来的"关键性要素"中的"关键"。2016年,《哈佛商业评论》指出,"在下一个10年里，区块链是最有可能对经济社会产生深远影响的技术"。麦肯锡公司研究认为，"区块链技术是继蒸汽机、电力、信息和互联网科技之后，最有潜力触发第五轮颠覆性革命浪潮的核心技术"。为什么是区块链？正如数字经济之父、《区块链革命》作者唐·塔普斯科特所言，"过去10年中最显著的变化不是区块链技术发生了怎样的变化，而是人们是如何改变思维方式的。它正在改变我们对数字技术的思考方式"。不仅如此，基于共识信任、不可篡改、去中心化等规则的区块链，正在改变我们认识世界、建构世界的底层逻辑和思维范式，它是基础中的基础、标准中的标准、关键中的关键，是数字文明时代的超公共产品。

数字货币、数字身份、数字秩序助推迈向数字文明新时代。"世界怎么了、我们怎么办"是不同时代都要回答的命题。破解"治理赤字、信任赤字、和平赤字、发展赤字"正是当今世界的时代命题。进入数字时代，破解"四大赤字"更为紧迫，数字货币、数字身份、数字秩序有望成为重构全球治理秩序的重要力量。数字货币将引发经济领域全面变革，数字身份将重构社会领域治理模式，数字秩序将成为数字时代的第一秩序。当主权互联网遇到主权区块链，当数字货币走上历史舞台，当数字身份可以通往未来时，就标志着我们迎来一个全新的数字星球。在这个新的世界里，无论是个人、企业还是国家，都必须从旧的经验中觉醒以跟上时代的变化，让自己成功"移民"到新的星球。数字秩序重构世界，数字文明呼之欲出。

数字货币

货币的诞生，是人类文明史上的一个重大事项，它与文字、语言、法律等人类的其他文明成果一样，是人类走向文明社会的重要标志之一。无论人类发展到何种社会阶段，货币始终是人类社会存在、稳定和发展的标志及定海神针。现代以来，货币已成为金融的基础，金融已成为经济的血脉，货币的稳定与变革已成为经济繁荣与社会发展的重要前提。

数字货币是未来的货币形式。货币是国与国、人与人之间发生交换关系的媒介。原始社会通过皮毛、贝壳等稀缺物质进行交换，但交换媒介不统一制约了生产力的发展。农业社会开始以黄金、白银或铜等贵金属作为货币中介。工业社会后，黄金等贵金属作为货币难以承载巨大的交易规模，纸币随之出现。再后来，电子钱包、手机支付等迅猛发展，货币的电子化走向成熟。随着金融科技的发展，以比特币（Bitcoin）、迪姆币（Diem）、数字人民币（DC/EP）为代表的数字货币开始出现，货币迎来了数字化时代。自诞生以来，货币的每一次进化都代表着人类社会的巨大进步。数字货币的出现并非偶然，它不仅是数字时代科技革命的最新产物,而且是货币进化内在规律的集中体现,更是货币进化史的重大转折点。从形态上讲,数字货币不同于物物交换中的"物",也不同于贝壳、铜、银、金,更不同于纸币、不同于美元、不同于电子货币,它在制造、携带、储存、交易、流通、安全等方面都极大地降低了生产和使用的成本,有着超越既往货币的优越性,是货币进化后的高级形态。当下,不断创新的数字货币正在突破地域、民族、文化、信用等约束,在国际范围内被接受和使用。不管未来的世界货币最终是不是数字货币,毫无疑问,以区块链为基础的数字货币为货币的进化提供了重要方向。

数字货币统一"世界度量衡"。没有统一货币就等于没有统一度量衡,统一货币是解决世界经济合作与冲突的关键。面向未来,全球要统一货币,只有数字货币。2000多年前,秦始皇一统六国,首先统一使用方孔圆钱,极大促进了商贸的发展与人文的交流,为中华文明奠定了坚实基础。2000多年后,世界的人流、物流、信息流、数据流深度全球化,但因度量衡尚未统一,全社会投入在货币投机上的时间,远远比人们创造财富的时间多得多。以数字货币引领统一"世界度量衡"已经成为这个时代的迫切要求。今天,中国在区块链领域已经打下了坚实基础,中国央行在区块链技术上已经实现了专利先行,这比20世纪90年代的互联网时代要起步早得多、起点高得多。在这盘大棋局中,中国央行的DC/EP出招算是"执黑先行",但"世界度量衡"统一的战局刚刚打响。

数字货币重构国际货币体系。自19世纪以来,随着全球化的不断扩展和深入,国家间贸易往来日益密切,各国货币本位制度日益趋同。到20世纪,各国基本实现了从银本位、复本位到金本位的过渡。进入21世纪,以美元为主导,欧元、英镑为辅助的国际货币体系已然成型。作为金融科技创新特别是区块链技术迅猛发展的产物,数字货币必将成为推动国际货币体系改革及全球金融治理体系变革的关键工具,并将引发国际货币体系的重新洗牌。一方面,理想状态下,去中心化的数字货币发行权独立于任何国家或机构,作为国际储备货币,数字货币可以从根本上解决"特里芬难题"①,为构建超主权世界货币提供了思路和遐想。另一方面,现实情况下,数字货币作用于主权信用货币,终将诞生主权数字货币,也即法定数字货币,它将弥补传统主权信用货币与非主权数字货币的缺陷和不足,

---

① 特里芬难题来源于1960年美国经济学家罗伯特·特里芬的《黄金与美元危机——自由兑换的未来》,是指由于美元与黄金挂钩,而其他国家的货币与美元挂钩,美元虽然取得了国际核心货币的地位,但是各国为了发展国际贸易,必须用美元作为结算与储备货币,这样就会导致流出美国的货币在海外不断沉淀,对美国国际收支来说就会发生长期逆差;而美元作为国际货币核心的前提是必须保持美元币值稳定,这又要求美国必须是一个国际贸易收支长期顺差国。这两个要求互相矛盾,因此是一个悖论。这一内在矛盾称为"特里芬难题"(Triffin Dilemma)(周永林:《加密货币的本质与未来》,《中国金融》2018年第17期,第57-58页)。

成为国际货币及金融博弈的重要内容。可以预见,主权数字货币体系的构建将成为国际货币体系改革的核心议题。值得注意的是,随着世界贸易从货物贸易逐渐向服务贸易过渡,数字贸易即将成为全球数字经济竞争的主赛道,数字货币俨然成了"兵家必争之地",将真正引发国际货币体系的重构。

数字身份

"我是谁? 我从哪里来? 我要到哪里去?"是哲学的三大终极问题。其中,"我是谁"指的就是身份问题。身份是用来区别"我"和其他主体的。一般而言,身份具有两大功能:一为区分,二为证明。互联网时代以前,我们通常用纸质材料来证明"我是我";进入互联网时代,身份证明的方式从纸质证明变成了电子凭证。随着数字科技的创新与突破,人类正从物理世界向数字世界迁徙,物理世界到数字世界的映射过程就是"身份认证"。数字空间中的身份认证与治理的核心是识别与信任,这需要基于数字身份而建立,识别效率的提高和信任成本的降低是促进数字经济发展、数字政府建设、数字社会治理、数字文明进步的重要推动力。

数字身份是数字孪生世界的入口。自古以来,人类始终崇尚信任文化,中国也是闻名世界的信任之邦。进入新时代,新一代数字技术快速发展,数字孪生世界逐渐浮现,人类社会发展对信任的要求变得越来越严格,信任危机日益严重。在数字孪生世界中,除了"我是谁"的问题,还存在一个同等重要的"你是谁"的问题,这是身份识别和认证的正反面。信任机制是身份进化的重要动力。经济基础决定上层建筑,数字货币引发的经济领域的全面变革将带来社会治理、国家治理体系的变革,推动社会形态向新的结构演进,引发身份焦虑。在区块链的作用下,数字化信任机制将推动身份的进化;在主权区块链的作用下,制度化信任机制将带来身份的跃迁。基于信任和共识机制,通过编程和代码进而建构一种数字信任体系,使得可信的数字身份链成为社会治理、国家治理的主要逻辑。

数字公民是社会治理的一把"金钥匙"。如果说互联网解决了"事"的数字化,物联网解决了"物"的数字化,那么区块链将解决"人"的数字化。国际数据公司(IDC)预测,到2022年,1.5亿人将拥有区块链数字身份。"数字公民"上承国家战略,中启社会治理,下接个人生活,是数字时代"数据人"的制度化呈现,必将提高社会治理体系的包容性、正规化和透明度。不管是爱沙尼亚的数字国家计划、英国的数字身份计划,还是中国公安部对可信数字身份的深入研究和多方联合成立的公民数字身份推进委员会,抑或是福州的"数字公民"试点、贵阳的"身份上链"项目,都将有效提升全社会的"数字素养",为社会治理能力现代化奠定基础。

数字社会治理共同体是数字社会的应有之义。数字时代治理环境复杂化、治理诉求多元化和治理场景网络化,基于治理科技构建多主体协同、信息均衡、数据驱动的数字孪生治理体系成为社会治理的发展前沿。要建成数字社会治理的巴别塔,构建数字社会治理共同体是最佳路径。我们要把数字包容性、协同性、多样性融入数字新基建的建设过程,构建人人有责、人人尽责、人人享有的数字社会,推动共建共治共享社会治理格局的真正到来。

数字秩序

当前,我们正处在一个前所未有的大变革、大转型时代。继农耕文明、工业文明之后,人类将构建一个崭新的秩序形态——数字秩序,一个崭新的文明形态——数字文明。这一次的文明跃迁像一场风暴,荡涤着一切旧有的生态和秩序,对社会存在与发展形成颠覆性的改变。如果说,区块链是21世纪初最让人兴奋和值得期待的技术创新;那么,主权区块链必将成为21世纪最让人兴奋和值得期待的制度创新。在主权区块链的推动下,数字秩序将冲破一切旧范式,重新定义新未来,引发整个发展模式、组织形式、分配方式、法律范式等前所未有的解构与重构。

数字利维坦的陷阱。30多年前,万维网的问世为全球数字化的萌发创造了最重要的技术基石。30多年来,数字化浪潮席卷社会的每一个角落,"数字孤岛""技术后坐力""数字化冷战""监控资本主义""数字平台操纵"等将我们带入"黑暗丛林",引发数字秩序失衡。随着新一代数字技术对世界的深入改造,人类社会秩序的变革正处于一个历史性的关键拐点:旧平衡、旧秩序逐渐瓦解,新制度、新秩序呼之欲出。随着旧秩序被打破、复杂性涌现,责任落寞带来数字化失序,在新旧世界交替之际,在新规则尚未建立之时,我们要避免滑向新型危机——数字利维坦,努力降低数字化转型过程中的各种风险。

区块链重构新秩序。数字化失序是时代跃迁过程中极容易出现的现象,它既带来新挑战,也带来秩序重建的新机遇。信任是建立社会秩序的基础,区块链是实现数字化信任的工具,是数字社会共建共治共享的基础设施和信任桥梁。在这一背景下,借力区块链重建一种更加透明、扁平和公正的秩序成为必然选择。秩序的重建,需要坚持区块链的共识思维、共治思维、共享思维,充分挖掘区块链的技术特性,明确主权区块链的价值取向,通过促进数字经济发展、推动政府转型、提升社会治理效能,实现效率与公平的平衡。

科技赋能向善而行。人是科技的尺度,价值观决定着科技的方向。在"黑暗丛林"中引导科技向为人类提供安全、健康、可持续服务的方向发展，不断满足人民群众对美好生活的期待与向往，科技向善应当成为政府、企业、公众的共识。对数字企业而言，无论是谷歌"永不作恶"的宣言，还是腾讯"科技向善"的愿景，无不体现出"向善"是一种好的选择。科技向善是通往普遍、普惠、普适数字社会的路标，是实现数字正义、打造数字命运共同体的内在要求。科技向善的核心是良知之治，致良知是阳明心学的灵魂和精髓。"全球良知"也必将成为人类命运共同体的共同价值取向。

今天，科技迭代的速度比历史上任何时期都要迅速，经济社会的变革比过去任何阶段都要巨大，人类比以往任何时候都更加唇齿相依，我们正迈入一个文明大发展大融合的共生时代。在这个时代，主权区块链将人与人之间的信任带上更高层次，人类社会逐渐萌生"群体智慧"，不同文化传统、不同宗教信仰、不同意识形态的民族就人类共同的、新的价值体系逐步达成共识，由内而外引发文明的重构，重塑文明的秩序。在这个时代，科技与人文精神交相呼应，主权区块链引领纯科技文明走向综合性的数字文明，促进文明的跨越，实现文明的重塑。在这个时代，文明的融合成为时代的潮流，一种以应对人类共同挑战为目的的全球价值观已然成型，基于数字货币、数字社会、数字秩序建构的数字文明新时代呼之欲出。

如果说,互联网与区块链融合形成的互链网和物联网与区块链结合形成的物链网共同构建的是一条通往数字文明的高速公路,那么,大数据就是行驶在这条路上的一辆辆车,块数据就是这些车形成的车流,数权法就是根据目的地指引车流的导航仪,区块链则是让这些车在高速公路上合法和有序行驶的规则和秩序。展望未来,数字世界治理和文明融合共生是一项复杂的系统工程,既需要硬性的法律,也需要柔性的伦理。在这条路上,新科技革命犹如一把火,如果没有文明互鉴与文明融合的加持,如果没有新权利观和新伦理观的支撑,它会把整个世界烧成灰烬。数字文明是一种共享文明、向善文明、全球文明,是人类文明发展的历史趋势。让我们携起手来,怀抱数字责任,拥抱数字文明,以全人类命运与共的视野与远见,共同构建新的全球框架和全球体系,开辟治理新境界,创造美好新未来。

第一章　超公共产品

过去的"上网"、现在的"上云"、未来的"上链",都将是新经济发展的必备元素,互联网、云计算、区块链是基础的基础,也将是贯穿在所有的新基建、新业态、新动能和新经济中的基本元素。

——数字经济学家、权威区块链专家、中国通信工业协会
区块链专委会共同主席　于佳宁

第一节　全球公共产品

当今世界,百年未有之大变局正在加速演进,全球正在经历新一轮科技革命、产业变革和社会转型。同时,不稳定性、不确定性更加突出,信任赤字、和平赤字、发展赤字、治理赤字成为摆在全人类面前的严峻挑战。世界经济论坛发布的《2021全球风险报告》指出,国家间关系破裂、数字不平等、数字权力集中等将是未来10年位列前十的全球风险。[①]全球问题需要全球治理,国际制度是全球治理的核心,一系列多边主义的制度安排就是全球治理的参与者向世界提供的公共产品。目前,少数西方国家一连串不负责任的"退群"行为,正使全球公共产品功能出现加速衰退的趋势。正如以色列历史学家尤瓦尔·赫拉利所言,"如果我们选择各自为政,那么新冠病毒的危机将会更加漫长,未来或许会出现更严重的灾难。如果我们选择全球大团结,不仅能战胜这次的冠状病毒,还能战胜未来所有侵害人类的传染病和危机"[②]。面对全人类共同的威胁,我们比以往任何时候都更加需要新型全球公共产品,一种受益

① World Economic Forum. "The global risks report 2021". World Economic Forum. 2021. https://www.weforum.org/reports/the-global-risks-report-2021.

② Yuval Noah Harari. "The world after coronavirus". Financial Times. 2020. https://www.ft.com/content/19d90308-6858-11ea-a3c9-1fe6fedcca75.

者可以延伸至所有国家、人民和世代的公共产品，一种驱动未来世界的力量。

一、信仰、货币与规则

当下，突如其来的新冠病毒还在肆虐全球，人类陷入了一场影响范围之广、危害程度之深、冲击力度之强均前所未有的全球性危机，生活在地球上的每一个个体与国家都可能成为这场危机的牺牲品。危机的根本原因在哪里？不在于经济实力的强弱与科技竞争力的高低，而在于内生性的价值扭曲，在于忽视了共识的重要性，全球化在自保与壁垒、私利与斗争的作用下出现逆流。联合国教科文组织总部大楼前的石碑上镌刻着这样一句话，"战争起源于人之思想，故务须于人之思想中筑起保卫和平之屏障"，便指出了问题的实质。如何"筑起保卫和平之屏障"？怎样医治已经侵蚀了全球的"疾病"？思考建立基于不同信仰的思维共识，恐怕是我们目前能找到的特殊药方。信仰、货币与规则是一种全球思维共识，是人类构建现代文明和社会格局的三大基石。信仰作为人类追求超越自我的精神状态和意识，是一个社会群体必须存在的基本要素，指导人类通过不懈努力在规则化的世界中去实现自己的目标。如果说信仰是人类本能进化的内心选择，那么货币就是人类凭空创造出来的身外之物。货币从一开始的物物交换、纸币交易，到现在的电子无纸化交易，构成了人类社会有序并行的重要支撑条件。货币是不可或缺的，规则也无处不在。规则包括具有强制力的社会通用运行规则之法律，也有人际约定俗成的风俗习惯，以及各行各业所需要遵守的职业行为准则。规则就像一堵墙，除了有限制人类行为的表面作用，还有促进人类社会合作发展的深层要义。人类社会能够走到今天，很重要的一条就是讲究合作。人类单打独斗对付不了老虎、豹子等独行猛兽，更妄谈对付狼群、狮群等"结帮"动物。尼安德特人的体格、个体能力都比我们智人要强，智人能够发展至今，关键因素便是懂得合作。可以说，人类的合作范围越宽、越广，人类进步的速度就越快，人类基于规则的合作迸发出的能量就越大。

信仰。人与自身、自然的关系，是文明演化的两大驱动力。这两大关系蕴含着两个方面，一方面是物质性的相互影响与制约作用，另一方面是意识及其能动作用，也就是信仰。没有信仰，人类就只是一摊毫无灵魂的肉体，国家也只是一台冰冷的"机器"。如果没有建立对共同世界的基本认识，便很难形成超越经济、文化、政治等多种因素的共识,全球公认的"游戏规则"更无从谈起。[①]"人类从来就不是纯粹的物质存在与物欲存在,它还是一种不断反省自身存在意义的伦理存在。"[②]伦理与信仰都是个体通过内心的自律实现外在的行为约束。信仰是自由的,究其本质,人类有思想意识的能动性。而且人类自知其有意识,不论任何时间、地点、人员或组织都不能强迫他人顺从或皈依某种信仰,更不能以信仰为借口对他人使用野蛮手段。不同信仰间应该通过对话协商促进相互了解,寻找共性、消除隔阂、化解误会,这也是全球公共产品的共识性基础。在人类文明从远古时期的破碎孤立到近代逐渐发展为共同体的过程中[③],信仰逐渐演化为一种人类做出决定的权利与承担后果的责任相互平衡的"风险共担"机制[④]。按照德国社会学家乌尔里希·贝克和英国社会学家安东尼·吉登斯的看法,当代人类文明正在从工业文明向风险文明过渡,风险的全球化、多元化使文明与信仰面临跳跃式发展的严峻局面,也给人类高效率、高

---

① Wieland J. "Global standards as global public goods and social safeguards" //Josef Wieland. *Governance Ethics: Global Value Creation, Economic Organization and Normativity*. Boston, MA: Springer. 2014, pp. 65-72.

② 刘魁:《全球风险、伦理智慧与当代信仰的伦理化转向》,《伦理学研究》2012年第3期,第25页。

③ 丰子义:《全球化与文明的发展和建设》,《山东社会科学》2014年第5期,第5页。

④ [美]纳西姆·尼古拉斯·塔勒布:《非对称风险:风险共担,应对现实世界中的不确定性》,周洛华译,中信出版社2019年版,第261页。

质量供给全球公共产品提出了严峻挑战。尤其是随着数字科技的迅猛发展、数据要素的快速流动,人类交往的程度不断加深,广度迅速扩展,文明的世界性影响急剧扩大,滋生了生态信仰、生命信仰、数字信仰等新兴信仰。如今,肤色、国籍、民族、文化背景各异的人,都不可避免地被卷入这股势不可挡、来势汹汹的数字全球化浪潮之中,人类共同关注的核心议题逐渐转向具有人类学性质的信仰。未来,数字技术将不断冲破各种范式,无常、无序、混沌,变量将不断增加,弥漫、分散、无序不会停滞,知识和技术的更新换代将真正日新月异,甚至呈现"时新日异"的局面。那时,对人类最大的考验便是信仰。信仰是自控能力的真正源泉,一种约束人类僭越的根本性精神观念,让人类节制其物欲与贪欲,使社会保持一种精神理性,也为人类生存提供一种长久之道,帮助人类认识自身在浩瀚宇宙中的恰当位置。

货币。货币是人类历史上伟大的发明,是重要的连接协作工具,本质是一种"社会关系"。没有货币,就不易实现从个体、群体、国家到整个人类的顺畅连接。随着数字技术和数字经济蓬勃发展,社会公众对零售支付便捷性、安全性、普惠性、隐私性等方面的需求日益提高。不少国家和地区的中央银行或货币当局紧密跟踪金融科技发展成果,积极探索法定货币的数字化形态,法定数字货币正从理论走向现实。从经济学角度而言,货币是从商品交易过程中分离出来固定充当一般等价物的商品。货币出现后,经济机制才得以运行起来。人类在经济往来过程中,通过一定的结算平台、结算方式、结算中介实现贸易的跨境流动,产生货币国际化需求。从点对点的国家间交易,到蜘蛛网式的全球贸易体系,再到生产要素在世界范围内跨境流动的全球化体系,极大地拓展和深化了货币国际化的内涵与外延。"国际货币体系作为国际货币关系领域的一种规则、协定或惯例,具有全球公共产品的特征。"①美国作为国际货币体系的主导者,对国际货币体系的部分规则具有相当的制定权与话语权,获得了提供这一公共产品的大部分收益,使其在国际金融领域拥有垄断性的全球权力。然而,国际货币体系作为一种全球公共产品,越来越需要发达国家与发展中国家的通力合作,平衡各供给主体间的利益。

规则。"人类在组织自己的社会生活时,必须有一定的规则。规则包括成文的法规和人们的行事习惯、伦理道德、价值体系。"②规则文明是促进人类物质文明和精神文明发展的逻辑基础,也是一种符合历史发展规律的

---

① 杜朝运、叶芳:《集体行动困境下的国际货币体系变革——基于全球公共产品的视角》,《国际金融研究》2010年第10期,第22页。
② 赵诚:《全球化和规则文明》,《中共中央党校学报》2007年第5期,第96页。

衍生次序。如果没有这一套规则体系，就不可能使前两种文明得到保护和发展。规则也是一种"底线思维"[①]，是保证人类社会不致崩溃、人类文明不致坍塌的底线。全世界要在一个世界市场和地球社会中生活，就需要一套全球化的伦理道德、社会规则、文明秩序。目前，各种国际组织往往作为国际交往规则的象征而存在，也就是我们所说的全球公共产品。"联合国是国际政治规则的载体，世界银行是国际金融规则的载体，世界贸易组织是国际经济规则的载体。"[②]规则已经成为一种相对独立意义的社会存在，推动着制度文明、政治文明等人类文明的进步，同时又推动着人类与天地、与众生、与自身的融合，不仅让精神能够对规则有一种更强有力的支持，而且能帮助人类更注重生命的丰盈。2018年11月，习近平主席在亚太经合组织工商领导人莫尔兹比港峰会上指出，"以规则为基础加强全球治理是实现稳定发展的必要前提。规则应该由国际社会共同制定"[③]。全球化是大势所趋，世界上任何国家都无法回到封闭状态。封闭状态一经打破，人类自我意识的觉醒、思想的交流、社会的变革将成为一种常态。人类社会必须以全球意识、

---

① 何怀宏：《人类还有未来吗》，广西师范大学出版社2020年版，第136页。
② 陈忠：《"规则何以可能"的存在论反思》，《东南学术》2004年第3期，第19页。
③ 习近平：《同舟共济创造美好未来——在亚太经合组织工商领导人峰会上的主旨演讲》，新华网，2018年，http://www.xinhuanet.com/world/2018-11/17/c_1123728402.htm。

全球思维、全球主义、全球责任等为价值基点,积极参与制定并尊重和遵守各种全球性规则,使之成为更多满足人类基本需要、凝聚社会广泛共识、促进世界和谐发展的全球公共产品。

二、重新定义公共产品

公共产品最初源于公共经济学领域,非排他性与非竞争性作为其技术本质,实际上是满足社会共同需要的产物。进一步讲,它是为满足社会共同需要的制度设计、决策机制而建构的一种"基础设施"(见表1-1)。早在近300年前,英国著名哲学家、经济学家、历史学家大卫·休谟就曾注意到,"某些任务的完成对单个人来讲并无什么好处,但对于整个社会却是有好处的,因而只能通过集体行动来执行"[1]。全球化的加深使得全球公共资源——全球公域(global commons),如网络空间、外太空、公海等对人类社会的生存发展越来越重要,公共产品的应用领域也在不断拓展(见表1-2)。然而相关国际规则体系、制度机制却呈现混乱冲突的局面,这些全球性问题具有一定的正外部性,极易出现"搭便车"(free ride)行为,产生集体行动的困

---

[1] [英]大卫·休谟:《人性论》,关文运译,商务印书馆1983年版,第578-579页。

境①,使得单个国家不愿也无力解决全球性问题,需要全球共同合作。世界日益联结为一个有机整体,主权国家内公共产品的受益范围开始向区域和全球扩展②,开创了公共产品研究的新领域——全球公共产品。全球公共产品不仅是供求关系的体现,还是防范化解矛盾与风险的一种结果③,"只有通过发达国家与发展中国家的合作和集体行动才能充分供应此类物品"④,我们称之为全球公共产品(见表1-3)。全球公共产品通过互动合作、对话协商,从全球的不确定性来观照公共产品的确定性和过程性,成为改变世界的重要力量。

---

① 集团越大,它越不可能提供最优水平的集体物品,而且很大的集团在没有强制或独立的外界激励的条件下,一般不会为自己提供哪怕是最小数量的集体物品。这是因为:一方面,集团越大,增进集团利益的人获得的集团总收益的份额就越小,就越不可能出现可以帮助获得集体物品的寡头卖方垄断的相互作用。另一方面,集团成员的数量越大,组织成本就越高,这样在获得任何集体物品前需要跨越的障碍就越大。([美]曼瑟·奥尔森:《集体行动的逻辑:公共物品与集团理论》,陈郁、郭宇峰、李崇新译,格致出版社2018年版,第45—46页。)

② 公共产品可以分为全球、区域、国家和地方四个层次,前两者是国际公共产品,后两者是国内公共产品(查晓刚、周铮:《多层公共产品有效供给的方式和原则》,《国际展望》2014年第5期,第97页)。

③ 刘尚希、李成威:《基于公共风险重新定义公共产品》,《财政研究》2018年第8期,第6页。

④ World Bank Development Committee. "Poverty reduction and global public goods: Issues for the World Bank in supporting global collective action". World Bank. 2000, pp. 6, http://siteresources.worldbank.org/DEVCOMMINT/Documentation/90015245/DC-2000-16(E)-GPG.pdf,16—11—2011.

表1-1　关于"公共产品"的不同定义

年份	研究者	定义
1954	保罗·萨缪尔森（Paul A. Samuelson）	公共产品是指每个人消费这种产品或服务不会导致别人对该产品或服务获得消费的减少。它是以整个社会为单位共同提出的需要，如国防、公路、法律、环境等
	理查德·阿贝尔·马斯格雷夫（Richard Abel Musgrave）	一种纯粹的公共物品在生产或供给的关联性上具有不可分特征，一旦它被提供给社会的某些成员，在排斥其他成员对它的消费上就显示出不可能性或无效性
1956	查尔斯·蒂布特（Charles Tiebout）	公共产品是一种能够被生产出来，但却无法对消费者进行合理收费的产品
1980	安东尼·阿特金森（Anthony B. Atkinson）约瑟夫·斯蒂格利茨（Joseph E. Stiglitz）	公共产品是指在对该商品的总支出不变的情况下，某个人消费的增加并不会使他人的消费以同量减少
1989	巴泽尔（Y.Barzel）	公共产品是净收益为负，产权界定不可行或没有效率，人们选择不界定产权的物品；私人产品是存在净收益，产权界定可行或有效率，人们选择界定产权的物品
1995	曼瑟·奥尔森（Mancur Olson）	任何产品，如果一个集团中的某个人能够消费它，它就不能适当地排斥其他人对该产品的消费，则该产品是公共产品
1999	布鲁斯·金格马（Bruce R. Kingma）	公共产品是被不止一个人消费的商品，只被一个人消费的商品叫私人物品
	詹姆斯·布坎南（James M. Buchanan，Jr.）	公共产品是指任何集体或社团因为任何原因决定通过集体组织提供的商品或服务

续表

年份	研究者	定义
2002	乔治·恩德勒 （Georges Enderle）	从经济伦理的角度提出更广义地理解公共物品,即把它理解为社会和个人生活以及追求经济活动的可能性的条件,并用非排斥原则和非敌对原则定义公共产品
—	维基百科	公共产品是经济学中商品的一种分类,从需求角度而言,具有"非竞争性",或称"非独享性""非竞用性""非敌对性""共享性";从供给角度而言,具有"非排他性",即不能够排除个人使用,或个人可从未付费中获益,一个人使用不会减少其对他人的可利用性,或该商品可同时被多人使用,与海洋中的野生鱼类种群这样的共有商品形成对比,后者不是排他性的,但是在一定程度上是有竞争性的

表1-2　公共产品的发展脉络

年份	研究者/机构	概念演进
1739	大卫·休谟 （David Hume）	在《人性论》中,提出著名的公共草地积水例子,认为集团共同消费的物品单纯依靠个人无法达到公共利益的最大化
1776	亚当·斯密 （Adam Smith）	在《国富论》中,将产品分为公共产品与私人产品,认为政府必须承担提供国防、司法和公共工程等产品的职责,并对公共产品进行初步分类

续表

年份	研究者/机构	概念演进
1954	保罗·萨缪尔森 （Paul.A.Samuelson）	在《公共支出的纯理论》中，将公共产品明确定义为每个人的消费不会减少任意其他人对这种物品的消费的物品，对公共产品的三个基本特征予以界定，即效用的不可分割性、消费的非竞争性和受益的非排他性
1965	曼瑟尔·奥尔森 （Mancur Olson）	在《集体行动的逻辑》中，将公共的或集体的物品定义为集团中任何个人的消费都不妨碍同时被其他人消费的物品，并从国际公共产品的角度分析国际合作激励的问题，提出"国际集体产品"的概念，拓展公共产品应用领域
1973	查尔斯·金德尔伯格 （Charles P. Kindleberger）	在《1929—1939年世界经济萧条》中，将公共产品理论比较全面地引入国际关系领域，认为国际经济体系的稳定运转需要某个国家来承担"公共成本"，国际领域与一国国内开放的市场经济一样，也存在公共产品。国际关系领域的公共产品主要有三大类：一是建立在最惠国待遇、非歧视原则和无条件互惠原则基础上的自由开放贸易制度；二是稳定的国际货币；三是国际安全的提供
1981	罗伯特·吉尔平 （Robert Gilpin）	在《世界政治中的战争与变革》中，公共产品的观点被罗伯特·吉尔平发展成"霸权稳定论"，认为霸权国家通过为国际社会提供安全、金融、贸易和国际援助等国际公共产品，获得其他国家对国际秩序的认同，从而实现体系内的稳定和繁荣
1998	托德·桑德勒 （Todd Sandler）	在《全球性和区域性公共产品：集体行动的预测》中，提出"区域性国际公共产品"概念，并指出区域性公共产品是在一个更有限的地理范围内所产生的非竞争性和非排他性收益

续表

年份	研究者/机构	概念演进
1999	英吉·考尔 （Inge Kaul）	在《全球公共产品：21世纪的国际合作》中，将公共产品应用领域拓展至全球范围，较为完整地给出全球公共产品的定义，即那些能使多国人民受益而不只是某一人口群体或某一代人受益的产品，并且在现在和将来都不会以损害后代人的利益为代价来满足当代人需要的公共产品
2000	世界银行 （The World Bank）	将全球公共产品定义为那些具有很强跨国界外部性的商品、资源、服务以及规章体制、政策体制，它们对发展和消除贫困非常重要，也只有通过发达国家与发展中国家的合作和集体行动才能充分供应此类物品
2007	斯科特·巴雷特 （Scott Barrett）	在《合作的动力——为何提供全球公共产品》中，从是否需要国际合作这一功能性要件出发，将全球公共产品分为五类，即单一最大努力型、最薄弱环节型、联合努力型、相互限制型、协调型

表1-3 全球公共产品的分类

分类	领域	举例
基础设施类	道路基础设施、交通基础设施、通信设施、互联网设施、软件平台	"一带一路"、跨境桥梁与管线电网、机场航线网络、国际通信卫星、国际邮政服务
制度类	各类产品标准的制定	通信标准、卫生标准、政府数据统计标准
制度类	人类国际合作决策机制	联合国、世界银行、国际货币基金组织、二十国集团、亚太经合组织、经济合作与发展组织、世界贸易组织、亚洲基础设施投资银行
文化类	理念	人类命运共同体、亚洲新安全观
文化类	知识	非商业知识、专利知识

分类	领域	举例
治理类	全球经济治理	全球金融稳定、全球贸易体制
	全球环境治理	控制温室气体排放、保持生物多样性、臭氧层保护
	全球网络治理	联合国互联网治理论坛、国际互联网协会、国际互联网工程任务组、信息社会世界峰会
	全球安全治理	世界和平、打击全球恐怖主义和跨国犯罪
	全球卫生治理	新冠疫苗、控制传染性疾病传播、医学研究

公共性。公共性是全球公共产品的基本属性与治理目标，所有个人、社会组织、国家等都属于公共性的范畴。公共性是一个与"他人"联系在一起的概念。在一个多人构成的社会中，每一个人的生活都有赖于"他人"提供的产品和服务。这是一种建立在不同分工相互依赖、相互合作之上的"一般性法则"，遵循这种法则的无数个体行动的结果就是全球性的集体行动。网络战、金融战、非主权力量等复合型公共危机的全球性扩散，使得公共性的边界变得十分模糊，尤其是国际与国内、私人与公众、和平与战争的边界正在消融。①世界秩序与国际关系、国家行为构成一

---

① Eriksson J, Giacomello G. "The information revolution, security, and international relations: (IR) Relevant Theory". *International Political Science Review*, 2006, Vol.27, p. 227.

幅极其复杂的图景，以主权国家为中心的单一治理主体已经不适应当前的世界性问题，由此产生集体行动的困境，需要公共性基础更为广泛的全球公共产品，形成一种全球对话协商的结果。[①]正如亚里士多德所言，"人们关怀自己的所有，而忽视公共的事务，对于公共的一切，他至多只留心到其中对他个人多少有些相关的事务"[②]，体现了无法共同解决全球性问题的悲剧结果。这源于以主权国家为代表的多元供给主体以追求国家利益最大化为目标，难以准确地了解和接受他国的价值偏好，全球主义、多元主义、文明兼容与自由包容等面临各种冲击，导致公共产品的公共性缺失。而全球公共产品通过跨国的民主协商与合作形成新的政治权威，具备相当的公共性，有效弥补了缺失的公共性。

非排他性。"非排他性指不需要支付成本也能够从某物品的消费中得到好处，或者要让某个不付费者不消费某物品是困难的，或者即便能够做到也会成本高昂"[③]，具有技术意义上的不可拒绝性。"虽然在技术上可以实现排他性原

---

① Jenks B. "The United Nations and global public goods: historical contributions and future challenges" //Carbonnier G. *International Development Policy: Aid, Emerging Economies and Global Policies.* London: Palgrave Macmillan. 2012, p. 32.

② [古希腊]亚里士多德：《政治学》，吴寿彭译，商务印书馆1983年版，第48页。

③ 李增刚：《全球公共产品：定义、分类及其供给》，《经济评论》2006年第1期，第131页。

则,但是排他的成本极高。"①换言之,集体中的任何人对公共产品的消费不因思想、意识形态、伦理、阶级立场的不同而被排除在外②。全球公共产品的供给主体以霸权国家、新兴大国、国际组织等为主③,主权国家不具备解决全球性问题的全部能量与利益④,尤其是它们中的许多显然还没有适应时代和环境的变化,也没有做好与一个需要国际共同管理的世界打交道的准备⑤。"至少从短期来看,全球联邦主义很难会成为治理经济全球化的方式。"⑥特别是新冠肺炎疫情暴发以来,国家间的力量对比发生巨大变化,使得全球公共产品的供给与消费在一定程度上出现收缩,不仅影响了正常的全球经济发展秩序,还可能引发世界秩序的重构。

非竞争性。非竞争性指一个人在消费某物品的同时,并不妨碍另一个人的消费。⑦随着消费者的增加,公共产

---

① 秦颖:《论公共产品的本质——兼论公共产品理论的局限性》,《经济学家》2006年第3期,第77页。

② Olson M. *The Logic of Collective Action: Public Goods and the Theory of Groups.* Cambridge: Harvard University Press. 1965, p. 14.

③ 李增刚:《全球公共产品:定义、分类及其供给》,《经济评论》2006年第1期,第137页。

④ 刘贞晔:《国际多边组织与非政府组织:合法性的缺陷与补充》,《教学与研究》2007年第8期,第59页。

⑤ Rothkopf D J. "Cyberpoliti: The changing nature of power in the Information Age". *Journal of International Affairs*, 1998, Vol.51, p. 358.

⑥ [美]约瑟夫·S.奈、[美]约翰·D.唐纳胡主编:《全球化世界的治理》,王勇等译,世界知识出版社2003年版,第59页。

⑦ Samuelson P A. "The pure theory of public expenditure". *The Review of Economics and Statistics*, 1954, Vol.36, p. 387.

品的边际成本不仅不会增加,反而会逐渐减少,甚至趋于零。比如,任何一个人都可以得到国防保护,无论其是否为此付出成本,国家都会一如既往地提供国防这一公共产品。换言之,如果一个消费者的消费导致另一个消费者无法消费,那么我们就称之为公共产品的竞争性。为了提升自身的国际影响力与吸引力,新兴国与霸权国在世界无政府状态下,会竞相推出全球公共产品,以捍卫其国际地位。尤其是当两者供给的全球公共产品在功能、性质与对象等方面具有一定的相似性时,全球公共产品的供给侧就会充满不确定性与竞争性。长此以往,全球公共产品供给可能会陷入无序的失控状态,引发全球性危机。

反脆弱性。德国著名哲学家尼采有句名言:"杀不死我的,只会让我更强大。""黑天鹅之父"纳西姆·尼古拉斯·塔勒布将反脆弱性定义为喜欢压力、伤害、混乱、事故、无序的一种特征,它能够接受不可预测的后果以及一切不确定性,在经历各种失败与攻击后,生存能力反而快速提升。换言之,反脆弱性让全球公共产品在经历秩序失衡、风险失范、冲击失序后突围受益、茁壮成长。全球公共产品之所以具备跨越地理范围与时间代际的能力,究其根本源于反脆弱性。只有具备反脆弱性的公共产品才能成为全球公共产品。全球公共产品在被消费与使用的过程中,不断地自我更新与升级完善,变得越发强大稳固。这源于供给主体在复杂变化的环境中不得不提高全球公共产品对抗风险的坚韧性、可塑性与包容性，以最大限度满足消费者的基本需要，提高全球治理的合法性。未来，唯一确定的，就是不确定性。不确定性是世界的普遍规律与科学的核心。当我们一心寻求稳定，得到的不过是表面的秩序与平稳；而当我们拥抱随机性与脆弱性时，却能够直击核心、把握要害、掌握局面。任何一个国家与民族、个体与社会都不可能不面临或者独自面临全球性风险的冲击，这个充满随机性、不确定性、不可预测性的世界并非如我们想象的那么坚固，全球公共产品的反脆弱性能够帮助我们应对未知的风险与挑战。然而，在逃避脆弱性的恐惧以及对秩序的渴求中，部分人类建立的系统往往会打乱事物的隐性逻辑，导致"黑天鹅"恣意起飞，"灰犀牛"横冲直撞。全球范围内尚未建立解决和管理这些问题的机构与机制，使得许多原本简单的问题变得越来越复杂，解决问题的成本也越来越高，从客观上要求我们提供新型全球公共产品。

三、新型全球公共产品

我们面临一个错综复杂、充满挑战的世界。一方面，需要共同应对不断增多的问题，诸如不断恶化的生态环境、迅速蔓延的流行疾病、消磨身心的难民危机，以及贸易保护主义和单边主义等全球治理的"忧思"。另一方面，国家走向封闭、民族趋于排他、文明愈加冲突，使得少数国家提供全球公共产品的积极性大幅下降。联合国（UN）、世界贸易组织（WTO）、世界卫生组织（WHO）等国际组织的权威性受到大国挑战，协调组织能力和约束力被削弱，这些传统全球公共产品在面临新型全球治理问题时显得束手无策。传统的互联网空间已经超越本国的主权责任范围，成为一种具备"公共核心"意义的全球公共产品，推动着传统意义上的数字产品①向数字公共产品发展。而区块链作为一种直接表达制度本体的技术创新，即不经由任何代理，通过技术手段直接表达的制度形态，以其信任性、安全性、不可篡改性，提高了全球公共产品供给的效率和效能，让更多有实力的大国与新兴国家能够积极主动地参与全球公共产品供给。数字时代的发展既给人类经济社会发展带来新的空间，同时也增加了新的不平等与混乱。新一代数字公共产品就是解决网络安全、气候变化、水政治等新的跨国性、全球性非传统国际问题的关键。未来，新型全球公共产品将重构新一代全球治理体系、制度体系、价值体系，给人类文明带来不可估量的影响。

超主权时代。随着全球化和数字化发展进程的加快，

---

① 数字产品指信息内容基于数字格式、能通过电子运送的产品。数字产品的首要特征是数字化。数字产品边际成本为零、原始成本快速下降、互联网为数字产品提供平台等原因决定了数字产品"免费"（焦微玲、裴雷：《数字产品"免费"的原因、模式及盈利对策研究》，《现代情报》2017年第8期，第27-28页）。

人类社会跨国交易活动日益常态化、规范化、制度化,国家逐渐失去享有特权的主权机构地位,变为诸多行为主体当中的一员,一起参与到这个复杂性频繁涌现的数字社会中去,这种对国家权力发生的"侵蚀"现象,我们称之为"超主权现象"[①]。如果说人类基于牛顿力学形成了一种标准化、有效性、终局性的行为模式,那么崛起中的量子力学技术将给人类认知与行动模式带来翻天覆地的变化,重塑国家治理理念与行动方案。[②]正如以往历次工业革命一样,以互联网、大数据、区块链为代表的数字革命突破极地、深海、太空等物理界限,使传统国家主权向内部和外部扩散,加剧了主权的不平等,再次把全球化推向一个全新发展阶段。全球生产关系和上层建筑也将发生变革,其具体变革形式便是酝酿建立强有力的超主权机制(见表1-4),即为解决全球性治理问题所实施的跨国家、跨民族、跨领域的创新机制。2008年金融危机爆发后,20国集团峰会应运而生,世界各国领导人通过这一超主权机制制定新规则、建立新秩序、推动再平衡。以联合国、亚太经合组织、G20峰会为代表的超主权机制和体系建设逐渐成为新时期世界

[①] 无论是国际和平与安全等高阶政治议题,还是世界经济、人权保护和环境问题等所谓的低阶政治议题,冷战后的国际舞台都广泛存在着一种超越国家主权的内在治理逻辑。

[②] 任剑涛:《曲突徙薪:技术革命与国家治理大变局》,《江苏社会科学》2020年第5期,第75页。

运行的本质特征和中心议题,全球正在进入一个前所未有的超主权时代,需要新型全球公共产品来维护世界秩序,这是各主权国家谈判、协议以及监督执行的结果。在超主权时代,世界权力转移的方式不再是以往的战争暴力,新型全球公共产品的有效供给将成为获得世界领导地位的重要方式[①],推动世界各国提供更多新型全球公共产品,使全球公共产品的供给达至一种林达尔均衡状态。如果没有这些新型全球公共产品,人类安全和未来发展将会变得难以捉摸。

表1-4 全球化背景下的超主权机制

主要分类	举例
综合性机制	联合国
经济类机制	世贸组织、IMF、世界银行
区域性机制	欧盟、北美自由贸易区、亚太经合组织
专业性机制	国际能源组织、石油输出国组织
行业性组织	国际钢铁协会
国际标准、认证组织	ISO 14000
峰会论坛	G20峰会

数字公共产品。 "数字公共产品"一词在2017年4月就

---

① Henehan M T, Vasquez J. "The changing probability of international war, 1986–1992".//Raimo Vayrynen ed. *The Waning of Major War: Theories and Debates*. London and New York: Routledge. 2006, p. 288.

出现了。2018 年至 2019 年,联合国秘书长在数字合作高级别小组会上呼吁建立广泛的多方利益攸关方联盟,大力发展数字公共产品,创造一个更加公平的世界。2020 年 6 月,联合国发布"数字合作路线图"报告,首次对数字公共产品①进行定义,明确其具有非竞争性、可复制性与正外部性等特征。②2021 年 9 月,联合国贸易和发展会议发布《2021 年数字经济报告》进一步强调,数字公共产品以及具有公共产品性质的数据,对释放数字技术的全部潜力至关重要。③历史已经向我们表明,重大的技术变迁会导致社会和经济的范式转换④,甚至伦理的变迁。5G、区块链、边

① 数字公共产品指如果要实现增加互联网连接的好处,所有行为体,包括会员国、联合国系统、私营部门和其他利益攸关方,都必须推广遵守隐私和其他适用国际和国内法律、标准和最佳做法且无害的开源软件、开放数据、开放人工智能模型、开放标准和开放内容(联合国秘书长报告:《数字合作路线图:执行数字合作高级别小组的建议》,联合国官网,2020 年,https://www.un.org/zh/content/digital-cooperation-roadmap/)。

② 数字公共产品的非竞争性是指消费主体对数字公共产品的使用不会提高其他消费主体使用产品的边际成本,其空间和时间上均有非竞争性,同一时空可有多人使用同一数字公共产品。可复制性指所有数字公共产品的最大价值在于它们可以被方便地共享、复制、存储和传输,数字公共产品生产的边际成本很低甚至趋于零,以数字公共产品为主的数字经济拥有巨大的规模效应(张帆、刘新梅:《网络产品、信息产品、知识产品和数字产品的特征比较分析》,《科技管理研究》2007 年第 8 期,第 252 页)。正外部性指数字公共产品的边际价值跟随其使用量的扩大而提高,并不断自我强化。消费者消费数字公共产品所获得的效用,随着购买这种产品的其他消费者数量的增加而不断增加,也就是我们通常所说的梅特卡夫法则。

③ United Nations Conference on Trade and Development. "Digital economy report 2021: Cross-border data flows and development for whom the data flow". UNCTAD. 2021. https://unctad.org/system/files/official-document/der2021_en.pdf.

④ [英]乔治·扎卡达基斯:《人类的终极命运——从旧石器时代到人工智能的未来》,陈朝译,中信出版社 2017 年版,第 296 页。

缘计算等技术均发轫于互联网空间,兼具疆域意义的国家主权与不受疆域限制①的持久张力推进互联网逐渐发展为第五空间②。从产生时的自我管理(self-regulation)模式③到各主权国家纷纷关注互联网治理,互联网空间逐渐演变为人类生活的重要场域。如果说公共产品是市场得以存在和正常运行的基本条件,那么数字身份、数字货币、数字基建等数字公共产品则提供了一种共享的基础设施,突破了国家、地区、集团等界限,超越了传统的主权限制,强化了全球的刚性治理能力④。换言之,数字公共产品在消费侧体现的非排他性与非竞争性,顺应了人类对公共产品的消费从国家层面到全球层面的发展趋势。我们更倾向于称之为透明化、共享性、多样性。2021年4月,习近平主席在博鳌亚洲论坛开幕式上指出,"多样性是世界的基本特征,也是人类文明的魅力所在"⑤。开放合作和互利共赢的理念不仅是区块链的共识基础,更是推动数字公共产品发

---

① 杨峰:《全球互联网治理、公共产品与中国路径》,《教学与研究》2016年第9期,第51页。

② 张晓君:《网络空间国际治理的困境与出路——基于全球混合场域治理机制之构建》,《法学评论》2015年第4期,第50页。

③ Meehanp K A. "The continuing conundrum of international Internet jurisdiction". *Boston College International and Comparative Law Review*, 2008, Vol.31, p. 353.

④ 张晋铭、徐艳玲:《智能革命时代人类命运共同体的构建意蕴》,《东南学术》2021年第3期,第54-63页。

⑤ 习近平:《同舟共济克时艰,命运与共创未来——在博鳌亚洲论坛2021年年会开幕式上的视频主旨演讲》,新华网,2021年,http://www.xinhuanet.com/mrdx/2021-04/21/c_139896352.htm。

展的重要路径,极大地突破了传统竞争的线性思维方式。如果说全球公共产品是人类超越时空范围通过大协作不断创造的正向价值,那么数字公共产品就是人类创造的新型成果与时代容器,它精准地刻画出数字秩序的演进过程,重构人类的文明与未来。

全球公共产品供给中的大国角色。作为新型全球公共产品的发起方,中国积极主动地把提高全球公共产品的供给能力视为引领全球治理变革的契机①,通过多边主义机制,不仅提出了人类命运共同体等"润物细无声"的价值类全球公共产品,而且正在以实际行动为大变局时代的全球治理提供更多中国方案(见表1-5),承担起超越狭隘利益边界的全球责任。数字丝绸之路、国家大数据中心、天眼

表1-5　2012年以来中国供给的主要全球公共产品

	竞争性强	竞争性弱
优先性强	安全类公共产品 (上海合作组织升级、伙伴关系网络等)	发展类公共产品 (主导"一带一路"倡议、优化G20等多边机制)
优先性弱	价值类公共产品 (人类命运共同体、亚洲新安全观等)	规则类公共产品 (亚投行、亚金协等区域金融制度)

资料来源:曹德军:《论全球公共产品的中国供给模式》,《战略决策研究》2019年第3期,第11页。

---

① 2014年8月,习近平主席在蒙古国国家大呼拉尔发表的重要演讲明确表示:"欢迎大家搭乘中国发展的列车,搭快车也好,搭便车也好,我们都欢迎。"(习近平:《守望相助,共创中蒙关系发展新时代》,《人民日报》2014年8月23日,第2版。)

"FAST"和《全球数据安全倡议》等都是典型的数字公共产品,中国以新兴供给者身份赋予全球治理更大的确定性和建设性因素。我们将迎来一个全球化的数字世界,无论是消费者还是供给者,都必须开发好、利用好数字公共产品。不可否认的是,全球化总是伴随着失衡与重构、脱钩与突围的故事,大国博弈不断加剧,供给角色也在不断变化。中国有效供给的全球公共产品是避免全球资源被部分国家根据其既得利益来制定与调整游戏规则①的重要保障。以全球公共产品为基础设施的世界新秩序,又反过来增加了全球公共产品的供给,使世界出现除联合国分类②之外的新型全球公共产品,成为人类世界不可分割的一部分。现在,人类生活于同一地球,彼此共担风险、共享机遇、相互依赖。未来,世界将继续融合,彼此间的联系将更加紧密,国际合作将比过去更为重要,全球化本身已经演变为一种世界性公共产品。

当今世界依然处于不规则、不安全、不稳定的动荡状态中,全球公共产品让这个失控的世界变得更为有序、安全、稳定。这种基于多边主义的共生新秩序实则有着更

---

① 胡代光:《经济全球化的利弊及其对策》,《参考消息》2000年6月26日,第3版。
② 联合国《执行联合国千年宣言的行进图》报告指出,在全球领域,需要集中供给10类公共产品:基本人权、对国家主权的尊重、全球公共卫生、全球安全、全球和平、跨越国界的通信与运输体系、协调跨国界的制度基础设施、知识的集中管理、全球公地的集中管理、多边谈判国际论坛的有效性。

高的目标：确保全人类的自由，并鼓励我们参与共同的斗争。这些努力都是为了提供最根本与最基础的全球公共产品——世界和平。正如杜鲁门在1945年联合国会议闭幕式上提到的，"我们已经测试了这场战争中的合作原则，并发现它是有效的"。当世界受到一颗巨大的小行星威胁时，世界各国会通过合作将它带入安全的轨道。倘若全球大多数国家都如美国"退群"、英国"脱欧"般不负责任，将会导致全球治理体系瓦解和崩溃。各主权国家参与国际合作的力量与质量将影响甚至决定全人类的安全、健康和幸福，并集中体现为提供全球公共产品的能力，而"区块链通过广泛共识和价值共享，推动人类社会在数字文明时代形成新的价值度量衡，催生新的诚信体系、价值体系、规则体系"[1]，为全球公共产品的供给提供技术支持、思维支持、模式支持和制度支持。"在全球化时代，大国崛起的模式不再是世界大战，而是通过供给全球公共产品、提供高质量社会服务而获得认可。在世界科技日新月异形势下，中国不仅需要继续提供传统公共产品，还应该着眼未来供给新型全球公共产品。"[2]美国未来学家、《连线》杂志创始主编凯文·凯利曾说，创新往往发

---

[1] 大数据战略重点实验室：《主权区块链1.0：秩序互联网与人类命运共同体》，浙江大学出版社2020年版，第49页。

[2] 许晋铭：《全球公共产品供给的理论深意》，《中国社会科学报》2018年9月13日，第4版。

生在边缘地带。数字公共产品正在边缘兴起。越是边缘的地方,越会成为新型全球公共产品的沃土。"科学真正的、合法的目标说来不外乎是这样:把新的发现和新的力量惠赠给人类。"①数字公共产品也不外乎是这样,给人类文明带来深刻的技术变迁、思维变迁与行为变迁,成为一种改变未来世界的新力量。

第二节　互联网革命

作为20世纪最伟大的发明之一,互联网改变了人类世界的空间轴、时间轴和思想轴。没有一种科技发明能如此深刻地改变人类世界。电灯改变了照明,电话改善了沟通,汽车缩短了距离……但都没有互联网那样无远弗届地渗透到人类社会生活的每一寸肌理。这不再是一个彼此隔离的时代,而是一个相互连接的时代,"国家、机构和个体从来没有如此紧密地连接在一起"②。互联网自诞生之日起就凭其全球化发展的强大内生动力,以一种全球公共产品的形式迅猛发展。无论处于一个国家还是整个国际的框架下,以开放性、自由性、平等性、广泛性、连接性、全

---

① [英]培根:《新工具》,许宝骙译,商务印书馆1984年版,第58页。
② Goldin I. *Divided Nations: Why Global Governance is Failing, and What We Can Do about It.* Oxford:Oxford University Press. 2013, S.5.

球性、免费性等为特征的互联网所带来的文明进步和矛盾冲突无疑都是颠覆性的。

一、连接:互联网的本质

人类经历了工业技术(Industry Technology)和信息技术(Information Technology)时代,正在步入智能技术(Intelligence Technology)时代。第一次 IT 革命实现了机器辅助的体力工作,第二次 IT 革命实现了机器辅助的信息工作,第三次 IT 革命实现了机器辅助的智能工作。人类之所以能够屹立于食物链的顶端,不是因为人类是最强壮的,而是学会了相互协作,彼此连接后产生了群体智能。"我们的生命形式、社会世界、经济体和宗教传统都展示着极其复杂的关联性。"[1]正如阿根廷作家豪尔赫·路易斯·博尔赫斯(Jorge Luis Borges)所言,万物相互联系,没有人是一座孤岛,大多数事件和现象都与复杂宇宙之谜的其他组成部分或相互关联或互为因果或相互作用。我们生活在一个小世界里,互联网世界的万事万物都是相互连接的。无连接,不互联。互联网经历了从桌面互联(Internet 1.0)到移动互联(Internet 2.0)再到泛在互联(Internet 3.0)的发展历程,"互联网的演进,也是连接的演进,互联网应用的起伏

---

[1] [美]艾伯特-拉斯洛·巴拉巴西:《链接:商业、科学与生活的新思维》,沈华伟译,浙江人民出版社2013年版,第7页。

跌宕，在很大程度上也是连接模式的更迭"[1]。凯文·凯利在《失控》中提出了一个思想，他认为互联网的特性就是所有东西都可以复制，这就会带来如他在诠释智能手机为代表的移动技术两个特性——随身而动和随时在线——那样，人们需要的是即时性连接体验。这个思想观点，有助于帮助我们理解"连接"的本质特征。今天，人们已经习惯于在线连接去获取一切，如电影、音乐、出行等等，人们不再为拥有这些东西去付出，相反更希望可以通过连接去获得。选择后者是因为更为便捷、成本更低、价值感受更高。连接大于拥有，互联网令"连接"带来的时效、成本、价值已然超出"拥有"带来的一切。亨利·福特"让每个人都能买得起汽车"的理想在今天完全可以演化为"让每个人都能使用汽车"，"连接"汽车的价值远大于"拥有"汽车。

连接是社会网络的核心。互联网的本质是连接一切，其核心价值也在于连接一切。在互联网没有出现之前，资源被快速优化组合的方式是通过货币以各种金融工具来实现。货币本身就是对资源的一种标记和衡量。各种传统金融工具通过对货币交易、流转的管理达到资源优化配置的目的。这些操作使我们避免了物物交换的不便和尴尬，也让社会化大分工合作成为可能。而现在，包括货币在内的所有资源都在数字化，然后基于互联网的连接性进行更为

---

① 彭兰：《连接与反连接：互联网法则的摇摆》，《国际新闻界》2019年第2期，第21页。

快捷、更为复杂的优化配置和价值发挥。无论是 B2B、B2C、O2O 还是 P2P 等，其核心都在于"2"，也就是连接。人们通过彼此间的连接形成或近或远、或强或弱的联系，这种关系本身便可成为网络社会中的重要组成部分，与身处关系网中的每个个体相互作用。"在虚拟共同体中，成员之间因为共同的目的，在技术工具的支撑下连接为一体，形成小规模的社会网络。在这个共同体的网络关系中，成员之间通过'铰链式的联系'紧密结合在一起，关系本身比成员或个体更重要。"[①]互联网用"连接一切"的方式改变了人类的生产方式、生活方式、交往方式以及思维方式。而在这一过程中的力量集中体现为凯文·凯利所说的，互联网时代"最核心的行为就是把所有东西都联结在一起。所有的东西，无论是大是小，都会在多个层面被接入庞大的网络中。缺少了这些巨大的网络，就没有生命、没有智能，也没有进化"[②]。互联网让人人相连、物物相连、业业相连成为可能，因连接而成网，把一切连接在一起时，也把一切变成了节点。"基于互联网的联结关系，使得所有与之相连的节点都作为一种关系存在，个体的价值取决于其在网络中所处的位置以及

---

① 肖珺：《跨文化虚拟共同体：连接、信任与认同》，社会科学文献出版社 2016 年版，第 16—17 页。

② ［美］凯文·凯利：《失控：全人类的最终命运和结局》，东西文库译，新星出版社 2010 年版，第 298 页。

与之相连的其他节点。"①在"连接"的作用下,互联网不断构建人与人、人与物、人与社会、人与场景等多种关系,成为一种改变世界的巨大力量。"人类连接在一个巨大的社会网络上,我们的相互连接关系不仅仅是我们生命中与生俱来的、必不可少的一个组成部分,更是一种永恒的力量。"②没有连接,我们将无法访问网络这个巨大的数据库;没有连接,网络将变成互联世界的信息废墟。

连接是全球互联的通道。过去几百年席卷全球的工业化浪潮是在流水线分工基础上发展起来的,这个时期各种分门别类的科学知识也得以不断丰富和发展,而所有这些背后都离不开分工思维的影响。互联网的出现让整个世界变得更加扁平,以其独特的勾连方式将原本散落在世界各个角落、不同国度、不同肤色、不同信仰的人连接起来。"互联网能让国家和社会之间相互赋权并创造新的基础结构。"③在冷战时期,全球安全被普遍认为是最重要的"公共品",但在21世纪,最为重要的公共品是基础设施。"全球基础设施的发展正使得世界从割离走向互联,从民族分隔走向融合。基础设施就像是将地球上一切组织联

---

① 吴小坤:《重构"社会联结":互联网何以影响中国社会的基础秩序》,《东岳论丛》2019年第7期,第35页。

② [美]尼古拉斯·克里斯塔基斯、[美]詹姆斯·富勒:《大连接:社会网络如何形成的以及对人类现实行为的影响》,简学译,中国人民大学出版社2013年版,第1页。

③ 郑永年:《技术赋权:中国的互联网、国家与社会》,邱道隆译,东方出版社2014年版,第15-19页。

系在一起的神经系统,资本和代码就是流经神经系统的血细胞。互联程度的加深弱化了国家概念,形成了整体大于部分之和的全球化社会。正如世界曾从垂直整合的帝国体系走向扁平的独立民族国家体系,现在世界正慢慢步入全球网络文明体系,在这样的世界体系中,地图上连通线的重要性要远远超过传统地图上的国界线。"①当前,全球化已然进入了全新发展阶段——超级全球化,一幅全世界范围内互联互通的超级版图正在形成。美国战略专家帕拉格·康纳在《超级版图》一书中对未来国家竞争图景进行了预测,他认为,传统上衡量一个国家战略重要性的标准在于其领土面积和军事实力,但今天这个标准正在发生变化,一个国家的实力要看它通过连接所能发挥的作用大小,也就是互联互通的程度。

连接是文明大厦的基座。互联网的精髓在于"互联"二字,以全连接和零距离突破时间和空间,重构我们的思维模式。"文明社会的核心在于,人们彼此之间要建立连接关系。这些连接关系将有助于抑制暴力,并成为舒适、和平和秩序的源泉。人们不再做孤独者,而变成了合作者。"②进入网络时代,全球化不断向纵深方向发展,人们欣

---

① [美]帕拉格·康纳:《超级版图:全球供应链、超级城市与新商业文明的崛起》,崔传刚、周大昕译,中信出版社2016年版,第5页。

② [美]尼古拉斯·克里斯塔基斯、[美]詹姆斯·富勒:《大连接:社会网络是如何形成的以及对人类现实行为的影响》,简学译,中国人民大学出版社2013年版,第313页。

喜地发现"自我变大了,世界变小了"。个体在网络时代获得了以往任何时代都未曾实现的自主性和流动性,与此相应,在自主和流动中寻求连接也成为人们最深的渴望。从农业社会到工业社会再到信息社会,各个阶段的组织形式和时代特征都在不断变化(见表1-6)。从某种意义上说,人类社会的发展史,就是一个不断扩大连接种类和连接范围的过程。"如果说部落时代是靠血缘连接建立了社会网络的信任,农业时代是靠熟人关系建立了社会网络的信任,那么工业时代就是靠契约建立了社会网络的信任。对应地,计算机之间的连接关系,从物理连接的本地外设,到局域网连接的熟人,再到互联网连接的陌生人,也走过了类似的过程。"①数十万年来,人类一直生活在共同的血缘、地区和信仰等组成的熟人社会中,现在突然住到了"地球村",说着不同语言、拥有不同宗教信仰和文化传统的陌生人,也需要彼此合作,信任危机和身份焦虑也就随之产生了。可以肯定的是,未来的每一次重塑都会以更多的连接与更少的分立为特征,边界不是风险和不确定的解药,更加连通才是。以高质量的网络和连接开创新文明,文明大厦的基座才会越筑越牢。

---

① 何宝宏:《风向》,人民邮电出版社2019年版,第157页。

表1-6 文明社会的三个阶段

主要方面	农业社会	工业社会	信息社会
主导经济模式	农业	工业	信息产业
发轫点	植物栽培/动物圈养	蒸汽机	电脑
生产形式	手工生产	机械化流水线	系统化网络
组织形式	分散合作	分工	连接
社会积累	文化	知识	数据
时代特征	依赖	分工	连接
面临问题	生产力水平低	非人性化	隐私安全/信息垄断

资料来源:参见梁海宏:《连接时代:未来网络化商业模式解密》,清华大学出版社2014年版,第10—11页。

互联网革命给我们带来了重新认识人类社会的视角,一是节点,二是连接。个人、组织、企业、国家等这些实体形成的节点,通过聊天、交易、上网等方式把一个个独立的岛屿编织成彼此互通的立体网络,这些过程都可以视为连接。当我们回顾人类社会的技术演化历史时,不难发现,节点成为演化过程中的关键突破口,例如印刷术、电视机、计算机等引发生产变革的发明。节点的进化会促进连接的升级,例如互联网、物联网的出现等,都是建立在新节点的普遍运用之上。而连接方式的升级,反过来又会促进节点的进化,例如当前在互联网影响下出现的云计算、人工智能等。"从这个角度观察,过去60年左右,人类首先在节点上取得突破,而大概在30年前进入了连接技术的突破阶段。未来30年,我们很可能会在节点上实现重大的突破,也就是说,作为一种深度连接方式的互联网革命,会反过来推动节点性技术的突破。"①

二、无界、无价与无序

当前,我们的世界正前所未有地被互联网"渗透",以至于我们可能无法确切知道其所有特性、潜力与隐患。除了依赖以外,互联网还带来了诸如隐私消亡、监视社会、网络战争等威胁。网络空间的虚拟性、公共性和无界性使网络安全具备数字公共产品的基本特性,难以逃避外部性和搭便车问题,网络空间治理处于一种混乱和无序的状态。不管何地何人皆可在网上发表任何信息,而不用考虑其真实性、准确性。"在这片荒原上,缺少知识、培训、远见、智慧的人们通过鼠标和按键在到处传播错误和误导性的信息。"②互联网放大了信息与噪音之间的对立,信息瘟疫与现实社会的病毒感染有其相似之处,用户被某些信息所"感染",然后携带这些有害信息通过互联网向他人传播。"万维网之父"蒂姆·伯纳斯·李曾在英国《卫报》上发表文章称,自己对如今互联网的发展趋势感到越来越焦虑。垃

---

① 梁春晓:《互联网革命重塑经济体系、知识体系与治理体系——对信息技术革命颠覆性影响的观察》,载信息社会50人论坛主编:《重新定义一切:如何看待信息革命的影响》,中国财富出版社2018年版,第17页。

② [奥]多丽丝·奈斯比特、[美]约翰·奈斯比特:《掌控大趋势:如何正确认识、掌控这个变化的世界》,西江月译,中信出版社2018年版,第256页。

圾信息、情绪操控、网络极化、假新闻、僵尸账户、隐私侵害，"个人数据信息不再受自己控制"。他指出，去中心化是自己在设计万维网结构之初时最重要的核心准则，但现在，互联网却变得中心化、孤岛化，这不是技术问题，而是社会问题。互联网带来了超越空间的数据传递、共享与价值交换、增值，当互联网冲破不可拷贝的禁锢后，人们在沉浸于信息自由传递的美好之时，又不得不面临互联网无界、无价、无序带来的困扰，这是信息互联网的本质特征。

互联网没有边界，是"无限"的。全球互联，网络无界。互联网发展是无国界、无边界的，就像电没有边界一样。无界网络以强大的互联网设备为依托，任何人、物或资源无论何时何地、何种终端都可以进行可靠、便利、高效的连接。互联网打破时空的限制，虚拟与现实、数字与物质的边界正日渐消融，数字空间成为人类生活的新空间、新场域。与现实空间相比，数字空间具有时间的弹性化、即时化、可逆化与空间的压缩化、流动化、共享化特征。数字空间的出现，使人类世界出现了现实与虚拟双向度的空间结构形式。数字世界反映了网络开放性、共享性的本质力量，使人类走向无边界社会。在无边界社会中，所有权越来越弱化，越来越趋于共有与共享。要素流动越来越快，带来的创新频率越来越高。组织形式越来越有弹性，人与组织的关系从交换关系转变为共享关系。[①]美国互联变动趋势专家、扬基集团总裁艾米莉·内格尔·格林在《无界》一书中,向我们介绍了跨部门、跨组织、跨领域成为未来组织发展新趋势的"无界时代"。网络科技的普及已经将许多由自然条件限制而带来的组织内部以及组织与组织之间有形的界限打破,并重新组合,促使组织呈现出更多的无界化特征。随着无界网络不断成长,以及数据量持续扩增,资源就会向少数平台集中。一旦这种优势获得确立,其增长性是没有节制的。当互联网巨头凭借无边界的网络效应和规模效益成为超级平台时,无论是试错成本还是边际成本都是最低的,在给人们创造美好的同时,也带来了机会成本、博弈成本的增高,而这背后是社会成本的增高,当新的社会成本增高并出现不确定时,风险社会指数就会增高。此时,数字竞争就会呈现"内卷化"格局,平台二选一、独家交易权、数据拒接入、大数据杀熟等涉嫌垄断的问题剧增。超级平台利用手中掌握的数据,或通过垄断,或通过共谋,或通过其他情景,把我们聚拢在一个任由它们摆布的虚拟物联网世界中。因而,世界各国"网络主权"随即兴起,没有国家希望自己的网络市场被巨头完全支配,抵制互联网巨头就成了一种新潮流。

---

① 龙荣远、杨官华:《数权、数权制度与数权法研究》,《科技与法律》2018年第5期,第22页。

互联网没有价格,是"免费"的。互联网有价值,但没有价格——就像空气一样,有使用价值,但没有价值,所以不能体现为价格。免费是互联网思维的一个主要特征,这也符合马克思主义所主张的按需分配原则。传统意义上的按需分配最难实现的就是界定"需",以及在资源有限的条件下避免按需分配所带来的无节制消费所造成的浪费。互联网可以很好地解决这一矛盾。目前,按需分配尚未能普及到各个领域,但在信息传播领域已经实现了很大程度上的按需分配。例如,你需要一个电子邮箱,就可以免费获得一个;你需要一个微信账号,就可以免费得到一个。甚至可以做到全城免费 WiFi,作为公共产品由政府向大家提供。互联网时代的思想家、预言家、《连线》杂志前主编克里斯·安德森在《免费》一书中讲述了互联网的免费。他认为,互联网革命促进了微处理器、网络宽带和存储的有机融合,使三者的成本急速降低。互联网以极低的成本接触到数以亿计的用户,当一种互联网软件以趋近于零的生产成本和同样趋近于零的流通成本抵达海量用户时,其价格自然也就顺理成章地趋近于零。因此他提出了这样一种观点,免费是数字化时代的独有特征。当前,我们正在创造一种新型的"免费"模式,这种新型的"免费"将产品和服务的成本压低至零,这种模式给商业竞争格局和人类带来一种巨大的颠覆。经济学里有一个法则:在一个完全竞争的市场里,一个产品的长期目标价格趋向于该产品的边际成本。边际成本表示增加最后一单位产量所引起的总成本的增加。一般而言,随着产量的增加,总成本相应递减,边际成本下降,这就是规模效应。规模效应在工业经济时代得到了充分的验证,规模越大,均摊在单个产品上的成本就越低。而互联网产品的成本结构比较特殊,生产第一份产品需要投入很高的研发和创造成本,但第一份产品出来后,复制的成本极低。也就是说,互联网产品具有很高的初始成本和极低的边际成本,当互联网产品达到一定的销量后,可以认为边际成本是零。这就是数字时代真正的免费。

互联网没有秩序,是"混沌"的。乔布斯曾说,"电脑是人类所创造的最非同凡响的工具,它就好比是我们思想的自行车",自行车是流浪和叛逆的工具,它让人自由地抵达没有轨道的目的地。在电脑的胚胎里成长起来的互联网,是一个四处飘扬着自由旗帜的混沌世界。[1]互联网的无序是与生俱来的,与无界、无价有直接关系,这是互联网带给我们的最大麻烦。互联网就像一匹野马一样快速地奔跑在没有疆界的原野,如果再没有缰绳,后果不堪设想。要让野马变良驹,就要更加强调有序,强调用规则解决互联网的连

---

[1] 吴晓波:《腾讯传1998—2016:中国互联网公司进化论》,浙江大学出版社2017年版,第16页。

接、运行和转化等问题。人类可以通过互联网快速生成信息并将其复制到全世界每一个有网络的角落,但其始终无法解决价值转移[1]和信用转移的问题。互联网通过技术手段消除了信息的不对称,包括空间上的信息不对称、时间上的信息不对称和人与人之间的信息不对称,使得资讯获取、沟通协作和电子商务等的效率急速提升,逐渐打破建立在信息不对称基础上的效率洼地,甚至把人类带入一个"信息过剩"的时代。简单地说,互联网解决了信息不对称问题,但并没有解决价值不对称和信用不对称等问题。网络的进化遵循增长→断点→平衡的发展路径:首先,网络会呈指数级增长;接着,网络会达到断点,这时它的增长已经超过负荷,其容量必须有所降低(轻微或显著);最后,网络会达到平衡状态,会理智地在质量上(而不是数量上)增长。[2]当前,人类社会的需求不断扩展,人类本性中暗含的对秩序的需求越来越迫切。一方面体现在信息互联网、价值互联网的边界仍将随着技术的变革不断延伸;另一方面人类对更高一层的需求如对信任与秩序的需求与日俱增。

---

[1] 所谓的价值转移,简言之,我们要将一部分价值从A地址转移到B地址,那么就需要A地址明确地减少这部分价值,B地址明确地增加这部分价值。这个操作必须同时得到A和B的认可,结果还不能受到A和B任何一方的操控,目前的互联网协议是不能支持这个动作的,因此,价值转移需要第三方背书。例如,在互联网上A的钱转移到B,往往需要第三方机构的信用背书。

[2] [美]杰夫·斯蒂贝尔:《断点——互联网进化启示录》,师蓉译,中国人民大学出版社2015年版,第20页。

三、互联网治理与秩序互联网

当前,世纪大疫情与百年大变局相互交织,正在催化新旧世界秩序的过渡和交替。就像2008年国际金融危机曾经改变了世界格局一样,工业时代历经百年形成的经济格局、利益格局、安全格局和治理格局因为新冠肺炎疫情的蔓延而加速变革,2020年成为人类从工业文明迈向数字文明的重要分水岭。当来势汹汹的新冠肺炎疫情遇上数字时代,"云生活"也进入高光时刻,超过9亿中国网民成为真正意义上的"云居民"①。与此同时,网络犯罪也进入高发期和多发期。互联网具有虚拟性与匿名性、跨国界与无界性、开放性与交互性等天然特性,这为犯罪分子匿名实施网络攻击、网络诈骗、网络传销等违法犯罪活动提供了可能的"温床"。网络极化、信息瘟疫、虚拟暴力、震网病毒、维基解密、棱镜门、五眼联盟等一系列事件再次将"互联网全球治理"这一议题推至风口浪尖。网络空间和现实世界一样需要规则和秩序。当前,网络空间存在规则不健全、秩序不合理、发展不均衡等问题,同时还面临结构畸形、霸权宰制、制度贫乏的现实困境,推进全球互联网治理体系变革的声音日

---

① 中国互联网络信息中心(CNNIC)发布第47次《中国互联网络发展状况统计报告》指出,截至2020年12月,我国网民规模达9.89亿,占全球网民的五分之一,互联网普及率达70.4%。

益高涨。"互联网不是法外之地,国际社会需要公正的互联网治理法治体系。"①互联网也像生命体一样有相同的进化过程:出生、成长、成熟兴盛、退化衰落及转型重生。②

网络空间急需一张秩序之"网"。与物理空间一样,人类在网络空间中开展活动、赓续文明的同时,也面临着资源分配、利益分割、秩序建立和权力博弈等问题。互联网革命加剧了人类社会的脆弱性,对安全、稳定的网络环境更加依赖。由于全球性互联网制度缺失,网络生态环境持续恶化,治理出现碎片化、集团化趋势,治理赤字不断扩大。目前来看,互联网领域从观念到实践都呈现出一种混乱的"元状态"。全球互联网治理赤字不断扩大的根源在于全球性制度缺失,网络空间清晰或模糊的规范、规则很少,并且当前的规范、规则主要根植于国家层次。③既有治理制度主要是区域性、软法性和技术性的,而缺乏全球性、硬法性的制度。"区域规则制定的活跃态势与全球性缓慢进展形成了鲜明反差"④,"在可预见的时间内不太可能会出现单一的总体性

---

① 支振锋:《互联网全球治理的法治之道》,《法制与社会发展》2017年第1期,第91页。

② [美]珍妮弗·温特、[日]良太小野编著:《未来互联网》,郑常青译,电子工业出版社2018年版,第136页。

③ Stoddart K. "UK cyber security and critical national infrastructure protection". *International Affairs*, 2016, Vol.92, pp.1079-1105.

④ 戴丽娜:《2018年网络空间国际治理回顾与展望》,《信息安全与通信保密》2019年第1期,第23-31页。

机制"①。在全球化演变和发展中,一些地区性、功能性的互联网治理规范难以有效应对不受疆域限制的互联网空间的无序和混乱等问题。主权国家在全球互联网治理的公共产品供给中,通过让渡一定利益努力促成全球互联网治理的集体行动,但这种集体行动往往存在困境,面临着互联网治理的公地悲剧。目前,网络空间治理的必要性和迫切性急剧上升,全球网络空间缺乏全球性的共识与规则,导致网络空间出现了极大的安全隐患,全球网络治理机制亟待建立。全球网络治理已经成为一个"全球公共产品",需要全球各国一致的努力、一致的行动,建立共同的治理规则和监管制度,明确各自享有的权利和承担的责任。如果这个机制不建立、不完善,就会出现安全风险、伦理危机和"劣币驱逐良币"等问题。回顾历史,人类活动空间的拓展通常都伴随着"技术创造空间、先者霸占空间、继者争夺空间、协商建立秩序、共同维护空间"这样一个过程。

全球公共产品需要全球共同治理。互联网是全球性基础设施,要想其正常发挥功能必须进行合理的治理。互联网全球治理理应在联合国框架下制定各方面普遍接受

①[美]约瑟夫·奈:《机制复合体与全球网络活动管理》,《汕头大学学报(人文社会科学版)》2016年第4期,第95页。

的网络空间国家行为规则。在保护互联网的公共核心^①方面,必须颁布国际规则,该国际规则必须保护互联网的核心,其中包括主要的协议、基础设施,这些都是全球性的公共产品,各国有责任使它免受不正当的干预。^②互联网治理^③是一个综合体系、复杂议题和全球话题,其核心前提预设是,互联网是一种全球公共产品,需要各国一道,加强国际合作,促进网络命运共同体的建设。习近平主席在致第六届世界互联网大会的贺信中指出,"发展好、运用好、治理好互联网,让互联网更好造福人类,是国际社会的共同责任"^④。全球治理理论^⑤已成为理解我们时代核心问题的

---

① 《欧盟网络安全法案》在前言中指出:"互联网公共核心是指开放互联网的主要协议和基础设施,是一种全球公共产品,保障互联网的功能性,使其正常运行,欧洲网络与信息安全局支持开放互联网公共核心的安全性与运转稳定性,包括但不限于关键协议(尤其是 DNS 域名系统、BGP 边界网关协议、IPv6)、域名体系的运行(例如所有顶级域的运转)、根区的运行。"《欧盟网络安全法案》所提"全球公共产品"概念,符合习近平主席所提"网络空间命运共同体"主张。

② [荷]丹尼斯:《对作为全球公共产品的网络进行治理》,《中国信息安全》2019年第9期,第36页。

③ 《信息社会突尼斯议程》第34条将互联网治理界定为:由政府、私营部门和民间团体通过发挥各自的作用,制定和秉承统一的原则、规范、规则、决策程序和计划,确定互联网的演进和使用形式(WSIS, "Tunis Agenda for the Information Society". World Summit on the Information Society. 2005. https://www.itu.int/net/wsis/docs2/tunis/off/6rev1.html)。

④ 潘旭涛:《发展好、运用好、治理好互联网》,《人民日报》(海外版),2019年10月21日,第1版。

⑤ 人类政治过程的重心正在从统治(government)走向治理(governance),从善政(good government)走向善治(good governance),从政府的统治走向没有政府的治理(governance without government),从民族国家的政府统治走向全球治理(global governance)(俞可平:《全球治理引论》,《马克思主义与现实》2002年第1期,第20页)。

一个重要视角,而以互联网治理推动全球治理是我们这个时代的核心问题之一。全球互联网治理体系的形成与发展本质上是国际社会在处理互联网治理问题中提供公共产品的过程,其"公共性"在于全球互联网在长期发展中由于国际网络行为规范的缺失造成了日益严峻的形势,产生了全球范围内集体性的公共需求和利益诉求。"全球互联网是这样一种兼具商品、资源、服务的跨国性公共产品,而全球互联网治理体系正是为了保证人类社会能够拥有自由开放、共建共享的互联网空间环境的一种政策体系,同样也是一种全球公共产品。"①集体行动困境是当前全球治理问题的核心与实质,即如何在全球范围内通过多元主体合作解决全球公共产品供给不足的问题。互联网作为全球性公共产品,必须突破由少数西方发达国家凭借其已有优势垄断全球治理体系的规则制定权和国际话语权,而应通过建立一种各主权国家间以平等协商为基础的全球性互联网治理规则,构建起一个多边、民主、透明的国际互联网治理体系,实现互联网资源共享、责任共担、合作共治,让互联网更好造福人类。

秩序互联网是未来互联网的发展趋势。在互联网的发展中,许多发展趋势和途径受到了质疑,但是其核心思

① 杨峰:《全球互联网治理、公共产品与中国路径》,《教学与研究》2016年第9期,第52页。

想——互联网的必要性——没有被质疑过。互联网最佳的未来不是不朽的或者一成不变的,而是去质疑人们目前所拥有的互联网是否是我们所能做到的最好的,并且思考互联网时代结束后人们生活的替代选择。[①]当前,开展一场广泛而深刻的互联网变革比过去任何时候都显得更加必要和迫切。互联网已成为各种力量博弈的场域,而这个场域对秩序的呼唤,以及由此折射的现实世界中秩序与责任的缺失显得愈发凸显。秩序是互联网的生命,没有规则和秩序,互联网将在无序中毁灭。秩序互联网把技术规则与法律规则结合起来实现信用和秩序的共享,秩序互联网是互联网的未来,是互联网的高级形态。"互联网的进化,在微观上是无序杂乱的,但在宏观上表现出令人诧异的方向性,如同经济学里'那只看不见的手',商业活动在微观上是无序的,但在宏观视野里,却出现了平衡力量。"[②]如果说信息互联网解决了无界问题,价值互联网解决了无价问题,那么,秩序互联网则是解决了互联网的无序问题。现有互联网的底层逻辑将被秩序互联网颠覆,数字社会价值体系也将会重塑,从而构建起一个规则主导的、可信的数字世界,使数字空间实现从无序到有序、从无价到确权、从

---

① 〔美〕珍妮弗·温特、〔日〕良太小野编著:《未来互联网》,郑常青译,电子工业出版社 2018年版,第39页。

② 刘锋:《互联网进化论》,清华大学出版社2012年版,第196页。

无界到可控的转变。基于秩序互联网,我们将迎来一个全新的数字星球,在这个新的世界里,无论是个人、企业还是国家都必须从旧的经验中觉醒以跟上时代的变换,让自己成功"移民"到新的星球。

未来将更加扑朔迷离,却也更加让人期待。美国著名建筑学家路易斯·康说:"这个世界永远不会需要贝多芬第五交响曲,直到贝多芬创作了它。现在我们离开它无法生活。"进入互联网新时代,我们面临更多的未知,如果只有一件事情是已知的话,那就是我们会创造出更多的、人们离开了它就无法生活的东西。

第三节 区块链思维

人类社会经历的每一次飞跃,最核心的不是物质催化,甚至不是技术更新,其本质是思维的迭代。思维的升级是社会发展的重要动力,掌握和运用科学思维尤为关键。正如互联网不纯粹只是一种技术,也代表了一种思维模式,即互联网思维模式一样,区块链也不仅仅是一种技术,更多也代表了一种思维模式,即共识、共治、共享的思维模式。区块链是互联网之后人类又一次数字空间大发现,其不仅是一种提高社会效率的技术工具,而且是构建未来的基础设施,更重要的是,区块链思维应该成为我们一切数字思维的起点。区块链这个层面的价值,其产品形态表现为公共产品或公共服务。区块链与互联网的融合将重构新一代网络空间,让我们进入一个全新的时代,这是一个解构、颠覆与重构的时代。

一、重构：链网融合创新

区块链究竟是什么？这是很多人的疑问。关于这个问题的答案众说纷纭,有人说区块链是一种信任机器,有人说区块链是价值互联网,还有人说区块链就是一种分布式的共享账本。中国人民银行在《区块链技术金融应用评估规则》中首次阐述了区块链的定义,即"一种由多方共同维护,使用密码学保证传输和访问安全,能够实现数据一致存储、防篡改、防抵赖的技术"。关于区块链,可以从两个概念入手：一是"链"的概念,如供应链、食物链、生物链等,这些链的共性就是把属性相同或相关的东西用一个共同的纽带串接在一起。区块链其实也是一种链条。二是"区块"的概念,"区块"实际上是一个账本的档案,上面记录着"链"上产生的各种交易信息。从区块和链的概念来说,区块链的实质就是一个由人来制定协议规则,由分布式网络的各个节点来执行规则,共同维护网络状态的一个档案库。区块就是账页,链就是把账页连接成册的装订线,再加上骑缝章,使之不能被篡改。与传统账本相比,区块链有更神奇的地方,账本上的交易能够自动地验证,账本的状态能够自动地确认,形成共识。账页上的交易都能够向前追溯,具有透明性和可审计性。①从技术层面看,我们可以简单地认为,区块链是一个分布式共享账本,是基于算法和代码的规则共识。从本质上说,区块链是建构数字世界的新工具。

区块链是解构价值的新工具。"物理第一性原理"②作为量子力学的一种求解工具,在我们经济社会生活中有着特殊的意义。区块链正是"物理第一性原理"应用于生产关系解构的最佳工具。目前,我们人类应用于生产生活的各种组织关系非常复杂,从合伙关系到公司制企业再到各种行业联盟,从政党到国家再到各种国际组织;同时,为了使资源在生产关系主体之间流通,并维护各主体之间关系的秩序,人类还设计了各类商业模式、制度和法律,创造了大量为了维护模式、制度和法律运行的第三方机构,比如法院、银行、券商、交易所、保险公司、会计师事务所、律师事务所等。这种中心化的资源调度和权力分配制度消耗了大量资源,但是区块链出现以前,这种井然有序的组织

① 武卿:《区块链真相》,机械工业出版社2019年版,第3-4页。

② "物理第一性原理"原指根据原子核中的质子和外围电子的互相作用的基本运动规律,运用量子力学原理,从具体要求出发,直接求解各种微观物理现象的算法。之所以称之为"第一性原理",主要是因为进行物理第一性计算的时候,除了使用电子质量、质子质量以及恒定不变的终极常数——光速,不使用其他任何的经验参数。通过"物理第一性原理"算法,我们不仅可以解构所有的微观物理现象,甚至只要有足够的算力,还可以解构和解释所有的宏观物理现象,比如地震、爆炸、闪电,甚至恒星的毁灭和诞生。

方式和规范严整的社会秩序是极有必要的,因为目前的组织形式是在当前生产力水平下,能够确保信任有效传递的持续帕累托改进后的进化结果。但是,在区块链时代,传统的社会契约形式将被颠覆。区块链以点对点信任直接传递和强制信任化的功能,实现了生产关系的解构。其解构原理非常类似于"物理第一性原理"对宏观物理现象的解构,任何尺度的宏观物理现象,不管是山崩地裂,还是日月运行,都可以用最基本的质子和电子间的关系来解释。在区块链时代,任何经济行为,不管是股票发行还是破产清算,任何组织形式,不管是创业合伙还是跨国企业,都将被区块链解构,解构为最基本的人和人之间的经济行为。[①]区块链的诞生改变了消费者、劳动者、创造者、所有者和组织者五类价值创造者的生产关系,这是人类有史以来第一次用技术改变生产关系,改变了人们对货币、身份、秩序的认知。可以说,区块链是一种解构价值、传递价值、重建信任的工具。区块链与互联网互成镜像,巴比特创始人长铗认为,"区块链的逻辑可能跟互联网不仅是平行世界,他们是镜像关系"。所谓镜像,指的是对比关系,而互联网与区块链之间的一个对比就是互联网是做信息的传输协议,而区块链是做价值的传输协议。进一步说,互联

---

① 黄步添、蔡亮编著:《区块链解密:构建基于信用的下一代互联网》,清华大学出版社 2016年版,第186-189页。

网实现了信息的高效传输,区块链则实现了价值的量化互联。

区块链是建构平等的新工具。当我们习以为常的中心化生产关系被区块链以"物理第一性原理"解构后,如何重新建构新的生产关系变得至关重要。在区块链时代,解构后的个体将以"元胞自动机"①的方式重新建构,并且实现生产关系的彻底进化,人和人的关系也将随之重新定义。这种通过元胞和元胞之间点对点的关系,并且遵循一定规则互相作用的动力学模型,非常类似于在区块链上的人和人之间互动的网络动力学模型。基于元胞自动机模型的生产关系建构同传统的生产关系组织方式最大的区别,就在于是否存在一个以资源配置为功能的权力和信任

---

① 元胞自动机是由"计算机之父"冯·诺依曼作为一种并行计算的模型而提出的,其定义是:在一个由元胞组成的元胞空间上,按照一定局部规则,在时间维上演化的动力学系统。具体来说,构成元胞自动机的部件被称为"元胞",每个元胞都具有一个状态,并且这个状态属于某个有限状态集中的一个,例如"生"或"死"、"1"或"0"、"黑"或"白"等。这些元胞规则地排列在被称为"元胞空间"的空间格网上,它们各自的状态随着时间而变化,最重要的是,这种变化根据一个局部规则来进行更新,也就是说,一个元胞下一时刻的状态取决于本身状态和它的邻居元胞的状态。元胞空间内的元胞依照这样的局部规则进行同步的状态更新,大量元胞通过简单的相互作用而构成动态系统地演化。这些元胞的地位是平等的,它们按规则并行地演化而不需要中央的控制。在这种没有中央控制的情况下,它们能够有效地"自组织",因而在整体上涌现出各种各样复杂离奇的行为。这就启发了我们集中控制并不是操纵系统实现某种目的的唯一手段。元胞自动机是一种非常神奇的动力学模型,它既简单又复杂——规则简单,主体明确,却又可以演化出非常复杂的动力学系统。

中心来主导经济生态圈的演化。①从工业化时代的资源导向，到互联网时代的需求导向，再到区块链时代的价值导向，是商业文明的主导权从官方组织到市场组织再到每个个体的一步步交割。过去，我们建立了太多以利益为目的的"围墙"：人与人之间彼此不信任的"围墙"、公司与公司之间彼此欺诈算计的"围墙"、国家与国家之间高关税贸易保护的"围墙"。数字文明的成果应该惠及每一个人，拆掉"围墙"，链接个体。尤瓦尔·赫拉利在《今日简史》中提到，点对点的区块链网络和比特币等加密货币，可能会让货币体系彻底改变，激进的税制改革也难以避免。其实不仅是货币体系的税制需要改变，基于区块链的经济模型和商业模型也会改变。通过区块链可以建造一个合理分配资源的协议，当技术发展到网络可以由机器和算法来操作时，区块链就可以做到对网络的统一管理。也就是说，区块链未来可能会在网络管理方面起到重要作用。迄今为止，人类发明创造的所有技术都是用来提高效率的。只有区块链，用去信任的方式，建立人和人之间的相互信任；用去中心的方式，企图直接建立人和人之间的平等地位。区块链中各节点具有相对平等性，能够保障各参与方在利益分配中的相对公平。区块链是减少不平等的有效工具，这是区

---

① 黄步添、蔡亮编著：《区块链解密：构建基于信用的下一代互联网》，清华大学出版社2016年版，第186-189页。

块链最让人兴奋的能力。区块链带来了一个全新的时代，一个不需要中心化枢纽管理节点、全民共同参与维护环境、智能合约参与的全民平等时代。区块链是一场消除世界不平等的自我救赎运动，让人无比期待。

区块链是重构秩序的新工具。"社会秩序一旦被打破，就会倾向于重造"①，区块链的核心价值源于其本质实现的是关系的重构。人类社会的发展正面临着日益增长的不确定性，这是人类社会秩序发生重构的原因所在。数字时代的到来推动了三元空间的形成，而随着人们对三元空间的愈加了解，就会发现影响世界运行与发展的因素与关系愈多，这将使人类社会正常秩序赖以维持的复杂性和关系也变得愈加难以被清晰地表达与把握，从而进一步加大了对三元空间中人类秩序的重构进行理解与预测的难度。认识和理解当前世界秩序，可能需要追溯到二战末期和结束之后的四次重要会议：布雷顿森林会议奠定了全球货币金融秩序的基础，雅尔塔会议奠定了全球地缘政治秩序的基础，联合国成立会议奠定了国际法秩序的基础，梅西会议奠定了世界科技秩序的基础。这四次会议奠定了世界秩序架构。②进入21世纪，世界秩序开始受到多重冲击，已

① 胡泳、王俊秀主编：《连接之后：公共空间重建与权力再分配》，人民邮电出版社2017年版，第41页。

② 朱嘉明：《区块链和重建世界秩序》，在2020年全球区块链创新发展大会上的演讲，江西赣州，2020年8月14日。

经呈现解构的态势。例如,2001年"9·11"恐怖袭击事件、2008年国际金融危机和2020年新冠肺炎疫情,让以联合国、世界银行、国际货币基金组织、世界贸易组织等为代表的国际组织影响力逐渐衰落,从不同方面影响了战后所形成的国际秩序。当前,我们需要思考的不是如何简单地补救战后的世界秩序,而是需要改造甚至重构世界秩序,以适应进入20世纪20年代的人类社会。区块链将成为重构世界秩序的新基础结构,这是因为,从理论和技术层面上说,区块链具备以下四个基本功能:其一,区块链可以提供国际秩序重构的社会基础。以可编程社会为基础,以区块链作为"信任网络"驱动力,可以建立一种新的社会关系和国际关系。其二,区块链可以提供国际秩序重构的个体基础。其中,涉及社会成员的数字身份、信任计算,构造个体与个体基于技术支持的新型信任体系。其三,区块链可以提供国际秩序重构的法律基础。通过推动智能合约代替传统合约,实现区块链代码仲裁等实践,"代码即法律"普遍化。其四,区块链可以提供国际秩序重构的经济基础。通过区块链重构产业链、供应链、价值链和金融链,加速价值安全和高速交易与传递,形成新型数字资产和数字财富体系,完成传统经济向数字经济的转型。[1]

---

[1] 朱嘉明:《区块链和重建世界秩序》,在2020年全球区块链创新发展大会上的演讲,江西赣州,2020年8月14日。

二、共识、共治与共享

思维是隐藏在技术背后，比技术更重要的范式。区块链不仅是一种技术，更代表一种理念，一种全新的思维模式。区块链思维是通往数字世界的通行证，是提前触摸未来的一份行动指南，被称作"互联网思维的升级版"，集中了区块链的所有特点和优势，体现了共识、共治、共享的思维观。区块链思维以去中心化为特点，每个节点都是建立在一种基于统一规则的"宪法"基础上，所以每个节点之间具有相同的责任和义务，大家都能够将自己的交易记录分享给系统网络中的其他节点，并能够对记录的交易内容达成一致意见，这体现的就是区块链的一种共识、共治、共享的思维。区块链思维是一种促进人类大规模协作的思维。这里说明一下，不是因为有了区块链，才有了这些思维，而是因为区块链的出现和发展，这些思维得以集中爆发。

区块链思维的灵魂是共识思维。共识是区块链世界的核心词汇，区块链思维是以共识为基石来构筑的，出发点和落脚点都是共识。区块链能够顺畅运行，有赖于区块链上的分布式网络各个节点上的参与者共同遵从一定的共识机制。共识机制可以被看作是区块链运行的一条命脉。区块链本身是去中心化的，因此在区块链系统中不存在权威组织。共识机制可以说是实现人类组织体系革新的一个巨大突破,它与以往的金字塔体系截然不同,但也不同于平台垄断体系,它所形成的就是共识组织。人类纷争、世界动荡、国际矛盾本质是共识的流失、撕裂和瓦解,社会文明、经济繁荣、公民幸福本质是共识的凝聚、达成和升华。今天,逆全球化思潮愈演愈烈,贸易保护主义兴风作浪,实际上是主要经济体之间缺乏利益共识。区块链思维需要共识思维铸造其经脉灵魂,遵从共识思维堪比亚当·斯密所提出的"看不见的手",它只需每个个体秉持理性追求共识就能使得社会大发展。全球公共卫生危机——新冠肺炎疫情——的发生更加凸显了共识思维的重要性,只有凝聚人类是一个休戚与共的命运共同体这个"共识"意识,才能为人类闯过"至暗时刻"指明方向。[①]根据美国社会学家爱德华·希尔斯的"共识理念",共识的达成需要以下三个条件:一是规则认同,团体成员共同接受法律、规则和规范;二是机构认同,团体成员一致认可实施这些法规的机构;三是身份认同,有了团体意识,成员才会承认他们的共识是公平达成的。可以说,区块链对人类认知模式最大的影响,是将"共识"作为一种思维方式提炼出来,并再一次验证了这种思维可以不断使人类达到协作的新高度——即使没了中心,依然可以建立起生命力强大的协作系统。

---

① 黄莉:《区块链思维赋能基层治理》,《红旗文稿》2020年第24期,第30页。

区块链思维的基础是共治思维。船桨划得整齐一致，大船才能行稳致远。区块链思维是以"共享价值链"为主要特征的"众治共赢模式"。人类在进化的过程中，打败其他物种，战胜自然界的种种考验，最终站在了食物链的顶端，靠的就是人与人之间的协作共赢。众治共赢思维把所有的利益主体都绑在一起，形成利益共同体，它是双赢思维的扩展。要求在处理双边和多边关系、系统与外部环境之间关系时，通过"1+1>2"的机制，共同"把蛋糕做大"，在不损害第三方利益、不以牺牲环境为代价的前提下，各方均取得更好的结果。通过众治共赢思维建设全球新生态，回归区块链价值初心，跨国界、跨种族、跨信仰，最终实现"人人参与，人人获益"[1]。面对部分西方国家的逆全球化浪潮和日趋脆弱的全球治理体系，构建人类命运共同体、实现共建共治共享是解决全球治理难题的理想方案。区块链作为未来的重要技术，可以为"人类命运共同体"理念和全球共治思想提供技术支撑。在区块链的多中心框架下，汇聚全球多方力量，形成主权国家、非政府组织、民间企业等多元主体参与的全球治理新体系，共同参与全球治理体系改革和建设，最终实现全球共治。《贵阳区块链发展和应用》创造性地提出了"主权区块链"的理论。主权区块链与其他区块链一样，具有去中心化、多方维护、交叉验

---

[1] 黄莉：《区块链思维赋能基层治理》，《红旗文稿》2020年第24期，第30-31页。

证、无须中介、全网一致、不易篡改等特点。但不同的是，在治理层面，它强调网络空间命运共同体间尊重主权，在主权经济体框架下进行公有价值交付，而不是超主权或无主权的价值交付；在网络结构上，它强调网络的分散多中心化，技术上提供网络主权下各节点的身份认证和账户管理能力；在数据层面，它强调基于块数据的链上数据与链下数据的融合，而不是限于链上数据；在应用层面，它强调经济社会各个领域的广泛应用，基于共识机制的多领域应用的集成和融合，而不是限于金融应用领域。主权区块链底层技术设计的基础，即是区块链的"共治"思维。主权区块链是在主权国家的基础上通过多方共同参与形成的整体性架构，将成为未来主权国家推动区块链发展的重要形态。主权区块链将作为全球治理的数字基础设施，结合技术规则和法律规则完成"区块链+治理"工作。同时"主权区块链只是区块链发展的中间形态，将来在主权区块链的基础上会进一步发展出超主权区块链甚至全球区块链"①，在全球治理中发挥重要功能。

区块链思维的本质是共享思维。区块链是全人类共享的思维模式，本质上是一个去中心化的共享数据库：第一，账本共享。区块链是一个所有节点都可以共享的账

---

① 高奇琦：《主权区块链与全球区块链研究》，《世界经济与政治》2020年第10期，第70页。

本,这个账本被同步运行在世界各地所有参与网络的计算机当中。而共享所带来的革命性变化,就是这个账本无法被任何人销毁、篡改,不可伪造、全程留痕、可以追溯、公开透明、集体维护,因为没有人可以同时攻击分散于世界各地的所有计算机。第二,理念共享。理念共享在区块链的共识机制中得到最有力的体现。共识机制相当于国家的法律法规,法律维持了整个国家的正常运转。在区块链的世界中,共识机制就是利用代码和算法来保证区块链世界中的各个节点的正常运行。所有认同这个理念的节点,可以选择随时加入,也可以随时退出。第三,信任共享。区块链技术的伟大之处在于去中心化和去信任,它可以在一个完全陌生的网络环境里,通过代码促成交易。在没有中心机构的信任背书下,所有参与的网络节点,可以通过区块链的代码和加密技术,产生信任共享。第四,规则共享。互联网明显的中心化特征,使既有规则也完全是由中心节点来维护,监管失灵、暗箱操作等问题难以避免。而在区块链体系内,规则由所有参与者共同维护,各参与方都会根据规则来独立地验证数据。每一位参与者都会独立地验证其接收到的数据,并判断其是否违反规则。如果核实数据是有效的,那么参与者就会接受这份数据,并将其转发给其他人,只有当相关参与者同意后,新数据才能被视为有效数据,并被加入最终的区块链共享账本中。第五,数权共享。基于区块链的规则,只有数据的有效性得到大部分参与者的认同,其才可以被确认。通过权限分享的形式,每个参与者突破以往单一的角色身份,同时作为数据提供方、验证方和使用方,以创造者、监督者和使用者三重身份共同参与维护区块链数据的安全和有效性。因此,没有任何机构可以完全拥有数据的控制权限。第六,算力共享。以比特币区块链为例,基于其 Pow(工作量证明)的共识机制,要求全球所有参与者必须付出相应的计算资源,来获取区块链货币,这也在一定程度上有效利用了网络节点中闲置的算力资源。[①]也就是说,算力共享使被闲置的计算资源通过区块链的共享机制转移给有真正需求的用户群体,实现算力资源的高效便捷运用。

法国哲学家帕斯卡说:"人只不过是一根芦苇,是自然界最脆弱的东西。之所以我们人类能够打败各种比我们强大得多的野兽,最终在自然界崛起,很大程度上靠的就是人与人之间形成了集体,一块协作共赢。"正如有学者指出的那样,"耕牛时代的精神是分散封闭,机械时代的精神是集中垄断,数字时代的精神是开放共享、扁平关联和协同互利"。区块链的基因就是共识、共治、共享,这些基因才是区块链与各领域融合过程中真正的力量之源。

---

① OK区块链工程院:《春风化雨万物生,区块链下的新型共享经济》,金评媒,2018年, http://www.jpm.cn/article-60648-1.html。

三、区块链:一种超公共产品

作为最为典型的颠覆性科技代表,区块链正在引领全球新一轮科技革命和产业变革,正在引发链式突破。科技进步日新月异,区块链必将迎来更加高级的发展形态,并越来越显示出智慧特征,越来越体现出价值,越来越彰显出颠覆意义。可以预见,以人工智能、量子信息、移动通信、物联网、区块链为代表的新一代信息技术加速突破、增强和赋能,物理世界和数字世界更加交融和并行,物理世界、人的二元世界将变成人、物理世界、数字世界的三维空间。当前,区块链在理论建模、技术创新、场景应用等方面呈现出整体演进、群体突破、跨界融合的发展态势,推动各领域从数字化、网络化向智能化加速跃升,对经济发展、社会进步、全球治理等方面产生重大而深远的影响。正如数字经济之父唐·塔普斯科特所言:"区块链技术将会在未来的社会中产生广泛而深远的影响,它将会成为未来几十年里影响力最大的黑科技。"互联网为我们带来了一个不规则、不安全、不稳定的世界,区块链则作为一种超公共产品让这个世界变得更有秩序、更加安全和更趋稳定,为万物互联时代提供一个安全、可控、有序的基础设施,也为其提供一套完整的规则。

区块链是一种思维范式。尤瓦尔·赫拉利在《人类简史》中阐释人类发展的历史时表达了这样的观点:人类从弱小的动物逐渐进化，直至成为这个星球的"上帝"，正是靠着思维的一点点演进，逐渐统治了整个地球。智人之所以在进化中领先于猩猩，是因为相比于单纯的生物进化，智人还叠加了一种思维进化，即"先想到才做到"，并以此推动了人类的第一次认知革命。正是以进化的思维为土壤，人类开始实现沟通、交换、协作，建立组织、国家、宗教，进而抵达食物链的顶端。因而，从历史的角度看，思维的进化才是决定人类发展的关键因素。在几十万年后的今天，人类正在由二元世界体系迈向三元世界体系，我们欣喜地看到，一种新的思维方式正在萌生，并将助力解锁未来网络时代价值的无限可能，这就是"区块链思维"，它是一种面向未来的思维方式，一种范式革命，即思想、理论、体系、组织、技术、体制、机制、制度、管理、效率等综合因素叠加，相互交结化学反应的积极结果。由工业革命开启的工业化进程重塑了人类社会，影响和塑造了人类社会200多年来的学科体系、知识体系和话语体系，区块链思维的意义不亚于200多年前的工业革命。在区块链思维的影响下，工业革命以来形成的社会结构、组织形式、政治形态和治理模式都将被重塑。区块链是一种集成技术、一场数据革命、一次秩序重建，更是一个时代的拐点。区块链可能是人类历史上第一个影响到生产关系、货币金融、治理体系、法律制度等方方面面的新基建。

区块链是一种基础设施。全球公共产品是现有的可扩展性最好、最有用、最可靠和最持久的基础设施。被誉为"互联网之父"的美国研究创新联合会主席兼首席执行官罗伯特·卡恩认为,到2025年,全球可能会进入全数字时代。如果再往前看的话,未来将成为数字物品的时代。区块链正在成为全数字时代的底层基础设施,"链网"将作为路网、水网、电网、气网之后的第五张基础设施网(见图1-1)。

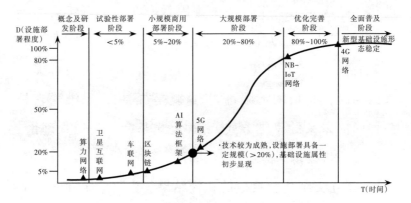

图1-1 从信息技术向新型基础设施演进的发展阶段示意

资料来源:牟春波、韦柳融:《新型基础设施发展路径研究》,《信息通信技术与政策》2021年第1期,第45页。

新基建浪潮下的区块链,必将助力我们从"连接"时代迈向"链接"时代。2018年12月,中央经济工作会议提出加快新型基础设施建设。2020年4月,国家发改委重新定义了新型基础设施的概念①,明确将区块链纳入数字经济下新技术基础设施的重要组成部分。2021年6月,工信部、中央网信办发布《关于加快推动区块链技术应用和产业发展的指导意见》,提出构建基于标识解析的区块链基础设施。当一种技术成为新基建范畴,意味着它具有相当大的公共产品属性。"区块链是更有效的数据要素载体、创新性的融资支撑平台、极具包容性的新型基础设施。区块链不仅具备了数字经济基础设施公共物品的基本属性,同时还将推动传统产业数字化转型,有效降低交易成本,提高全要素生产率,可成为新型基础设施建设中的发力点。"②中国信息通信研究院在《区块链基础设施研究报告(2021)》中也指出,区块链技术具备基础设施属性,包括为社会运转提供基础性的信任管理能力、面向公众提供公共普惠性的价值传递能力、与其他信息技术配合为各行各业赋能增效。区块链具有新型基础设施特点,包括新型基础设施范畴持续拓展延伸、技术迭代升级迅速、持续性投资需求大、互联

---

① 新型基础设施是以新发展理念为引领,以技术创新为驱动,以信息网络为基础,面向高质量发展需要,提供数字转型、智能升级、融合创新等服务的基础设施体系,其包括三个方面的内容:一是包括以5G、物联网、工业互联网、卫星互联网为代表的通信网络基础设施,以人工智能、云计算、区块链等为代表的新技术基础设施,以数据中心、智能计算中心为代表的算力基础设施等在内的信息基础设施。二是以深度应用互联网、大数据、人工智能等技术为基础支撑传统基础设施转型的融合基础设施。三是能够支撑科学研究、技术开发、产品研制的具有公益属性的创新基础设施。

② 渠慎宁:《区块链:新型基础设施建设的发力点》,《科技与金融》2020年第7期,第41页。

互通需求更高、安全可靠要求更高、对技能和创新人才要求大等特点。区块链不像工业互联网、人工智能、物联网、5G等是明确目的、垂直性的技术，区块链是横向的、链接性的技术，这些新基建是一种基础设施，而区块链是这些基础设施的基础设施。区块链将成为一种非常重要的底层技术，并越来越多地与新技术结合。很多地方政府工作报告中都有一条，企业的"上云率"是多少，相信再过5年或者10年，将会出现"上链率"是多少的提法。[1]区块链是一项我们都可以使用的数字公共事业。[2]区块链协议（用于构造和传送信息的规则集）具有公共性、开放性、透明性、安全性、自治性、可信赖等特征，如果一个协议在去信任化、无须许可、可信中立性这些方面表现越好，就越有可能发展成为全球性平台。这是一个以公链为主导的新时代，当公链成为区块链发展的主导时，它才真正回到了正确的轨道，这就是区块链的本义。当区块链从联盟链向公共链演

---

[1] 2020年4月，中国区块链网络基础设施BSN宣布正式进入国内商用阶段，提供跨云服务、跨门户、跨底层架构、跨公网、跨地域、跨机构的区块链网络服务。2020年8月，BSN在海外亦正式进入商用。截至2020年11月，BSN在全球部署了131个公共城市节点，横跨六个大洲，其目的与互联网一样，旨在降低整个区块链行业应用的开发、部署、运维、互通和监管成本。国家层面支持的区块链服务网络BSN已与包括Tezos、NEO、Nervos、EOS、IRISnet和以太坊在内的六条公共链展开合作，中国区块链基础设施正走向世界。

[2] 公共事业即"众人之事"，公众对公共产品和公共服务需求与偏好的多元化趋势，决定了公共事业内容的广泛性、主体的多元性、方式的多样性以及监管的复杂性。因其性质上的"公共性"的特点，导致相关参与方众多、相关利益方多元、相关关系者复杂、相关方目标不同……所以公共事件的有效治理在全球都是一项几乎不可能完成的任务。

进时,将有可能成为一种基础设施和一项公共事业。区块链的核心在公共领域,是公共链,因为只有当区块链转化为公共链,它才不会成为一个创造财富的工具,也不会成为互联网的守护者,而是真正成为一个新时代到来的新动力。

区块链是基于数字文明的超公共产品。区块链是一个大规模的协作工具,这个工具可以为我们展现一个无限广阔的全球互联世界,让原来根本不敢想象的事情变为可能,大规模全球协作将成为新的思维方式和工作、生活方式,全球化协作社区将得以形成,全球大协作时代即将到来。[①]人类已经拥有了一个开放平等、协作分享的互联网作为信息传递基础设施,那么也必然需要一个与之匹配的价值传递体系。区块链已经从一种单纯的金融技术脱胎而出,广泛应用于社会治理及各行各业,并且开始成为新的社会信用机制和全球治理框架的一部分。区块链是一场前所未有的"治理革命",就像早期的互联网改变了数据和通信一样,区块链正在革新全球治理的各个方面和重塑全球公共服务的形象。区块链正在成为一种全球性的运动。正如互联网是一个"全球"系统一样,区块链也是一种全球性平台,也即一种全球性公共产品。这种公共产品既超越特定的地域、边界、时空和群体,又强调区域间的共同

---

① 武卿:《区块链真相》,机械工业出版社2019年版,第48页。

合作、共同提供、共同建构和共同秩序,它不同于工业文明时代的纯公共产品或准公共产品,但又具有市场制度下公共产品的特质和属性,我们把它叫作基于数字文明的超公共产品。区块链是通向数字文明的一把钥匙,是未来数字化大发展必不可少的基础工具。区块链的诞生为世界带来无限可能。万物皆可上链,基于链上人人都可创立一个映射现实世界的数字镜像世界。数字文明是社会未来发展的必由之路,正如凯文·凯利所言,区块链会成为数字文明的基石,它打破了整个人类千百年来建立起的信任方式,为数字化转型提供了新的思路。

区块链的伟大不仅仅在于其技术和算法的精妙,更在于其与生俱来的经济学和社会学价值,它将重新定义商业模式和组织形态,重新定义整个世界,成为数字时代又一次划时代的创新。纵观人类发展的整部历史可以发现,我们的社会经历了持续快速的变革,从数万年的渔猎社会,到数千年的农耕社会,到数百年的工业社会,到仅有几十年历史的信息时代,到现在刚发展几年的数字时代。马克思说过一句名言:"蒸汽机、电力和自动纺织机甚至是比巴尔贝斯、拉斯拜尔和布朗基诸位公民更危险万分的革命家。"巴尔贝斯、拉斯拜尔和布朗基,这三个人都是19世纪法国著名的革命家。马克思的意思非常明显,生产力的变革是一切生产关系革命的基础。世界经济论坛创始人克劳斯·施瓦布说:"自蒸汽机、电和计算机发明以来,人们又迎来了第四次工业革命——数字革命,而区块链技术就是第四次工业革命的成果。"只有保持全球公共产品的可持续供应,全球问题才能得以有效治理,世界秩序才能得以稳定发展,各国利益才能得以充分保障,人民福利才能得以不断提升。区块链作为一种可信数字基础设施和超公共产品,必将持续地突破时空的约束而达成对旧有时空秩序的消融与瓦解,并在这一消解过程中重构新的时空运行秩序。

第二章 数字货币

我们已经进入21世纪的第三个十年。没有人可以真正预期在第三个十年会有怎样的事件影响和改变世界的经济、政治、社会和生态平衡。但是,人们可以肯定的是,人类的经济活动还要继续,货币在未来十年没有可能消失,只是货币在未来十年会有重大改变,所有的端倪在21世纪的第二个十年,特别是最近的两三年已经全面显现。

——著名经济学家、横琴数链数字金融研究院学术与技术委员会主席 朱嘉明

第一节 金融科技与信用的未来

货币是人类的一项伟大发明,是人类社会生产力水平提高和社会进步的产物。数千年来,货币作为人类经济活动的"血液",经历了从天然贝壳到金属铸币、纸币等千姿百态的物理形态演变,并伴随人类走过了漫长的远古蛮荒时代、农耕文明时代和工业文明时代。当人类进入发展史上最为跌宕起伏的21世纪,随着互联网、大数据、区块链等金融科技的快速发展,新技术开始推动着货币形态走向电子化、数字化,美国经济学家弗里德曼关于计算机字节成为未来货币的猜想逐渐成为现实。[①]当前,以区块链为核心的货币革命已经吹响了变革经济与社会的号角。信用是人类社会运行的润滑剂,通过变革系统信任架构和社会信用体系,区块链实质上建构了一个全新的信用社会。"区块链技术的本质特征之一就是一种信用技术,通过机制有效地解决了社会上的信任不足,嵌入社会信用制度当中,

---

① 米尔顿·弗里德曼(Milton Friedman,1912—2006),美国著名经济学家,芝加哥大学教授,芝加哥经济学派领军人物,货币学派代表人物,1976年诺贝尔经济学奖得主、1951年约翰·贝茨·克拉克奖得主。弗里德曼被广泛誉为20世纪最具影响力的经济学家及学者之一。其曾经写道,谁知道未来的货币会演化成何种形式? 会是计算机字节吗? 并对货币的未来形态提出了猜想。

有利于社会信用制度进一步完善的技术基础。"①基于这种新的货币形态和信任机制,区块链必将重构社会信任制度和社会经济体系,更好地实现货币作为人类社会"血液"的循环传导功能。

一、从贝壳到数字货币

从古至今,货币在人类的生活中一直扮演着至关重要的角色,使用货币的历史产生于物物交换的时代,远早于国家的出现。从一开始的以物换物,到以贝壳等物品作为实物货币,再到金属货币的诞生,最后发展到如今的信用货币,货币的材质一直随着社会的进步而改变。随着数字科技的不断发展和应用,世界对于数字货币的研发进入以密码学原理为基础的加密数字货币时代。"1000年前交子的发明是人类货币史上的突变,是一次伟大革命,开启了人类最早的信用货币体系试验;1000年之后数字货币的崛起,又是人类货币史上的一次伟大革命,必将加速人类数字经济时代的到来。"②从职能看,货币逐渐囊括了价值尺度、流通手段、贮藏手段、支付手段和世界货币等职能,货币作为一般等价物的观念得到普遍认同。从形态看,货币

---

① 陆岷峰:《关于区块链技术与社会信用制度体系重构的研究》,《兰州学刊》2020年第3期,第83页。

② 朱嘉明:《从交子到数字货币的文明传承》,《经济观察报》2021年3月1日,第33版。

大致经历了"实物货币—金属货币—信用货币—数字货币"这几个发展阶段,货币形态的每一次变化都标记出人类文明进程的重要转折点。从货币形态的演变趋势看,随着商品生产流通的发展和经济发展水平的提高,货币的形态也不断从低级向高级演变。

实物货币。货币是商品交换的产物,或者说是商品经济发展到一定阶段的产物。在远古时期,人们通过物物交换来满足日常需求,不管是"两只羊换一头牛",还是"三条鱼换一柄石斧",都不存在"货币"意识。进入农耕文明社会后,随着人类逐渐学会新石器等各种技术,物质资料也越来越丰富,从商品世界中分离出来的、作为其他一切商品价值的统一表现的特殊商品,如贝壳、牛羊、宝石、盐等"一般等价物"就成了原始货币。因此,货币最初是为了满足交换而产生的,这是货币最本质的功能,即作为交换的工具。不管是贝壳、果实,还是牛角、羊角,虽然可以换来一头猪或一条鱼,但它们本身的实用价值很低或根本没有。可见,货币并非要具备实用价值才能成为货币。一般价值形式转化为货币形式后,有一个漫长的实物货币形式占据主导地位的时期。实物货币是货币形式发展的初始阶段,但其具有不稳定、范围有限、缺乏统一的价值衡量标准等缺陷,或体积笨重而不便携带;或质地不匀而难以分割;或容易腐烂而难以储存;或大小不同而难以比较。这使得实物货币出现了普遍的质劣化现象,终究难以为继。

金属货币。随着冶金技术的提升,货币的形态开始从牲畜、贝壳等"自然产物"过渡到金、银、铜等贵金属。在人类5000多年的货币历史中,贵金属作为货币占据的时间跨度最长,其中以黄金和白银最为典型。贵金属成分稳定,易于保存携带,特别适合作为"货币"流通使用,正如马克思所说:"货币天然不是金银,但金银天然是货币。"随着商品的交易范围扩大,跨区域甚至跨国家间的交易出现,贵金属货币的重量和成色要求更权威的证明,于是国家开始管理和铸造货币,并以国家信誉为背书。弗里德曼认为,这就是观念的力量,"货币是大家共同且普遍接受的交易媒介"。金属冶炼技术的出现和发展是金属货币被广泛使用的物质前提,金属货币的价值稳定、容易分割、方便存储等显著优势,却是实物货币所无法比拟的。正因如此,在人类社会发展的漫长历史中,以金银为代表的贵金属被赋予了货币的价值功能。同时,它们的稀缺性使其不仅成了人类物质财富的重要表征,也成了人类追逐和积累财富的重要手段。

信用货币。虽然金银作为货币有着许多优点,但由于进一步分割的难度大,它逐渐无法适应现代经济生活的需求。信用货币产生于金属货币流通时期,信用货币可以无限分割,较好地解决了流通需求,进而逐渐取代金属货币。早期的商业票据、纸币、银行券都是信用货币。在我国北宋时期,出现了世界上最早的纸币——交子^①。纸币显示出金银无法比拟的优势,它制作工艺简单、成本低,更加容易保管、携带和运输,纸币的出现是货币发展的必然形态。信用货币初期可以兑现成金属货币,逐步过渡到部分兑现和不能兑现。但在信用货币的发展过程中,往往由于政府滥发货币导致通货膨胀,一方面破坏了信用货币的可兑现性,另一方面也促进了信用货币体系的发展和完善。20世纪30年代,世界各国纷纷放弃金属货币制度体系,不兑现的信用货币体系开始登上历史舞台。然而,其最大的弊端是政府为了刺激经济而无节制地印发货币。从金属货币过渡到国家信用货币以来,货币发行纪律一直被人们所诟病。

数字货币。货币经历了漫长的迭代,才形成了如今便捷易流通的纸币。但纸币本身也具备一些缺陷,比如:纸币是纸质印刷品,很容易受到损坏;纸币本身没什么价值,完全靠国家背书支撑,容易滥发贬值,并引发通胀危机等。随着全球互联网和电子商务的兴起,电子支付成为新一代

---

① 交子,是世界最早使用的纸币,最早出现于四川地区,发行于1023年的成都。最初的交子实际上是一种存款凭证。宋朝时,成都地区出现了为不便携带巨款的商人经营现金保管业务的"交子铺户"。存款人把现金交付给铺户,铺户把存款数额填写在用楮纸制作的纸卷上,再交还存款人,并收取一定的保管费。这种临时填写存款金额的楮纸券便被称为交子。交子是世界上首次用纸币取代金属货币作为经济交易媒介,成为人类经济史和货币金融史上最为主要的创新事件。

网络原住民的重要支付方式。纸币遭遇了电子支付的冲击,电子支付具有方便快捷、零损耗等优点,日益侵蚀着纸币的使用空间。电子货币作为现代经济飞速发展和金融科技持续革新的结果,也是货币支付手段职能不断演变的结果,在某种意义上代表了货币发展的未来。"虚拟货币与电子货币最重要的区别就是发行者不同,虚拟货币是非法币的电子化,可以简单理解为是一些虚拟世界中流通的货币,是互联网社区发展的产物。"①随着移动互联网、云计算、区块链等技术的叠加,在全球支付方式发生深刻变革的背景下,货币形式变得更加数字化、智能化和多元化。数字货币是价值的数字化表示②,通常被公众所接受,并可作为支付手段,也可以电子形式转移、存储或交易。数字货币与电子货币、虚拟货币等概念有本质的区别(见表2-1)。"数字货币"已不仅是一个概念,还在逐渐变成一种需求,尽管数字货币发行还面临着很多问题,但是它的魅力仍然难以阻挡。数字货币的出现预示着货币即将进入新的历史阶段,迎来新的发展形态。

---

① 虚拟货币通常依靠参与者之间的算法协议维持体系运转,其价值来源于参与者对技术的信任和信赖。因此,一些国家在立法或政府部门发布的公告中,将虚拟货币界定为存在于网络空间中的一种"财产性价值"或"虚拟商品"。

② 按照国际货币基金组织(IMF)定义,广义数字货币指一切价值的数字表示(He D, Habermeier K F, Leckow R B, et al. "Virtual currencies and beyond: Initial considerations". *IMF Staff Discussion Note*, 2016, Vol.16, p.42)。

表2-1 电子货币、虚拟货币和数字货币比较

比较维度	电子货币	虚拟货币	数字货币
发行主体	金融机构	网络运营商	不定/货币当局
适用范围	不限	网络环境	不限
发行数量	法币决定	发行主体决定	数量一定/不定
货币价值	与法币对等	与法币不对等	与法币不对等/对等
货币保障	政府信用	企业信用	网民信念/政府信用
交易安全性	较高	较低	较高
交易成本	较高	较低	较低
典型示例	银行卡、公交卡等	Q币、论坛币等	比特币、央行数字货币、天秤币、莱特币等

资料来源:根据公开资料整理。

二、金融科技颠覆历史

进入数字时代,以5G为代表的移动通信技术、大数据、云计算、人工智能、区块链在金融领域融合应用,金融科技创新正在改变着人类社会的金融活动方式及国际货币体系,并推动全球金融治理体系的变革。金融始终是信息技术应用的领先者和前沿领域,货币交易支付结算是其中的一大重要领域。尤其是近年来,货币交易支付加快从有形的现金交易支付方式向数字化的非现金交易支付方式演进,货币支付和清算模式也在不断发生变化,货币形态改变的趋势日益明显。未来,数字货币的发展离不开金融科技。包括大数据、云计算、人工智能和区块链等具体金融科技的

"硬"技术创新,以及具体技术路径选择等,都将影响甚至是决定数字货币的逻辑架构、支付模式、服务手段、组织模式和运行效率等诸多方面。不难看出,在货币形态从物理有形到电子化无形、货币支付从现金到非现金的演进过程中,金融科技进步始终是最重要的驱动力量。

金融科技的崛起。FinTech(金融科技)一词由花旗银行董事长约翰·里德(John Reed)在"智能卡论坛"上首次提及[1]。全球金融稳定委员会(FSB)将金融科技界定为"金融与科技相互融合,创造新的业务模式、新的应用、新的流程和新的产品,从而对金融市场、金融机构、金融服务的提供方式形成非常大的影响"。中国人民银行发布的《金融科技(Fin-Tech)发展规划(2019—2021年)》指出,"金融科技是技术驱动的金融创新,旨在运用现代科技成果改造或创新金融产品、经营模式、业务流程等,推动金融发展提质增效"。金融科技是指一系列能潜在促使金融服务供给转变的数字技术,金融科技能催生新的(或调节现有的)商业模式、业务应用、业务流程和产品。[2]浙江大学国际联合商学院院长、浙江大学互联网金融研究院院长贲圣林教授认为,金融科技通常指

---

[1] Puschmann T. "Fintech". *Business & Information Systems Engineering*, 2017, Vol.59, pp.69–76.

[2] Feyen E, Frost J, Gambacorta L, et al. "Fintech and the digitaltrans-formation of financial services: Implications for market structure and public policy", BIS Paper, 2021.

现有的金融机构利用数字技术降低成本、减少金融市场摩擦以及增加收入。而科技金融指科技公司开始提供金融产品,作为业务边界的延伸和拓展。随着金融科技的迭代升级,金融科技的内涵与边界也在不断拓展。目前全球的金融科技产业包括互联网银证保、新兴金融科技、传统金融科技化、金融科技基础设施这四大方面内容[①]。纵览全球金融科技发展历程,大致可将其分为金融科技1.0(金融IT阶段)、金融科技2.0(互联网金融阶段)、金融科技3.0(智能金融阶段)。随着金融科技的深度应用,各大创新型金融产品开始出现,2009年比特币诞生,自此全球金融科技迈向3.0阶段。中国金融科技实属后起之秀,起源于1988年,相比国际上晚了近30年。2012年,中国率先提出了"互联网金融"一词,自此中国金融科技步入高速发展阶段,萌生了大量新的机构和产品。尽管全球金融科技的1.0和2.0阶段均起源于英美两国,但中国金融科技已经逐步实现从"中国模仿"到"模仿中国"的跨越式发展,甚至开始逐渐超越英美。从贲圣林教授团队发布的金融科技发展指数(FinTech Development Index,简称FDI)看,中国、美国、英国三国位列全球FDI总排名前三,产

---

① 互联网银证保是指通过互联网以纯线上的方式完成传统银行、证券和保险业务的业态;新兴金融科技包含第三方支付、网贷、众筹等业态;传统金融科技化是指银行、证券、保险、基金和信托等传统金融机构利用技术所进行的数字化转型;金融科技基础设施则是以上金融科技业态和相关应用的支撑,既包括交易所、征信等金融支撑,也包括人工智能、大数据、云计算等技术支撑。

业、用户和生态排名也均位列全球前五,是当之无愧的金融科技发展三巨头。而从发展模式来看,三国恰好代表了市场拉动、技术驱动、规则推动这三大金融科技发展模式,各领风骚,为全球各国金融科技发展提供了相应的标杆。可以预见的是,未来科技创新必将成为推动金融创新与变革的核心驱动力,成为所有金融服务的底盘。

金融科技重构货币金字塔。"数字货币作为金融科技的重要创新产物之一,对整个金融业及其监管领域都产生了较为深远的影响。"[1]特别是区块链技术为去中心化的信任机制提供了可能,具备改变金融基础架构的潜力。按照美国经济学家明斯基[2]的表述,现代信用货币体系是一个金字塔(见图2-1),顶部的是政府(央行与财政部)负债,是安全性最高的本位币(基础货币),中间是银行负债(银行存款或广义货币),再下一层是其他企业和个人的负债。银行的特殊性是其享有政府的支持,表现为央行用其负债(准备金)提供中央清算服务,央行作为最后贷款人向银行提供流动性支持,还有财政部或央行参与的存款保险机

---

① 巴曙松、张岱晃、朱元倩:《全球数字货币的发展现状和趋势》,《金融发展研究》2020年第11期,第4页。

② 海曼·明斯基(Hyman P. Minsky,1919—1996),出生于美国伊利诺伊芝加哥的经济学家,曾为华盛顿大学圣路易斯分校经济学教授。他的研究试图对金融危机的特征提供一种理解和解释。他有时候被形容为激进的凯恩斯主义者,而他的研究也受宠于华尔街。明斯基是金融理论的开创者,是当代研究金融危机的权威。他的"金融不稳定性假说"是金融领域的经典理论之一,被人们不断完善和讨论。

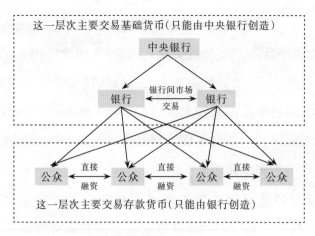

图2-1 信用货币金字塔

制。区块链对金融服务模式可能产生颠覆式影响,从下往上冲击现有的金融模式,甚至改变现有的货币金字塔结构。在金融科技的支持下,特别是近几年第三方支付系统快速扩张,如微信支付、支付宝已改变了人们的生活,第三方支付和银行的关系微妙:一方面移动支付链接众多小商家和消费者,起到拓展金融服务的作用,银行也间接受益;另一方面第三方支付机构在零售支付上成为银行的重要竞争对手。[①]目前的第三方支付平台接入银行系统的支付体系,最终结算还是依赖现有的中心化机制。随着规模不断扩大,在途资金和存入资金的安全成为系统性风险问题。但从长远看,更安全的第三方支付系统会增加其对银行系统的竞争压力。第三方支付系统只是金融科技挑战

---

① 彭文生:《金融科技的货币含义》,《清华金融评论》2017年第9期,第97页。

现有金融模式的一个方面。支付主要是货币的经济流动，支付方式的变化不仅是货币进化的重要体现，也是推动货币进化的重要动力。区块链改变了货币记录和交易执行的方式，分布式记账使用分布式核算和存储，不再需要建立一个可信的第三方机构，让支付体系去中心化成为可能，最终撬动形成金融领域的新革命。金融科技创新不仅为数字货币构建提供了技术支持，还为数字货币发行和流通提供了日益完善的金融基础设施条件。

金融科技颠覆传统金融模式。金融科技能够有效降低交易成本，改善市场信息不对称、市场不完全和负外部性等问题，有助于减少金融摩擦。一是金融科技改变了传统金融资源的供给方式和需求特征，形成集群效应并使金融资源配置更加高效合理。一方面金融科技通过收集海量数据并整合成数字信息，利用大数据技术分析客户偏好、需求等，提供定制化金融产品和服务；另一方面利用庞大的资产负债表拓展金融板块，进而实现产品规模化发展。二是金融科技利于重塑信用环境，缓解中小微企业融资难、融资贵等难题。随着大数据、区块链、人工智能等底层技术的加速迭代以及在各类金融业务场景的深度融合，金融科技可在贷款监督与贷后管理过程中发挥重要作用，从而重塑风控环境和信用环境，提高中小微企业的融资效率。三是金融科技提高了金融服务的可得性和普惠性。金融科技可以降低服务成本,为传统金融难以覆盖的长尾群体和小微企业提供金融支持,具有普惠性。但金融科技同样也带来新的风险,引发信用风险隐患,"金融科技基于业务形态的多样性与跨区域的特点,会脱离以地域为限制的传统金融监管的制约"[1]。金融科技是促进狭义银行发展,还是促进金融的混业经营,增加金融不稳定风险,关键在于金融监管是否合理。为应对金融科技发展带来的挑战,防控金融风险,需要重新审视现有的金融结构,在监管层面未雨绸缪,区分金融的公用与风险事业属性,促进金融机构聚焦主业。[2]需要说明的是,金融科技的本质仍然是金融。数字技术只是金融创新的支撑,并不能改变任何传统金融的服务宗旨及安全原则,金融科技仍需要遵循相应的金融监管原则和规范。

三、从金本位到区块链

概而言之,货币本位发展的基本进程包括三大阶段:金

---

① 何德旭、余晶晶、韩阳阳:《金融科技对货币政策的影响》,《中国金融》2019年第24期,第62页。

② 彭文生:《金融科技的货币含义》,《清华金融评论》2017年第9期,第97页。

本位、布雷顿森林体系①过渡时期和牙买加体系(见表2-2)。历史上,人类从早期的物物交换中发明了货币,先后经历了从金本位制(商品本位)到纸币本位(信用本位)的转变,从固定汇率到浮动汇率的转变。20世纪70年代布雷顿森林体系崩溃后,国际货币制度演变成了被戏称为"没有体系"的牙买加体系②。随着区块链技术及数字货币的诞生,货币的本质和特征在进一步演变,货币制度也面临着挑战与变革,牙买加体系可能随时面临坍塌,各主权国家在盼望中积极寻找新的更稳定、更合理的国际货币体系,这不仅仅是国际法的议题,也是全人类在经济全球化背景下迎接货币一体化的准备。从货币的演进过程看,社会的发展是推动货币的外延不断扩大与形式不断演进的一个重要因素,而科技的进步是推动货币变革的又一重要因素。数字货币便是

---

① 1944年7月,西方主要国家代表在联合国国际货币金融会议上确立了该体系,因为此次会议是在美国新罕布什尔州布雷顿森林举行的,所以称之为"布雷顿森林体系"。布雷顿森林体系是以美元和黄金为基础的金汇兑本位制,其实质是建立一种以美元为中心的国际货币体系,基本内容包括美元与黄金挂钩、国际货币基金会员国的货币与美元保持固定汇率(实行可调整的固定汇率制度)。布雷顿森林货币体系的运转与美元的信誉和地位密切相关。在布雷顿森林体系下,美元与黄金挂钩,各国货币与美元挂钩,美元成为主导性的世界货币。至此,美元成了全球货币体系中的"名义锚",并在战后相当长一段时间内促进了全球经济和贸易的复苏与繁荣。

② 1976年4月,国际货币基金组织理事会通过了《IMF协定第二修正案》,国际货币体系进入了新的历史阶段——牙买加体系。在牙买加体系下,黄金与货币彻底脱钩,各国在取得基金组织的同意下可以实行浮动汇率,并扩大了特别提款权的作用,将其作为主要的国际储备。牙买加体系是对《国际货币基金协定》进行一系列修订后产生的,它直接脱胎于布雷顿森林体系。

技术创新融合所推动形成的一种货币形态。事实上,无论是金属货币、商品货币、信用货币还是数字货币,所有的货币均是协议本位,即货币是持有者之间的一种合约。但不同于传统的货币形式,数字货币可以是基于法币的合约,也可以是基于一揽子资产储备的合约,还可以是基于共识算法的智能合约。因而构建一种成熟、稳定、可靠的数字货币体系是未来世界货币体系的发展方向。基于区块链思想构建的法定数字货币体系正在颠覆货币的信用本质,将成为人类货币史上的一次革命性变革和新的里程碑。

表2-2 近代以来的国际货币体系

国际货币体系	货币锚	币值稳定	国际计价、结算与储备	经济繁荣标志
金本位制	黄金	休谟机制	黄金	美国经济崛起
布雷顿森林体系	美元	其他货币与美元挂钩 美元与黄金挂钩	马歇尔计划 道奇计划 美元黄金窗口	日德经济奇迹
牙买加体系	美元主导的货币篮子	广场协议 卢浮宫协议 通胀目标制	石油美元	新经济

资料来源:根据公开资料综合整理。

金本位制。所谓金本位制,即以黄金作为一个国家的基本通货和法定的计价结算货币(本位币)的货币制度。

最早实行金本位制的国家是英国,其于1816年颁布了《金本位制度法案》,从法律的形式承认了黄金作为货币的本位来发行纸币。到19世纪后期,德国、瑞典、挪威、荷兰、美国、法国、俄国等主要西方国家相继施行金本位制,由此金本位制成为世界普遍认可的主要货币制度。黄金有自由铸造、自由兑换、自由输入输出等特点。在金本位制下,各国以一定量的黄金为货币单位铸造金币,作为本位币,金币可以自由铸造和熔炼,具有无限的法定偿付能力,同时可以限制其他铸币的铸造和偿付能力,辅助货币和纸币也可自由兑换金币或等值黄金,黄金成为唯一的准备金。在这种制度下,货币价值和汇率都相当稳定,金本位制消除了黄金、白银复本位制下存在的价格混乱和货币流通不畅的劣势,保证了世界市场的统一和外汇市场的相对稳定。20世纪初,第一次世界大战爆发,战争严重摧毁了主要参战国的经济体制,英国失去了世界第一经济强国的地位,世界货币体系受到严重冲击,世界范围内的通货膨胀、生产停滞严重地冲击了金本位制。到20世纪30年代,全球经济危机爆发后,各国纷纷加强贸易管制,禁止黄金自由贸易和进出口,开放的黄金市场失去了存在的基础,伦敦黄金市场关闭,金本位制彻底崩溃。

信用本位制。金本位制的崩溃使国际货币体系陷入了无序与混乱。一战后,人类社会正式从金本位制过渡到信用货币体系。黄金主要承担支付手段的功能,被视为商品货币,而各国政府发行的法定货币则为标准信用货币,以负债(储备资产)作为信用背书(见图2-2)。在信用货币制度下,政府的作用得到了增强,美元以国家实力为后盾,与石油挂钩,凸显商品货币价值,进一步强化了公共部门在货币发行中的绝对主导地位。货币体系的演变也折射出和反映了以财政和货币为双塔体系的经济政策变迁。二战后,美国成为全球最强大的国家,布雷顿森林会议建立了以美元为中心的国际货币体系,但由于美国逐渐难以支撑以规定数量的美元兑换黄金的承诺,全球发生了数次黄金抢购风潮,直至布雷顿森林体系瓦解[①],全球范围内的黄金非货币化改革逐渐开始。布雷顿森林体系崩溃以后,国际金融秩序再次陷入动荡,直至1976年达成牙买加协议。牙买加体系是以美元为主导的多元化国际储备体系,可供全球各国选择的国际储备不单只是美元,还可以是欧元、日元和英镑等国际性货币。从此,世界进入完全的信用货币时代。在信用货币体系下,银行资产创造负债,具体而言是通过贷款等资产扩张形式创造存款——信用货币制。布雷顿森林体系解体后,美国综合国力虽然较战后初期显著下降,但由于市场选择和路径依赖,美元仍是现

[①] 1971年8月,尼克松政府单方面违反国际货币基金组织协定,宣布停止外国官方用美元兑换黄金,致使布雷顿森林体系中的"美元中心"制基础彻底丧失。

代国际货币体系的支柱,也是当前国际货币体系的最大争议点。

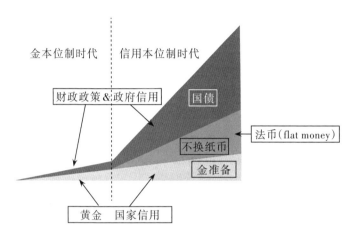

图2-2　金本位制和信用本位制的货币体系比较

资料来源:数字资产研究院:《Libra:一种金融创新实验》,东方出版社2019年版,第3页。

区块链下的"国家信用＋技术信用"货币制度。加拿大经济学家英尼斯指出:"信用本身就是货币。信用而非金银是所有人都在追求的一种财产,对其获得也是商业追求的目标和对象。"2008年全球金融危机以来,随着世界经济与金融格局的发展变化,特别是美元作为最主要世界货币的单极货币体系带来的全球金融体系不稳定性日益突出,法币体系的弊端开始逐步显露,人们对政府超发货币的担忧迭起。金融危机的爆发引发了人们对央行声誉和整个金融体系信用中介功能的质疑。奥地利经济学派思想①抬头,货币"非国有化"的支持者不断增多。在此环境下,以区块链及比特币为代表的不以主权国家信用为价值支撑的去中心化、可编程货币"横空出世"。任何货币都是基于信用的存在,以比特币为代表的加密数字货币的成功也正因此。比特币发明了一套新的不受政府或机构控制的电子货币系统,并表明去中心化、不可增发、无限分割是比特币的基本特点。其中,区块链技术是支持比特币运行的基础,其以不可伪造、全程追溯、集体维护、不能滥发、不可"双花"②等全新特性改造传统法币体系。"区块链技术不仅是一种技术创新运动,而且使得社会生活方式发生了重大变革,因此被视为开启'新信任时代'的一种颠覆性技术"③。而主权区块链与私权区块链最大的不同之处又在于通过国家主权的介入增加了国家信用。在数字

---

① 奥地利经济学派(Austrian School)是一种坚持方法论的个人主义的经济学派,源自19世纪末的奥地利,延续至20世纪的美国等地。奥地利经济学派认为,只有在逻辑上出自人类行为原则的经济理论才是真实的。由于许多奥地利经济学派所主张的政策都要求政府减少管制、保护私人财产、并捍卫个人自由,因此,主张自由放任的自由主义、自由意志主义和客观主义团体都经常引用奥地利经济学派思想家的作品。

② 比特币资产重复使用涉及一个名词叫"双花",也叫"多重支付"。现实生活中不可能发生,每一个交易背后都由银行等权威中心机构在记账,要么确认了交易,要么失败,不会一份钱花两次。双花就是一份钱被花两次,这是数字货币领域最大的难题。在区块链的世界里,是由分布式、协同维护的数据库网络组成,背后依托的是一大批的矿工在记账,其目的就是去中心化地完成点对点交易,比特币的革命性就在于避免了"双花"问题。

③ 张成岗:《区块链时代:技术发展、社会变革及风险挑战》,《人民论坛·学术前沿》2018年第12期,第37页。

经济发展大趋势下,数字货币不仅本身是重要的数字经济活动,更重要的是当资产数字化、商品和服务等经济活动价值计量的数字化都离不开数字货币时,数字货币还是未来重要的数字经济基础设施,是关键生产要素的重要组成部分。区块链试图从技术的角度解决陌生人之间的信任与大规模协作问题,被认为是继血亲信用、贵金属信用、央行纸币信用之后人类信用进化史上的第四个标志。印刷机将知识共享带给全世界,而区块链是推动信用社会的"蒸汽机",让人类加速迈向信任社会。毫无疑问,支撑和驱动货币发展的区块链技术已成为货币史上一个重要的转折点,货币形态变革的大门已悄然打开。

第二节 数字货币锚

从历史发展来看,1944年布雷顿森林体系的建立是第一个全球货币体系锚[①],可以概括为美元与黄金挂钩、各国货币与美元挂钩固定汇率制度。1971年,随着布雷顿森林体系解体,第二次全球货币体系锚可以概括为以美元为中

[①] 锚是船只停泊时用来固定自身方位的工具,将船只上用链子拴着的这个巨大的金属爪形物丢入海中合适的锚地,就能让船只不再任意漂泊,这对于船只的安全有着非常重要的作用。货币锚是个经济学的概念,是货币发行的参照基准,中央银行可根据货币锚来判断货币政策是否合理。货币锚的存在,是为了让货币平稳运行并服务于经济,而不是给经济带来动荡与混乱。良好的货币锚,是经济稳定发展的重要前提之一(刘华峰:《寻找货币锚》,西南财经大学出版社2019年版,第5页)。

心,与欧元、英镑、日元共同构成的货币篮子。[1]2008年全球金融危机后,单极货币体系带来的全球金融不稳定性引发了国际货币体系第三次寻锚。在此过程中,数字货币和数字支付被寄予厚望,也被认为是世界货币寻找金融科技锚的前奏。其中最具代表性的:一是以区块链为核心技术的加密数字货币——比特币的横空出世;二是由脸书(Facebook)发行的以一揽子银行存款及短期国债为信用基础、采用独立协会治理的迪姆币(Diem);三是由央行负责管理、以国家信用为背书、具有无限法偿性的央行数字货币呼之欲出。三种数字货币分别代表着民间、跨国企业巨头、国家政府三方隔空交汇,正在世界范围内掀起一场数字货币领域的"新货币战争"。当下,各国应充分认识货币锚定物的形成机制及其对货币品质的重要性,积极推动法定数字货币重塑现有信用体系,并对数字货币进行锚定,通过适当的货币政策维护货币的品质和全球经济的稳定。

一、比特币:一个点对点的电子现金系统

2008年全球经济危机,美国增发美元加剧了"通货膨

---

[1] 1976年,牙买加体系正式形成后,全球货币体系找到了新的锚。在该体系下,全球主要国家的货币均与黄金脱钩,并使用浮动汇率,美元仍作为国际货币体系中的主导货币,与欧元、日元等货币组成货币篮子,成为许多发展中国家和新兴市场国家的货币锚;为维持货币价值的稳定,欧美主要经济体实行货币"通胀目标制"。在这一时期,全球经济维持了较低的通胀水平,信息技术产业也开始兴起,经济呈现较高的增长速度。

胀",在此背景下,比特币的概念被提出。这个时间点并非巧合,而是因为"20世纪90年代后金融创新的发展塑造起一个复杂且非理性的金融体系,而银行和货币在财富的狂欢中出现异化"①。一个身份不明的人或群体以"中本聪"的名义,在加密邮件列表中发表了一篇题为《比特币:一个点对点的电子现金系统》的旷世论文,创造出了比特币这种虚拟货币系统,这套数字货币系统整合了P2P、密码学、经济学等多学科技术手段,目的就是如何让比特币成为一套没有发行机构、去中心化的货币,实现去中心化的价值转移。这意味着真正意义上能够形成自身生态闭环的数字货币——比特币——诞生,私人数字货币发行和区块链技术兴起的序幕正式拉开。该数字货币系统不同于以往以主权国家、金融机构为中心的货币系统,而是通过技术手段本身就实现信用的建立。"货币的变革与迭代不以人的意志为转移,不以法律是否认可为转移,它是人类自主选择与货币自由竞争的自然结果。"②这就是比特币存在的逻辑起点,是比特币之所以能够成为货币的根本,从而开启了数字货币的新纪元。"如今,因为比特币诞生,多元的数字货币体系加速度形成,正在改变传统法币体系的绝对

① 杨东、马扬:《与领导干部谈数字货币》,中共中央党校出版社2020年版,第19页。
② 何建湘、蔡骏杰、冷元红:《争议比特币:一场颠覆货币体系的革命》,中信出版社2014年版,第33页。

垄断之格局，并且推动了影响人类数千年的黄金价值的进一步衰落与终结"①。

　　区块链引发货币革命。比特币是一种运用区块链技术，由开源软件生成的虚拟数字货币，具有去中心化、全球流通、可追溯等特点，这与日常生活中被广泛使用的电子货币和虚拟货币存在巨大差异。不同于传统货币由集中式的央行或主权国家认可的少数几家银行根据一定经济规则发行，也不同于信用货币体系下由央行和央行许可的商业银行通过资产扩张的方式创造广义货币，比特币完全是一种独特创造的发行机制。比特币是区块链至今较为成功的商业应用，被喻为"数字黄金"，对人类的现有货币体制造成了强有力的冲击。无论比特币最终是否能够成功，也无论比特币的价格是会上升到一个令人咋舌的高度，抑或一文不值，都不能忽视它对人类社会所产生的深远影响。"比特币最重要的意义在于为人类开创了一个新的货币时代，是继以商品为基础和以政治为基础之后的第三个货币时代，即以数学加密为基础的货币时代。"②比特币之所以能够变革货币体系，根本在于比特币创造了一种新的信任体系。"现行信用体系的不断发展为维护货币品质提供了可能，即通过未来数字货币对信用体系的重塑来

① 朱嘉明：《从交子到数字货币的文明传承》，《经济观察报》2021年3月1日，第33版。
② 陈鹏：《区块链的本质与哲学意蕴》，《科学与社会》2020年第3期，第104页。

确定货币锚定物,从而维护货币品质。"①基于区块链的比特币不仅引发了新一轮货币革命,更基础、更重要的是区块链正在重新构筑经济和社会所依赖的信任基石。比特币代表的数字货币得以发明和发展,形成传统实体经济和数字经济并存,而且数字经济开始改造传统实体经济的局面。

比特币生态圈。比特币从诞生、发展、流通以及获得社会接纳,是一个看似简单却漫长的过程。在这个过程中,有形形色色的组织和个人扮演了重要角色,最终推动一段虚拟代码,成为今日名副其实的"数字黄金"。同时,它也打造了一个完整的比特币生态圈。比特币生态系统内的参与者,大体可以分为三类:开发者、矿工、用户。整个比特币生态圈可分为发行、流通支付、交易投资三大产业群(见图2-3)。"比特币的发行就是不同节点间算力的竞争,随着比特币挖掘难度的提高,比特币系统的整体算力也在不断提高。比特币的有限性及其高度缺乏弹性的供应是推动其价格上涨和交易量暴涨的主要因素,而比特币价格又与比特币挖矿行业的整体发展有关。"②系统算力总量、单位算力成本、比特币价格决定挖矿收益,反过来也决

---

① 陈享光、黄泽清:《货币锚定物的形成机制及其对货币品质的维护——兼论数字货币的锚》,《中国人民大学学报》2018年第4期,第91页。

② 黄光晓:《数字货币》,清华大学出版社2020年版,第46页。

定了比特币挖矿行业的发展状况。由于比特币产出是恒定的,对单个挖矿单位来说,算力占比决定能挖到的比特币数量占比,在比特币产生量稳定的情况下,降低挖矿成本(如提高矿机效率、降低电费)可以提高挖矿的收益。总体来看,比特币的价格与系统总体算力增长仍呈高度正相关,而随着系统总体算力的不断上升和比特币挖矿难度的增加,挖矿成本也不断增加,而这又反过来会推高比特币的价格。目前,比特币的应用场景越来越丰富,归结起来主要有三个用途:跨境转账、购买商品或服务、投资。2021年6月,萨尔瓦多以"绝对多数"投票赞成正式通过法案,使比特币在该国成为法定货币,这意味着萨尔瓦多成为史上第一个正式将比特币定为法定货币的国家。[①]萨尔瓦多之所以将比特币作为法定货币,是由于该国的经济主要依靠现金和汇款(海外打工或移民寄回的钱)。该国有70%的居民没有银行账户,而比特币能够更加便捷地为居民提供金融服务。

---

① 萨尔瓦多共和国(简称萨尔瓦多),是一个位于中美洲北部的沿海国家,也是中美洲人口最密集的国家。2021年6月,总统纳伊布·布克尔(Nayib Bukele)发布了一份法案文件,旨在让比特币成为一种具备解放力量的不受限制的法定货币,未来可自由交易。比特币在金融基础设施落后的萨尔瓦多不再只是单纯的炒作标的,而是成为一种低成本的金融基础设施,融入了萨尔瓦多居民的生活之中。但是,世界银行表示,鉴于环境和透明度方面的缺陷,其无法帮助萨尔瓦多实现将比特币作为法定货币的计划。

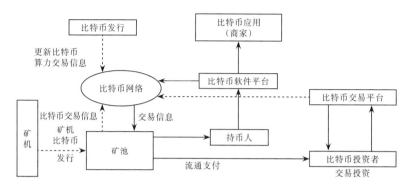

图2-3 比特币生态圈及产业群

资料来源:黄光晓:《数字货币》,清华大学出版社2020年版,第46页。

比特币的迷思。比特币作为一种货币现象,它是开创性的,其去中心化思想、分布式网络架构和发行交易机制等都对数字货币甚至是金融发展产生了深刻变革,但其局限性也显而易见。根据比特币的原理,由于其发行主要取决于数学算法和计算算力,缺乏经济理论支撑和现实经济连接,因此币值很容易受外界各种偶然事件影响,货币价格波动性巨大[①]。显然,在现实经济世界中,如果一种货币在短期内暴涨暴跌,无论是从价值储藏还是从支付角度来看,都将被民众和企业所抛弃。"无锚定私人数字货币没有

---

① 据比特币论坛 BitcoinTalk 记载,历史上第一笔以比特币支付的交易是用1万个比特币购买价值25美元的比萨,发生在2010年5月18日,即比特币诞生16个月之后。2013年10月31日,比特币价格首次超过200美元。2017年2月,比特币价格首次突破1000美元。2018年11月25日,比特币价格跌破4000美元大关,后稳定在3000多美元。2019年4月,比特币价格再次突破5000美元大关,创年内新高。2020年2月,比特币价格突破了10000美元。2020年3月12日,比特币遭遇黑色星期四,从8000美元跌至3150美元。2021年3月12日,比特币价格再创新高达到60000美元。2021年5月19日,比特币价格暴跌40%,最低至3万美元。

明确的发行人,也没有价值锚,因此很难发挥货币的三大基本职能,即作为记账单位、交易媒介和价值贮藏工具。"[1]比特币等第一代数字货币价格的暴涨暴跌进一步为其招来更多批评,致使其在数字资产与数字货币的天平上进一步滑向数字资产,使其成为名副其实的投资和投机工具,甚至被批评为洗钱工具。比特币等第一代数字货币价格暴涨暴跌固然受诸多因素影响,但根本原因还是在于其发行设计机制。缺乏稳定的币值、交易效率低、系统稳定性弱等,都是制约第一代私人发行数字货币成为"现实货币"的重要因素[2]。比特币在网络世界产生和交易,不受地域限制,很容易成为全球投机者追逐的目标,这也是比特币的风险所在。随着越来越多的商业交易开始使用比特币进行支付,越来越多的货币兑换开始通过比特币进行交易,政府也不得不考虑对比特币进行监管。2013年12月,中国人民银行、工业和信息化部、中国银行业监督管理委员会、中国证券监督管理委员会、中国保险监督管理委员会联合印发的《关于防范比特币风险的通知》明确,"比特币不具有与货币等同的法律地位,不能且不应作为货币在市场上流通使用"。2021年5月,国务院金融稳定发展委

---

[1] 刘东民、宋爽:《数字货币、跨境支付与国际货币体系变革》,《金融论坛》2020年第11期,第4页。

[2] 彭绪庶:《数字货币创新:影响与应对》,中国社会科学出版社2020年版,第64页。

员会特别强调,"打击比特币挖矿和交易行为,坚决防范个体风险向社会领域传递"。近年来,关于无锚定私人数字货币特别是以比特币为代表的加密货币究竟是一个巨大的投机泡沫还是一场货币革命的争议不断升级,引发了国际社会的高度关注和监管政策的密集出台(见表2-3)。

表2-3　加密货币监管政策

国家/组织	发布时间	加密货币监管政策
欧盟	2020年9月	欧盟委员会(European Commission)发布提案,提议在欧盟27个成员国中制定一套涵盖所有数字资产交易或发行的法规。据悉,欧盟加密资产市场(MiCA)草案将为加密资产(加密货币、证券代币和稳定币)提供法律确定性
G20	2020年1月	金融稳定委员会(FSB)运营委员会会议在瑞士巴塞尔召开,各个机构负责人就非银行金融机构的风险评估及与稳定币相关的风险应对方案进行了讨论。FSB强调,在将稳定币纳入全球金融体系之前,应对稳定币进行风险评估并事先制定相关监管方案。考虑到稳定币对货币政策和AML等带来的影响,有必要加强与国际货币基金组织和国际反洗钱机构金融行动特别工作组的合作
国际证监会	2020年3月	国际证监会组织(IOSCO,全球稳定币监管问题研究及监管政策建议工作的参与者之一)发布了《全球稳定币计划》,报告认为全球性稳定币可能属于证券监管范畴,全球性稳定币将非常有可能受要证券法的约束
印度	2020年8月	印度法院解除了对加密货币全面禁令5个月后,印度政府正在考虑一项新的禁止加密货币的法律,届时或将不允许在印度使用加密货币

续表

国家/组织	发布时间	加密货币监管政策
美国	2020年7月	美国货币监理署(OCC)高级副审计长兼高级法律顾问乔纳森·古德(Jonathan Gould)表示,银行可以为客户提供数字货币托管服务,包括持有加密货币的密钥
	2020年8月	美国证券交易委员会(SEC)宣布对《证券法》进行修订,该修正案允许在个人401(k)计划中更大程度地包含加密货币,并提供个人投资组合的多元化
	2020年10月	美联储与美国财政部金融犯罪执法网络(FinCEN)近日邀请公众对拟议的加密货币新规则发表评论。根据新提议的规则,虚拟资产将被定义为"货币",包括"可兑换的虚拟货币"(CVC)和作为法定货币的数字资产
加拿大	2020年6月	加拿大新法案生效,加密货币交易所和加密货币支付运营商被归类为提供金融服务的机构,加密货币在加拿大开启合法化程序
乌克兰	2020年5月	乌克兰数字化转型部发布了"虚拟资产"新法律草案(On Virtual Assets),旨在确定加密资产在该国的法律地位、流通规则和发行规则
日本	2020年5月	日本对《支付服务法》(Payment Service Act,PSA)和《金融工具与交易法》(Financial Instruments and Exchange Act,FIEA)进行修正,旨在加强对加密资产投资者的保护

资料来源:杭州区块链技术与应用联合会、数秦研究院、火鸟财经:《2020年杭州区块链产业白皮书》,杭州网,2021年,https://hznews.hangzhou.com.cn/chengshi/content/2021-02/27/content_7917271.html。

二、迪姆币：一种金融创新实验

2019 年 6 月，美国脸书（Facebook）公司发布天秤币（Libra，现已改名为 Diem[①]）白皮书，宣称要"建立一套简单的、无国界的货币和为数十亿人服务的金融基础设施"，核心即是被业界称为迪姆币（Diem）的新型加密货币。Diem 旨在基于 Facebook 生态建立超主权私人加密货币，此举引发了世界范围内的热烈讨论，引起了区块链专利居全球央行首位的中国人民银行的高度关注。"Diem 联合了包括 Visa、Uber 等支付机构、电子商务、区块链公司、投资公司和非营利组织在内的合作方共同发行非主权加密货币，发起人的范围还将进一步扩大，Diem 意图实现的宏大愿景极具震撼力。"[②]2020 年 4 月，Diem 协会发布了 Diem2.0 白皮书，

① Diem 的前身是 Facebook 旗下的"天秤币"（Libra）项目。Diem 一词不仅是对 Libra 区块链的重命名。其开发人员旨在改变天秤币计划，以加快监管审批流程，名称的更改只是这些更改的一部分。开发人员认为 Libra 名称仅适用于该项目的早期迭代，将 Libra 更名为 Diem 后，主要变化之一就是降低了 Facebook 在该项目中的角色重量。立法者希望该项目能与社交网络区分开，具有组织独立性，从而赢得足够的信任，获得监管部门的批准。如果能立刻采用 Diem，将为市场和个人用户均带来一些显著优势。Diem 的推出标志着加密货币使用新时代的来临，Facebook 拥有数十亿全球用户，这些用户都会突然成为加密货币用户。参见 Hamilton D. "What is Diem？（Formerly Facebook's Libra Project）—A detailed analysis". Securities.io. 2020. https://www.securities.io/investing-in-diem-facebooks-libra-project-everything-you-need-to-know/.

② Libra association members. "An Introduction to Libra". Libra association members. 2019. https://sls.gmu.edu / pfrt / wp-content / uploads / sites / 54 / 2020 / 02 / LibraWhitePaper_en_US-Rev0723.pdf.

迎来了新的发展阶段。Diem2.0推出了分别锚定美元、欧元、英镑、新加坡元的单一数字货币,这些单一数字货币可以以权重的方式兑换一篮子合成数字货币。Diem协会为了转向监管友好型协会,放弃了完全去中心化的未来组织结构模式。总的来说,Diem2.0增加了大量关于合规方面的设计,这也是较白皮书1.0最大的不同。白皮书2.0进行了更为深入的阐述:除了锚定多种资产的稳定币外,我们还会提供锚定单一货币的稳定币;通过稳健的合规性框架提高Diem支付系统的安全性;在保持Diem主要经济特性的同时,放弃未来向无许可系统的过渡;在Diem储备的设计中加入强大的保护措施。白皮书指出,"我们的目标是使Diem支付系统与当地货币和宏观审慎政策顺利整合,并通过启用新功能、大幅降低成本以及促进金融包容性来补充现有货币"①。从某种意义上来看,Diem不是简单定位于一种数字货币,而是意图成为超越国界和主权的数字世界金融基础设施,这使其超越了其他数字货币的发展逻辑和竞争格局,也对主权货币构成了巨大挑战。

超主权货币的缘起。超主权储备货币即与任何国家主权脱钩的"具有稳定的定制基准且为各国所接受的新储备

---

① Libra association members. "An Introduction to Libra". Libra association members. 2019. https://sls. gmu. edu / pfrt / wp-content / uploads / sites / 54 / 2020 / 02 / LibraWhitePaper_en_US-Rev0723.pdf.

货币",并以此作为国际储备和贸易的结算工具。[①]"不同于现有多数数字货币,Diem是借鉴国际货币基金组织(IMF)的特别提款权(SDR)理念和按照国际货币的定位来设计的,具有稳定性、低通胀性、全球接受度和可替代性,其支付功能体现了作为交换媒介的基本货币职能。"[②]Diem包括三大核心模块:一是安全、可扩展和可靠的区块链——Diem区块链(技术基础);二是支撑内在价值的资产储备——Diem储备(价值基础);三是独立的金融生态系统发展治理——Diem协会(治理基础)。从经济实质而言,储备是Diem系统最为关键的部分(见表2-4)。Diem能否成为超越主权的全球货币,主要取决于市场接受度,与是否由国家信用背书无关。因此,虽然Facebook宣称Diem不与任何主权货币竞争,或进入任何货币政策领域,但显然,如果没有各国金融监管机构的干预,依靠强大技术基础、庞大用户规模和未来形成的可靠消费体验与丰富应用生态,Diem不仅是一种私有加密数字货币或简单便捷的支付工具,还将成为以区块链技术为支撑,以稳定币值和数十亿用户信用为背书,

---

① 超主权货币的尝试也许可以以国际货币基金组织的特别提款权(SDR)为发端,尽管1969年SDR问世以来,其使用局限于国家间的支付结算、国际储备等领域,总体运作难说有多大成功,但可视作一种尝试。2008年国际金融危机爆发后,中国金融学会会长、中国人民银行原行长周小川提出要建立一种与主权国家脱钩,并能保持币值长期稳定的国际储备货币,并且认为特别提款权具有超主权储备货币的特征和潜力(周小川:《关于改革国际货币体系的思考》,《理论参考》2009年第10期,第8-9页)。

② 彭绪庶:《数字货币创新:影响与应对》,中国社会科学出版社2020年版,第76页。

超越国家主权的超级货币。因此，非主权货币的产生和发展与国家及政府不存在关联性，它也最接近英国著名经济学家及社会思想家哈耶克提出的货币非国家化的理念[①]。如同法币一样，非主权货币也是"无中生有"的，只是法币需要国家政府背书，而非主权货币则是使用者和受益者背书。不仅如此，非主权货币的"无中生有"需要以一个规则、一个算法、一种技术为基础。

表 2-4　Diem 储备的核心机制

目标特征	稳定、低通胀、全球可接收、可分制
货币生成	用户将加密货币转移给验证节点，Diem 协会根据验证节点提出的货币发行要求生成 Diem，用户获得 Diem
价值支撑	低波动的资产集合，例如银行存款和短期政府证券
价值锚定	不与单一货币挂钩，而采用类似于国际货币基金组织推出的特别提款权（SDR）锚定一篮子货币。Diem 的价值将随着支撑资产的价格波动而波动，而这些资产价格稳定，持有者可以信赖 Diem 的价值是稳定的
收益分配	Diem 底层资产的收益（利息）将会用于承担系统运行的成本来保证低手续费和支付给建立 Diem 生态的早期投资者，Diem 的用户不会获得收益

---

① 弗里德里希·奥古斯特·冯·哈耶克（又译为海耶克，Friedrich August von Hayek，1899—1992）是奥地利出生的英国知名经济学家、政治哲学家，1974 年诺贝尔经济学奖得主，被广泛誉为 20 世纪最具影响力的经济学家及社会思想家之一。《货币的非国家化》是哈耶克晚年最后一本经济学专著。他在书中颠覆了正统的货币制度观念：既然在一般商品、服务市场上自由竞争最有效率，那为什么不能在货币领域引入自由竞争？哈耶克提出了一个革命性建议：废除中央银行制度，允许私人发行货币，并自由竞争，这个竞争过程将会发现最好的货币。该书出版后在西方引起强烈反响，由此引发的争论至今没有结束。

　　全球性稳定币。稳定币是数字代币,通常在分布式账本上进行交易,并依赖于加密验证技术进行交易,目标是实现相对于法定货币的稳定价值。原则上,稳定币允许用户保护其持有的名义价值。"稳定币本质上是去中心加密世界的边缘,在价格稳定方面,无论其形式如何,通常需要某种值得信赖的中介或其他集中的基础设施。"①作为商品交换的一般等价物,货币是商品价值的衡量,有要求币值稳定的内在需要。绝大多数比特币发行数目固定,只能通过"挖矿"或交易获得,而"挖矿"出币效率随时间递减,被认为天然具有通缩特征,货币发行规模与实体经济规模缺乏任何相关性。由于不锚定任何法定货币,缺乏基础资产支持,投机和投资成为比特币的主要用途,价格波动性极大。因此,币值相对稳定既是其追求的目标及被广泛接受的重要标准,也是未来私人数字货币的演进方向。从本质上来说,稳定币是一种具有"锚定"属性的加密货币,通过锚定链下资产来维持其币值的稳定,其中最具代表性的便是"Diem"。Diem通过完全准备金制约束发行数量,同时与美元资产挂钩,确保币值稳定。这不仅使Diem具有加密数字货币开放性和匿名性的特点,而且通过与法币挂钩提高了其货币价值的稳定性,使其成为一种具有内在稳定

---

① 龙白滔:《数字货币:从石板经济到数字经济的传承与创新》,东方出版社2020年版,第313页。

价值的天然"稳定币",获得了等同于央行背书的信用担保,理论上它完全可以替代现有法定货币作为商品交换媒介和储藏手段。随着 Diem 在演进过程中不断完善,尤其是在币值稳定和提高交易效率后,其匿名和隐私保护等特性的优势被进一步放大,而其超主权货币特征则进一步显现,将很快影响和挑战主权货币。[①]Diem 以一系列法定货币计价的资产为储备资产,币值相对于加密货币更为稳定。一方面,Diem 可以发挥分布式账本拥有的即时交易、可编程、开放和匿名等特点;另一方面,Diem 挂钩链外价值,提供"混合驻锚"的实践载体,缓解主权货币作为国际货币存在的"特里芬难题"。不难看出,在数字化时代,影响某一潜在国际货币成败的因素,制度惯性的作用已经大大减弱,但其内在稳定依旧是重要因素。也就是说,比特币等缺乏价值锚的数字货币难以成为国际货币,而 Diem 则真正构成了对现有货币体系的挑战。

Diem 的国际风险与挑战。Diem 早期计划与多种法币挂钩,而非与单一美元挂钩,既是为了保证 Diem 的跨境功能和币值稳定,也是试图模糊其货币属性和钻各国金融监管空子。如果 Diem 成为超国家主权货币,加上其具有币值稳定、支付和转账匿名且安全、应用场景丰富等优势,将会首先挑战发展中国家货币主权。尤其是在那些面临通

---

① 彭绪庶:《数字货币创新:影响与应对》,中国社会科学出版社2020年版,第75页。

货膨胀和货币贬值的国家,居民和机构将更加愿意使用Diem,并将其作为储备资产,最终不仅是Diem在法定货币体系之外循环,冲击国家货币体系、储备体系甚至是金融体系,这些国家货币也将失去铸币权而可能走向货币Diem化。其次,即使Diem暂时未能实现对某些国家法定货币的替代,对于包括人民币在内的未能进入Diem锚定货币篮子的法定货币,其国际地位和国际化进程也必将随着Diem在全球范围内的推广和应用普及而受到影响。最后,对进入Diem锚定货币篮子的包括美元在内的法定货币,其国际影响力将在短期内得到进一步提升,但中长期内,因Diem在支付和跨境转账中具有现有货币支付和转账无法比拟的低成本和便捷、匿名、安全等优势,Diem的广泛应用最终也将挑战甚至瓦解美元和SWIFT[1]在国际支付体系中的主导地位。因而美国等国以Diem容易助长走私、洗钱和毒品等非法交易的名义批评甚至反对Diem,不仅因为Facebook前期出现了滥用客户隐私数据的案例,更主要的是因为按照现有设计路径,未来交易和跨境支付,甚至包

---

[1] SWIFT(Society for Worldwide Interbank Financial Telecommunications——环球同业银行金融电讯协会),是一个国际银行间非营利性的国际合作组织,总部设在比利时的布鲁塞尔,同时在荷兰阿姆斯特丹和美国纽约分别设立交换中心(swifting center),并为各参加国开设集线中心(national concentration),为国际金融业务提供快捷、准确、优良的服务。SWIFT运营着世界级的金融电文网络,银行和其他金融机构通过它与同业交换电文(message)来完成金融交易。除此之外,SWIFT还向金融机构销售软件和服务,其中大部分的用户都在使用SWIFT网络。

括资产储备很可能大量使用Diem,这将不可避免地挑战各国的货币主权,瓦解美元和SWIFT支付体系的国际金融主导作用。在Diem2.0白皮书中,Facebook宣称将先引入锚定主要国家法币的单币种,这显然是一种"缓兵之计",也从侧面说明未来Diem等数字货币的演进给主权国家货币带来的影响和挑战。

三、数字人民币:主权数字货币

"货币天生就是竞争的利器,而来自于货币间的竞争由来已久。"[①]进入数字时代,货币竞争从更深层次、更宽领域、更广维度呈加剧化态势,从传统货币竞争转向数字货币竞争,在很多领域甚至颠覆了货币原有形态。加上数字技术不断迭代升级和创新融合,促使数字货币不断拓宽应用场景,也使货币竞争在多领域、多层次激烈展开,并且为国家超前布局数字法币战略打下基础。数字人民币是中国人民银行向公众提供的公共产品,央行高度重视法定数字货币的研发。"2014年,成立法定数字货币研究小组,开始对发行框架、关键技术、发行流通环境及相关国际经验等进行专项研究。2016年,成立数字货币研究所,完成法定数字货币第一代原型系统搭建。2017年末,经国务院批

---

① 白津夫、白兮:《货币竞争新格局与央行数字货币》,《金融理论探索》2020年第3期,第3页。

准,人民银行开始组织商业机构共同开展法定数字货币
(以下简称数字人民币,字母缩写按照国际使用惯例暂定
为'e-CNY')研发试验。目前,研发试验已基本完成顶层
设计、功能研发、系统调试等工作,正遵循稳步、安全、可
控、创新、实用的原则,选择部分有代表性的地区开展试点
测试。"①《中共中央关于制定国民经济和社会发展第十四
个五年规划和二〇三五年远景目标的建议》提出,"建设现
代中央银行制度,完善货币供应调控机制,稳妥推进数字
货币研发,健全市场化利率形成和传导机制"。我国庞大
的消费市场和丰富的消费场景将为数字人民币发展提供
重要支撑。

从混乱到法定。随着数字技术进步和应用场景创新,

---

① 数字人民币(DC/EP或e-CNY)是由中国人民银行发行的数字形式的法定货币,由指
定运营机构参与运营,以广义账户体系为基础,支持银行账户松耦合功能,与实物人
民币等价,具有价值特征和法偿性。其主要含义是:第一,数字人民币是央行发行的
法定货币。第二,数字人民币采取中心化管理、双层运营。第三,数字人民币主要定
位于现金类支付凭证(MO),将与实物人民币长期并存。第四,数字人民币是一种零
售型央行数字货币,主要用于满足国内零售支付需求。第五,在未来的数字化零售
支付体系中,数字人民币和指定运营机构的电子账户资金具有通用性,共同构成现
金类支付工具。2019年末以来,人民银行遵循稳步、安全、可控、创新、实用原则,在
深圳、苏州、雄安、成都及2022北京冬奥会场景开展数字人民币试点测试,以检验理
论可靠性、系统稳定性、功能可用性、流程便捷性、场景适用性和风险可控性。2020
年11月开始,增加上海、海南、长沙、西安、青岛、大连6个新的试点地区。数字人民
币研发试点地区的选择综合考虑了国家重大发展战略、区域协调发展战略以及各地
产业和经济特点等因素,目前的试点省市基本涵盖长三角、珠三角、京津冀、中部、西
部、东北、西北等不同地区,有利于试验评估数字人民币在我国不间区域的应用前景
(中国人民银行数字人民币研发工作组:《中国数字人民币的研发进展白皮书》,2021
年7月)。

各种数字货币应运而生,从最初的电子化的代币,到数字化支付宝、微信,以及多种形式的虚拟币、企业币,可谓层出不穷、花样翻新。目前,数字货币超过几千种,且处于不同的金融生态之中,已经形成过度竞争的局面。法定货币是指国家发行且形式上不存在固有价值的货币,理论上包含信用货币和主权货币。"法定数字货币不是简单的法定货币数字化,而是独立存在的、代表法定货币价值的数字单元,它本身就是法定货币。"[①]在法定货币起步阶段,商业银行兑付危机是政府的最大梦魇,主要原因是流动性管理不善——这与如今的情况并无不同。与此同时,"兑付危机会使公众对货币信用的疑虑升级成恐惧,要求银行将纸币兑换回黄金,从而使金融市场危机升级为货币危机"[②]。数字稳定币本身的技术并不完善,也存在数字货币本身的缺陷,以及其他现实障碍和突出问题,制约了稳定币的进化和发展。货币体系的变革最终可能还是要通过央行法定数字货币的形式来实现。在各国之间还会有一场激烈的数字法币博弈,而主要国家也必然都在积极探索和战略布局,准备着应对即将到来的"货币战争",这也预示着数字法币的兴起。"数字法币就是一个国家或地区政府发行或以法令形式认可其合法流通的数字货币,也被称为法定

① 杨东、马扬:《与领导干部谈数字货币》,中共中央党校出版社2020年版,第126页。
② 肖远企:《货币的本质与未来》,《金融监管研究》2020年第1期,第7页。

数字货币(digital fiat currency, DFC)。"①在技术信用的基础上,设计完整科学的管理体制和运行机制,建立在"技术信用+管理信用"基础上的"法定"数字货币,则可以解决现有信用货币锚缺失的问题,有望成为未来全球货币体系的主导货币。最为典型的是我国正积极推动的数字人民币实践,它并不是一种新的货币,本质上是数字形式的法定货币,也就是人民币的数字化形态(见表2-5)。"数字人民币是由人民银行发行具有国家信用背书的法定货币,是数字形式的人民币"②,数字人民币的推出有保护货币主权和法币地位的积极作用。

表2-5 数字人民币(DC/EP)简介

名称	Digital Currency Electronic Payment,简称DE/CP
定义	由中国人民银行发行的具有价值特征及M0属性的数字支付工具
特征	1.央行的数字货币属于法币,具有法偿性,任何中国机构和个人均不能拒绝DC/EP 2.功能和属性跟纸币完全一样,只不过其形态是数字化,需手机下载数字钱包使用 3.采取"双离线支付",交易双方都离线,也能进行支付。只要手机有电,即使没有网络也可以实现支付
DC/EP的必要性	1.保护中国的货币主权和法币地位 2.现在的纸钞、硬币成本较高 3.现在人们对纸币的需求越来越低 4.满足公众匿名支付的需求

① 彭绪庶:《数字货币创新:影响与应对》,中国社会科学出版社2020年版,第78页。
② 葛孟超、吴秋余:《数字人民币 支付新选择》,《人民日报》2021年1月18日,第18版。

续表

DC/EP 如何运营	双层运营模式,即"人民银行——商业银行""商业银行——老百姓"
DC/EP 技术路线	采取混合架构,不预设技术路线;只要商业机构能够满足央行对于并发量、客户体验以及技术规范的要求,无论采取哪种技术路线都可,央行并不会干涉
DC/EP 投放方式	跟纸钞投放一样,商业银行在中央银行开户,缴纳足额准备金,老百姓在银行开立数字钱包
DC/EP 的法偿性	具有无限法偿性
普通民众如何使用DC/EP	用户不需要去商业银行,只要下载一个 App 注册钱包就可以使用了;兑换数字货币,可以通过银行卡进行兑换;取现金会按照现行的现金管理规定,设置一定的限额等
DC/EP 数字货币钱包的使用	出于反洗钱考虑,钱包内存储金额有限额,会有 3 个或者多个级别,实名认证程度越高,额度就越高
DC/EP 如何应对洗钱	利用大数据,虽然普通的交易是可控匿名的,但用大数据识别出一些行为特征的时候能够获得其真实身份

资料来源:蒋鸥翔、张磊磊、刘德政:《比特币、Libra、央行数字货币综述》,《金融科技时代》2020 年第 2 期,第 12 页。

主权数字货币。"主权数字货币(sovereign digital currency,SDC)是指以国家主权作为最终信用来源和信用基础而发行和流通的数字货币类型,国家主权作为最终信用担保和信用基准是主权数字货币的显著特征。"①一般认为,主权数字货币作为主权货币的另一种形式,与主权信用等价,本质上与现金相同,属于银行负债,具有国家信

---

① 保建云:《主权数字货币、金融科技创新与国际货币体系改革——兼论数字人民币发行、流通及国际化》,《人民论坛·学术前沿》2020 年第 2 期,第 25 页。

用,可作为日常支付手段,与法定货币等值或固定比值。从静态来看,主权货币信用制度的建立包括以下三个要素。第一,主权信用成为信用制度之锚。具体包括两层含义:一是主权信用成为货币信用的基础。信用货币自身是没有价值的"废纸",其仰赖自身信用价值消除流通中的不信任,后者源自商品交换时的信息不对称。二是主权信用的中心化趋势。主权信用赋予货币信用的作用不是天然的,其赋予不同法定货币的信用也并不相同。第二,货币信用创造体系应当具有良好的调节能力。信用货币摆脱了对固有价值的依赖,货币发行方就需要承担信用供给调整的职责,以确保货币信用及其价值。第三,金融市场的稳定。"主权信用中心化的本质是主权信用向部分国家集中,只有政治经济稳定、法律制度完善和市场环境开放的国家的货币,才会成为主权信用之锚。"[1]"作为数字货币的核心要素,区块链可以划分为公有链、私有链等多种应用。私人数字货币强调'去中心、去主权'的货币设计,中央银行同样也可以应用区块链技术设计发行'中心化'的法定数字货币,并使其得到国家主权的保护,这比纯私人数字货币具有更强的权威性和流通性。"[2]"国家法定货币的数

---

[1] 肖远企:《货币的本质与未来》,《金融监管研究》2020年第1期,第6页。

[2] 蔡慧、吴怀军:《"一带一路"倡议下人民币国际化的研究》,《中国集体经济》2019年第32期,第8页。

字化便是主权区块链实践的最初形态之一。以比特币为代表的私权区块链之所以流行与活跃,很大程度上是由于主权国家在数字货币领域的缺位。主权区块链的出现会极大地限制私权区块链的价值和意义。"[①]主权数字货币对国际货币体系乃至国际金融治理体系都将产生深远影响。

数字人民币的理想与现实。中国以国家数字货币为基础推动主权区块链,这会在区块链的基础服务提供等方面发挥引领作用,数字人民币的背后是整个国家的信用支撑。对于任何一种货币而言,稳定的信用体系无疑是其价值与流通的根本,在一定程度上以国家信用为背书的数字法币无疑具备着极大的优势,虽然在当前的条件下,全球央行数字货币尚未得到广泛的应用实践,但是数字法币与生俱来的信用基础,以及法币所覆盖的范围,且在成本、效率、监管等方面逐步显现出的优势,都能构成数字法币对稳定币的降维打击。因此,主权数字货币可能会姗姗来迟,但在最后的赛道上仍然有夺冠的极大可能。"数字人民币作为大国主权数字货币的代表,能够成为国际贸易、跨国资本流动、跨国产业投资的计价、支付和结算手段并能够在国际社会扮演重要的储备货币角色。"[②]数字人民币的

① 高奇琦:《主权区块链与全球区块链研究》,《世界经济与政治》2020年第10期,第54页。

② 保建云:《主权数字货币、金融科技创新与国际货币体系改革——兼论数字人民币发行、流通及国际化》,《人民论坛·学术前沿》2020年第2期,第24页。

发行将有效降低匿名伪造钞票、洗钱、非法集资和民间融资等风险，增强货币监管能力，防范化解金融风险。但是，现阶段的数字货币尚处于初级发展阶段，相应的技术应用和制度安排在很大程度上具有不适应性、不稳定性与不确定性。"数字货币的发展在为人民币国际化提供机遇的同时也带来了一定的挑战，尤其是锚定或主要锚定美元的稳定币的国际使用可能会进一步增强美元在国际货币体系中的主导地位，遏制多极化国际货币体系包括人民币国际化的发展。"①数字人民币以国家信用为支撑，如果能为公众提供安全可信、高效便捷、较低成本的公共支付工具，必将成为数字经济时代的公共基础设施和新型公共产品。对此，我国需要从技术、制度等多个维度共同推动未来数字人民币体系的发展。总之，数字人民币的发行、流通和国际化，将助推人民币承担"服务中国人民和世界人民"的货币功能。

第三节　国际货币体系再平衡

"国际货币是指某一主权国家的法定货币突破了地理疆域和政治界域，而成为国际贸易、商品计价和价值储藏

---

① 王旭、贾媛馨：《数字化背景下的国际货币竞争及其对人民币国际化的启示》，《南方金融》2020年第5期，第19页。

所使用的货币。"①当前的国际货币体系仍保持着"中心—外围"结构，即作为美国主权信用货币的美元在国际货币体系中处于中心位置，并成为被其他国家"外围货币"所紧密围绕的"核心货币"。数字化使货币竞争正在发生全局性变化，央行数字货币成为竞争的新焦点，一场围绕主权数字货币的博弈正全面展开，这将从更深层次上推动货币体系变革甚至重塑整个经济生态。中国需要充分利用当代金融科技创新的最新成果，推进构建以人民币为基准的主权数字货币，在"一带一路"倡议下构建新的"中心—外围"人民币国际化体系，促进国际货币体系及全球金融治理体系的平衡稳定，为构建公平公正的国际政治经济新秩序贡献中国方案和中国智慧。在全球化背景下，随着正在到来的货币数字化浪潮，全球应积极谋划、充分参与、加强交流、携手共进，在"为全人类建立更公平、稳定的货币体系"这一符合多数国家利益诉求共识的指导下，加快制定和完善竞争机制和标准规范，推动构建更为公平、更具效率的国际货币新体系。

一、数字货币的全球版图

近年来，各国央行对于发行央行数字货币的态度变得

---

① Cooper R. "Prolegomena to the choice of an international monetary system". *International Organization*, 1975, Vol.29, p. 65.

更加积极开放,未来数字货币竞争会改变甚至重塑国际货币体系。数字货币是区块链最为重要的应用之一,2020年是数字货币制度创新及实践落地的关键之年,各国纷纷出台法定数字货币推进计划。2020年4月,国际清算银行发布报告鼓励各国中央银行在新型冠状病毒感染的肺炎疫情防控期间推动央行数字货币和数字支付的研发。截至2021年1月,国际货币基金组织官网发布报告称,在174个成员的央行法律中,发现约40个成员被合法允许发行数字货币,但全球近80%的央行根据其现行法律不被允许发行数字货币或其法律框架不明确。福布斯认为,各种迹象表明美国已经正式进入"全球多国央行竞争推出首款央行数字货币的火热战局"。数字货币的不断演进,特别是以主要国际货币为锚的主权数字货币的不断发展,必将给国际货币体系带来前所未有的冲击、挑战和考验。毋庸置疑,数字货币将为国际货币体系变革提供新的方向,我们更应该把握以数字货币为代表的金融科技高速发展机遇,利用数字货币的优势推动国际货币体系第三次寻锚的完成。

全球数字货币的崛起。自"中本聪"创建比特币以来,全球范围内数字货币的种类迅速增加。早期的数字货币价值波动大,主要用于投资活动,被认定为"资产"而非"货币"。随着数字稳定币的出现以及央行数字货币被提上日程,数字货币的"货币"职能逐渐显现。特别是央行数字货币和数字稳定币的应用将形成广泛的分布式支付网络,有望成为下一代金融基础设施的重要组成部分,并逐步对国际货币体系的多元化变革产生持续推动力。2020年,动荡激变的世界经济形势为央行数字货币的加码研发提供了新机遇,各国央行数字货币发展进入快车道(见表2-6)。"当前全球货币竞争核心聚焦于主权数字货币,也就是央行数字货币的竞争。"①2021年6月2日,欧洲央行发布报告称,"发行央行数字货币将有助于保持国内支付系统的自主性,以及在数字货币世界中对一种货币的全球化使用"。当前,全球都在关注中国和美国的举动,因为主权货币数字化,需要有强大的经济体系来支撑。同样,依托强大经济体系的央行数字货币一旦推出落地,也会对整个经济体系带来牵动性影响,甚至会重构全球金融体系和经济格局。伴随区块链技术的发展和赋能,全球掀起创建数字货币的热潮,众多主权国家纷纷加快推进数字货币的部署,越来越多国家对数字货币表态,相关研发正紧锣密鼓进行中。因此,预计在未来较长时间内,各国央行将积极推行央行数字货币,从而在未来的数字货币世界话语权争夺中占据主动权。

---

① 白津夫、白兮：《货币竞争新格局与央行数字货币》,《金融理论探索》2020年第3期,第4页。

表2-6　各国央行数字货币研究现状

国家	探索情况
中国	2014年,中国人民银行成立法定数字货币研究小组,论证央行发行法定数字货币的可行性 2016年1月,中国人民银行召开数字货币研讨会,论证央行数字货币对中国经济的意义,并认为应尽早推出央行数字货币 2017年末,在国务院批准下,开展DC/EP的法定数字货币研发工作 2019年11月,中国人民银行副行长范一飞表示,央行法定数字货币已基本完成顶层设计、标准制定 2020年4月,央行法定数字货币推进试点测试,将先行在深圳、苏州、雄安、成都及未来的冬奥会场景进行内部封闭试点测试
美国	2020年2月,美联储主席表示,美联储正在对央行数字货币进行研究,但尚未决定是否推出 2020年5月29日,数字美元项目发布 *The Digital Dollar Project Exploring a US CBDC* 白皮书,为创建美国中央银行数字货币(CBDC)提出框架,第一次明确了数字美元的推进计划 2021年2月,美联储主席鲍威尔表示数字美元是优先级很高的政策项目,美联储正在研究发行CBDC的可行性
英国	2015年3月,英国央行宣布规划发行一种数字货币 2016年,在英国央行授意下,英国伦敦大学研发法定数字货币原型——RSCoin以提供技术参照框架 2020年3月,英国央行发表央行数字货币报告,探讨向数字经济转变
新加坡	2016年11月,新加坡金融管理局和区块链联盟R3合作推出Project Ubin,探索分布式账本技术在数字货币领域的应用 2019年,新加坡金融管理局和加拿大银行完成了使用央行数字货币进行跨境货币支付的试验
韩国	2020年4月,韩国中央银行宣布已启动长达22个月的央行数字货币试点计划,在2020年3月至2021年12月,将逐步完成对央行数字货币发行的技术和法律审查,业务流程分析以及最后的构建和测试

续表

国家	探索情况
瑞典	2017年9月,瑞典央行启动E-Krona计划,探索法定数字货币在零售支付方面的可行性 2018年4月,瑞典央行宣布将与IOTA区块链公司合作,研发推出国家数字货币 2020年,瑞典央行宣布,预计将于7月份开展数字货币试点
加拿大	2016年6月,区块链联盟R3与加拿大银行共同发起法定数字货币Jasper项目 2019年,新加坡金融管理局和加拿大银行完成了使用央行数字货币进行跨境货币支付的试验
俄罗斯	2017年10月,俄罗斯总统普京正式宣布,俄罗斯将在莫斯科举行的闭门会议上发布官方数字货币——加密卢布
菲律宾	2020年7月,菲律宾央行行长称,央行已成立一个委员会研究发行央行数字货币的可行性以及相关政策影响
挪威	2018年5月,挪威央行发布的一份工作文件表示央行正在考虑开发法定数字货币作为现金的补充,以"确保人们对当前货币体系的信心" 2019年5月,挪威央行的工作组发布央行数字货币报告,报告表明,随着公民退出使用物理形式的货币,银行必须考虑"一些重要的新属性以确保高效稳健的支付系统"
马绍尔群岛	2018年3月,马绍尔群岛议会通过立法正式宣布其将通过ICO的方式发行数字货币Sovereign(SOV)作为法定货币 2019年9月,马绍尔群岛官方透露,即将推出的国家数字货币SOV将可以通过预订的方式获得
委内瑞拉	2018年2月,推出官方石油币,成为全球首个发行法定数字货币的国家
厄瓜多尔	2014年12月,厄瓜多尔推出了电子货币系统 2015年2月,运营电子货币系统和基于该系统的厄瓜多尔币,市民可通过该系统在超市、银行等场景支付 2018年3月,政府宣告系统停止运行

续表

国家	探索情况
突尼斯	2015年,突尼斯央行探索将区块链技术应用于其国家货币 Dinar,推出本国货币 Dinar 的数字版本"E-Dinar",成为全球首个发行由法定货币支持的数字货币的国家 2019年11月,突尼斯央行称,正致力于金融数字化,目前处于检查所有现有替代品的阶段,其中包括中央银行数字货币(CBDC)
塞内加尔	2016年12月,塞内加尔央行发布基于区块链的数字货币 eCFA,由当地银行和一家位于爱尔兰的创业公司 eCurrency Mint Limited 协助发行
海地	2019年6月,海地央行正在计划试点区块链支持的数字货币
泰国	2018年10月,泰国政府发行数字货币 CTH 120亿枚 2019年7月,泰国央行副行长公开表示,其与中国香港金融管理局共同合作研发的数字货币项目正式进入第三阶段 2020年1月,中国香港金融管理局与泰国央行公布数字货币联合研究计划——Inthanon-LionRock 项目的成果,并发表研究报告
新西兰	2021年9月,新西兰联储表示,数字货币将通过以下方式支持央行货币的价值锚定角色:一是为个人和企业提供将私人发行的货币转换为央行货币的数字形式的选择,确保私人货币与央行货币的长期可换性。二是改进央行货币的技术形式,以确保其在数字未来中仍具有相关性。三是提供一种额外的货币政策工具,通过发行该货币以提供货币刺激或计息。新西兰联储表示,数字货币还可以提高国内支付的效率和弹性,并使新西兰能够参与使用 CBDC 改善跨境支付的全球计划。不过,新西兰联储同样表示,CBDC 并非没有挑战,需要深思熟虑
乌拉圭	2017年11月,乌拉圭央行推出一项为期6个月的零售数字货币的试点计划,用于发行和使用乌拉圭比索的数字版本

续表

国家	探索情况
立陶宛	2018年,立陶宛启动了LBChain区块链平台项目,积极研究区块链和数字货币 2019年12月,立陶宛央行批准数字货币LBCoin的实物样本,代币基于区块链,于2020年春季发行 2020年1月,立陶宛央行表示正继续努力加强数字货币工作
巴哈马	2020年10月,巴哈马的央行宣布推出由国家担保的虚拟货币"沙元"(Sand Dollar)正式上线,巴哈马居民可以通过手机App或实体卡片在国内广泛使用

主权货币背后的国家竞争。"货币的根本属性是国家利益,货币是国家利益的价值符号。"[①]货币不仅仅是效率和成本的问题,还是权力的象征。数字货币的出现将加剧主权货币的竞争与博弈,为主权货币的竞争提供新的竞争维度。从货币角度看,央行数字货币与实物货币性质相同,都是央行负债,但其表现形式不同。而从货币技术及其背后的框架结构看,央行数字货币与现有银行体系有很大的不同。因此,数字时代主权货币的竞争不仅要考虑一个国家的综合实力、经济规模、金融市场成熟度、货币可兑换性等,还要考虑一个国家的数字技术水平、大型科技公司实力以及公众数字素养水平等。事实上,由于货币的本质是一种基于共识的信用,因而货币竞争本身就是对共识信用的竞争。"当前国际货币体系的确立正是国家主权信

---

① 刘珺:《人民币国际化的数字维度》,《金融博览》2020年第9期,第30页。

用竞争的结果,即现行国际货币体系中的美元中心化就是美国的信用部分或全部代替了他国的信用。"①央行数字货币的出现使货币竞争发生根本性变化。从技术上,可以在线和离线支付;从功能上,支付领域可延展至更广领域、更深层次;从定位上,作为主权数字货币将全面提升国际竞争力。更重要的是"央行数字货币完全超出货币本身意义,它是以国家信用为基础的主权货币数字化,具有超强信誉度并直接挑战现有货币体系"②。特别是近年来,随着现金作为央行负债的使用率不断下降,私人数字货币兴起,比特币、全球稳定币等加密资产正试图发挥其货币职能,开启新一轮私铸货币、外来货币和法定货币的博弈。可以看出,这是一场"新型货币战争",且已经在全球范围内全面展开。

数字货币重塑国际货币体系。众所周知,国际货币需具备三种功能,分别是计价单位、价值存储和支付手段,但这三种功能的重要性并不相同。历史经验和理论分析都表明,在国际货币的演变过程中,支付手段功能最为重要。显然,近年来新兴的私人数字支付方式主要面向消费者,而不是企业,消费者和劳动人群构成了巨大的潜在用户群

---

① Ronald McKinnon. "Currency substitution and instability in the World Dollar Standard". *American Economic Review*, 1984, Vol.74, pp. 1129-1131.

② 白津夫、白兮:《货币竞争新格局与央行数字货币》,《金融理论探索》2020年第3期,第5页。

体，使得数字货币可能被更快、更广泛接受。数字货币在跨境支付和结算方面可能成为一个替代方案，因为"数字货币的初衷是试图解决全球金融基础设施的问题，特别是跨境支付方面的短板，希望通过新的科技手段提高支付效率，减少障碍"[1]。因此，"相比于传统的国际货币主要用于大宗国际贸易和大宗跨境金融交易，数字货币则主要依托于零售消费支付的飞速发展，并推动交易成本和货币转换成本大幅降低，因此其较传统的主权货币或更易于实现全球普及"[2]。数字货币革命动摇了原有国际经济秩序的基础，成为全球数字经济时代的战略制高点，也是国际金融领域未来大国竞争的必争之地。为什么央行数字货币会引起如此高度的重视？"主要是因为央行数字货币竞争的实质是货币主权之争，是国际化地位之争。"[3]法定数字货币对于现行的以美元为核心的国际货币体系必将产生重大影响，甚至建立一个多方共识、集体维护、不可篡改、全程追溯的分布式数据库，从而构建一个大多数国家都认可的国际数字货币体系。特别是在数字化大背景下，原有的

---

① 王舒嫄、赵白执南：《数字货币、资本流动、货币政策溢出……央行原行长周小川1个小时都说了啥？》，中国证券报公众号，2019年，https://mp.weixin.qq.com/s/NlzpDDNUUUg1UYdcBnFakA。

② [法]本诺伊特·科雷、赵廷辰：《数字货币的崛起：对国际货币体系和金融系统的挑战》，《国际金融》2020年第1期，第3—7页。

③ 白津夫、白兮：《货币竞争新格局与央行数字货币》，《金融理论探索》2020年第3期，第5页。

硬边界已被打通,世界成为互联互通的共同体,数字化创造了新的机会空间,央行数字货币使各国站在同一起跑线上,通过竞争合作共同打造国际货币体系新格局。

二、数字丝路与人民币国际化

2017年5月,习近平在"一带一路"国际合作高峰论坛开幕式上的主旨演讲中提出:"我们要坚持创新驱动发展,加强在数字经济、人工智能、纳米技术、量子计算机等前沿领域合作,推动大数据、云计算、智慧城市建设,连接成21世纪的数字丝绸之路。"[1]2018年4月,习近平在全国网络安全和信息化工作会议上再次强调,要以"一带一路"建设等为契机,加强同沿线国家特别是发展中国家在网络基础设施建设、数字经济、网络安全等方面的合作,建设21世纪数字丝绸之路。[2]2019年4月,习近平在第二届"一带一路"国际合作高峰论坛开幕式上继续强调,顺应第四次工业革命发展趋势,共同把握数字化、网络化、智能化发展机遇,共同探索新技术、新业态、新模式,探寻新的增长动能和发展路径,建设数字丝绸之路、创新丝绸之路。[3]中国倡

---

[1] 习近平:《携手推进"一带一路"建设:在"一带一路"国际合作高峰论坛开幕式上的演讲》,人民出版社2017年版,第10页。

[2] 张晓松、朱基钗:《习近平出席全国网络安全和信息化工作会议并发表重要讲话》,中国政府网,http://www.gov.cn/xinwen/2018-04/21/content_5284783.htm。

[3] 习近平:《齐心开创共建"一带一路"美好未来:在第二届"一带一路"国际合作高峰论坛开幕式上的演讲》,人民出版社2019年版,第5页。

议的"一带一路",不仅是海路、陆路的互联互通,也包括数字信息的互联互通;中国建设的数字丝绸之路,是数字经济发展和"一带一路"倡议的有机结合,是中国在数字时代提出的推动人类共同发展的方案。在全球价值链背景下,随着"一带一路"倡议的深入推进与实施,沿线国家和地区数字经济"利益共同体"正在形成。"货币国际化是一国经济发展壮大、参与世界财富再分配的必由之路,中国经济全面崛起之后理应获得与其身份相匹配的国际货币地位。人民币国际化已成为中国的一项国家战略,伴随着当前如火如荼的'一带一路'倡议,两者一起构成了中国新时代国家顶层开放战略的交集。"①目前,随着金融科技的大规模应用,预示着21世纪的全球金融生态将从传统的量变向颠覆性的质变转换,并进一步深化国际货币体系变革。对此,中国发行数字人民币是一次历史机遇,在"一带一路"倡议下构建新的"中心—外围"人民币国际化体系,推动数字人民币走向全球金融和贸易体系,促进人民币数字化与国际化协调发展,为增强人民币在国际交易清算中的话语权提供了弯道超车的机会。

人民币国际化战略。当前,国际货币体系进入信用货币和浮动汇率制时代,学界称为"无体系的体系"或"美元

---

① 蔡慧、吴怀军:《"一带一路"倡议下人民币国际化的研究》,《中国集体经济》2019年第
32期,第9页。

体系"。在这个体系下,美国依靠其领先的综合实力以及发达的金融市场构造了一个以美元为中心的全球信用周转体系。"美元成为世界主要货币的历史和现实,是美国国家信用在国家间、市场间竞争并证明了美国国家信用的软硬实力的结果。或者说美元的地位,既是政府选择,也是市场选择。"[1]世界结算方面,2014年后欧元开始超过美元,成为世界第一支付货币,但美元还占有37%的份额。外汇储备方面,美元储备在世界各国外汇储备中一直占据主导地位,平均占比超过65%,其中新兴市场经济体美元占比更高。国际货币基金组织最新数据显示,2020年开始,美元储备比例开始有所下降,但储备额仍超60%(见图2-4)。可以看出,人民币作为国际支付和储备货币的地位,与中国占全球经济总量六分之一的地位严重不相匹配。美元霸权一直是美国实现全球霸权的重要基础,打破美元在世界贸易和金融结算体系中的霸权地位,是保持全球健康稳定发展的核心问题,中国必须为此做出长远的战略考量。通过"一带一路"倡议,建立和完善以中国为核心的亚洲贸易网络,寻求区域内国家对人民币的真实需求,挖掘人民币作为亚洲地区"锚"货币的潜力。一方面,人民币国际化有助于促进金融治理体系改革。人民币国际化将打破美

---

[1] 钟伟:《国际货币体系的百年变迁和远瞩》,《国际金融研究》2001年第4期,第8-13页。

元"一家独大"局面,削弱世界经济对美元的依赖,为国际贸易投资、金融交易提供新的币种选择,满足国际社会的多样化融资需求。另一方面,参与全球金融治理能为人民币国际化提供保障。"参与全球金融治理将促进中国金融业扩大对外开放,提高人民币国际地位,增强国际社会对人民币的接受度,发挥人民币计价、结算、储备职能。"①

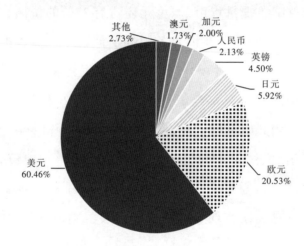

图2-4　主要货币2020年第三季度占外汇储备比重

资料来源:国际货币基金组织(IMF)。

人民币国际化的数字维度。自2008年国际金融危机以来,比特币、莱特币、以太坊等新货币形态的出现打开了数字货币的"潘多拉盒子",成为数字化时代的颠覆者。新货币形态的出现映射出货币超发、金融抑制等传统金融的

---

① 邵华明、侯臣:《人民币国际化:现状与路径选择——以美元国际化历程为借鉴》,《财经科学》2015年第11期,第23—27页。

短板,其目标显然不仅是"脱媒",而是建立"去中心化""去媒介"的新货币。区块链等金融科技不仅促进了数字经济的快速发展,也带来了货币信任机制的嬗变。未来的国际货币体系不再是主权货币的组合,而是主权货币与数字货币相互交织和共生共存的新格局。人民币国际化当下面临的不仅仅只有现存法币的挑战,还有新货币形态的体系性冲击,因而人民币国际化升级版必将是注入数字元素的体系竞争。相对而言,美国官方对央行数字货币的态度在新冠肺炎疫情之前并不积极。①实际上,美国一直都在关注央行数字货币的发展,特别疫情暴发之后,美国官方对数字美元的态度有了很大的转变。②当前的数字经济全新范式既为数字货币发行营造了良好环境,也为国际货币体系提供了新的发展方向。美元霸权是人民币国际化的最大挑战,数字人民币国际化亟待进一步加强,需要融合数字化思维。因此,在当前全球政治经济格局下破解美元霸

---

① 2019年10月,美联储主席鲍威尔就曾表示出对数字美元的担忧,他认为当前基于账户的商业银行还是美国金融体系的重要组成,数字美元的出现会给商业银行带来冲击,也可能抑制经济活动。2019年12月,美国财政部部长姆努钦和美联储主席鲍威尔还共同表示,美联储在未来5年无须发行数字货币。

② 2020年2月,美联储理事布雷纳德表示,已经关注到了中国央行数字货币过去一年的进展,鉴于美元的重要地位,美国必须保持在央行数字货币研究和发展的前沿。2020年3月,数字美元的概念就出现在经济刺激法案的初稿中,虽然在终稿中被删除,但这是数字美元第一次出现在美国官方文件中,表明数字美元逐渐被美国官方关注。随后,5月28日,美国数字美元基金会与埃森哲咨询公司共同发布了数字美元白皮书,初步勾勒出了数字美元的发展雏形(尤苗:《数字货币:全球货币竞争的新赛道》,《学习时报》2020年7月24日,第A2版)。

权的难度非常大,我们必须另辟蹊径,而基于区块链技术
的数字货币为人民币破解美元霸权提供了弯道超车的机
遇。"数字化时代的不确定性是实然,以人民币国际化路径
的确定性应对其不确定性是应然。那么,人民币和与其对
应的数字货币成为国际货币就是必然。"①

　　数字人民币与国际货币新秩序。随着金融全球化与
金融创新的快速发展,原有金融治理体系已经不能适应
新时代要求,需要改革国际货币体系及治理体系,发挥人
民币的积极作用,为开展全球货币事务和金融活动构建
稳定、有韧性的制度框架。②如果数字人民币能抓住这一
难得的历史机遇,与"一带一路"建设及全球价值链结构
相结合,必将在新赛道上推动人民币国际化进程并形成
"网络效应",在数字货币时代抢先筑起金融"护城河",削
弱美元流动性对中国货币政策的溢出影响。"将数字货币
的发展与'一带一路'建设相合,在产能合作、经贸合作的
基础上,大力推动人民币跨境支付体系等金融基础设施
的建设,适时推进央行数字货币在具备条件的区域进行
跨境结算试验,积极开展双边和多边合作,建立以央行数
字货币为中心的跨境支付结算体系,提高我国在国际支

---

① 刘珺:《人民币国际化的数字维度》,《金融博览》2020年第9期,第31页。

② 程贵:《人民币国际化赋能全球金融治理改革的思考》,《兰州财经大学学报》2019年
　第6期,第71页。

付体系升级、金融科技国际标准和监管等领域的话语权。"①因此,以数字人民币为代表的主权数字货币的发行、流通和国际化,有利于改善以美元为代表的少数发达国家货币主导国际货币体系的短板和不足,推动构建公平、公正、高效的新国际货币体系。值得说明的是,尽管数字人民币可能会削弱美国通过现有美元主导的国际货币体系而发挥其软实力,但货币物理形态的变化并不能在短时间内明显改变国际货币竞争的基本面。再加上 Diem 等全球数字稳定币的出现,不仅可能侵蚀人民币的货币主权,更有可能进一步挤压人民币国际化空间,这给数字人民币国际化带来了一定的挑战。为了更好地应对数字货币对传统支付、国内经济的影响,做好数字化背景下的国际货币竞争,我国应在积极稳妥推进央行数字货币研发和试验的同时,深化金融监管和数字金融等方面的跨境合作,逐步培育形成数字货币区,科学构建稳定货币锚,以此来加强人民币的国际化使用。此外,应遵循生态限度和社会包容发展的基本要求,大力发展以大数据和区块链技术为标志的金融科技,在推动区块链平台体系建设、数字人民币金融投资区块链平台体系建设、"一带一路"国家贸易支付与结算区块链平台建设、"一带一路"金融合作区块链平台建设等方面谋篇布局,通过数字人

① 尤苗:《数字货币:全球货币竞争的新赛道》,《学习时报》2020年7月24日,第A2版。

民币国际化推动国际货币体系改革，为构建公平合理的国际货币新秩序做出大国贡献。[①]

三、亚投行的世界意义

2015年12月，中国倡议筹建的"亚洲基础设施投资银行"（以下简称亚投行）正式成立，旨在帮助基础设施薄弱的亚洲国家满足基建中的资金需求，从而帮助这些国家的可持续发展。亚投行与"一带一路"倡议高度契合，同样是促进人民币国际化的重要举措。亚投行主要向发展中国家的基础设施建设项目提供融资支持，但其业务并不局限在亚洲。在很大程度上，亚投行缓解了发展中国家的基建缺口，成为国际货币金融体系的重要补充。从某种意义上说，中国已经是全球最大的贸易国和最大的工业制造国。因此，中国有权利也有义务在塑造国际货币体系中发挥更重要的作用。但当前的国际货币体系不但制约着世界经济的发展，也将中国等新兴经济体挡在了门外。从发展的角度看，中国只有参与到国际货币体系的建设中才能保护自身经济发展的利益，并在全球治理中获得更多的话语权。因此，中国迫切希望能够融入国际货币基金组织和世界银行。"'亚投行'是

---

① 保建云：《主权数字货币、金融科技创新与国际货币体系改革——兼论数字人民币发行、流通及国际化》，《人民论坛·学术前沿》2020年第2期，第25页。

中国周边外交的又一战略性大举措,是中国经济从产品输出走向资本输出的标志性大事件,也是中国改善现有国际体系不合理性的一次重大'战略试水'。"①总之,作为世界性金融组织,亚投行将与世界银行、国际货币基金组织在世界金融领域形成"三足鼎立"的态势,它们之间形成相互合作、竞争与制约的关系,这对维护全球金融稳定极其重要。

动态平衡的全球经济。2020年,因为一场突如其来的疫情,原有的世界格局和既定轨迹被骤然打破,各国的发展进入了经济和繁荣都在倒退的非常规状态。"一方面,民族主义和逆全球化浪潮给人类命运共同体的建构带来了严重的冲击;另一方面,'货币—资本'的共同体同样遭受打击,给予了真正共同体破而后立的机会。"②中国近30年的快速成长,对新全球化格局越来越强的影响力和不对称的话语权,尤其是金融领域的话语权,都使得全球性利益失衡和矛盾加剧。数字化转型、逆全球化、再全球化、去中国化⋯⋯在日益多元而复杂的政治经济格局下,中美双方都紧紧抓住各自的货币数字化战略,没有丝毫松懈。2020年5月,中国首次提出充分发挥超大规模市场优势和内需潜力,提出构建国内国际双循环相互促进

① 曹德军:《中国外交转型与全球公共物品供给》,《中国发展观察》2017年第5期,第33页。
② 王建:《人类命运共同体助推全球抗疫与疫后重建》,《创造》2020年第6期,第55页。

的新发展格局的倡议。①当前,中国正处于"两个一百年"奋斗目标历史交汇点,新冠肺炎疫情大流行促使国际格局在动荡中寻求新的平衡点,在面对全球公共事务时,美国正在失去它的全球领导力,这对于我们来说更多意味着机遇。"通过亚投行平台,形成以人民币为核心的融资机制,带动亚洲等地区用人民币作为储备货币,减轻美元周期性贬值的外汇储备损失,从而制衡美元'一家独大'的格局。"②在全球疫情乱局下,中国为全球经济提供了金融稀缺的"稳定锚",数字人民币将推动我国金融开放和人民币国际化向纵深发展,进一步优化国际"外循环"与国内"内循环"互动新模式。一方面数字人民币将促进国内数字经济发展,不仅能降低发行及流通成本,还能加速货币流通速度,为经济运行降本增效;另一方面在当前的美元霸权体系下,世界经济秩序已经被美国打乱,亟待整治,数字人民币有望重塑国际结算体系,成为人民币国际化的重要工具。

---

① 党的十九届五中全会对"十四五"时期我国经济社会发展做出了系统谋划,其中提出要"加快构建以国内大循环为主体、国内国际双循环相互促进的新发展格局"。"双循环"战略是党中央在国内外环境发生深刻复杂变化的背景下,推动我国开放型经济向更高层次发展的重大战略部署;而"两个大局"是其确立的立足点和根本取向(王志凯:《深刻把握"双循环"战略的立足点和新动能》,《国家治理周刊》2021年第3期,第31—35页)。

② 程贵:《人民币国际化赋能全球金融治理改革的思考》,《兰州财经大学学报》2019年第6期,第71页。

多元主导的货币体系。"货币体系的演进,更是较优信用不断扩展、淘汰和替代较劣信用的进程,或者说是良币驱逐劣币,国家信用战胜私人信用的同时,国家间的信用也在不断竞争,导致某种主权货币具有越来越强的世界货币的职能,而部分主权国家部分丧失甚至完全丧失了发钞权。"①当前,世界各国经济实力对比再次发生重大变化,新兴经济体经济实力持续增强,其主权货币理应在全球货币体系中占有一席之地,世界需要纳入包括新兴经济体货币在内的多极货币体系的支撑,由多个主导的商业和金融主权货币构成更加多元化的国际货币和金融体系,才能与更加多元化的世界经济更匹配。"在2008年全球金融危机之后,国际社会基本达成了一个共识,即以美元为主导的现行国际货币体系具有内在脆弱性,不利于全球金融稳定,国际货币体系需要从单极化走向多元化。"②以美元为主导的国际货币储备体系、浮动汇率制度等,因"信用锚"的不稳定甚至缺失等固有的重大缺陷,并未实现国际货币体系公平与效率、开放与包容的理想目标。"在国际货币体系中处于主导作用的国家利用其优势地位滥发货币、转嫁其经济矛盾,从而加剧了世界贸易、金融、经济发展的不均衡、

① 钟伟等:《数字货币:金融科技与货币重构》,中信出版社2018年版,第9—10页。
② 刘东民、宋爽:《数字货币、跨境支付与国际货币体系变革》,《金融论坛》2020年第11期,第7页。

不平等和不可持续性。"[①]近年来,现行单极世界货币体系导致全球金融体系不稳定性日益突出,单一主权货币也不再具备担任全球货币体系之锚的体量,需要一种不同于以往的全球货币体系之锚,世界各国都有突破美元作为主要世界货币的单极货币体系、建立多极世界货币体系的强烈诉求。"数字货币和分布式账本技术的发展,为国际货币体系多元化改革提供了有效工具。"[②]特别是分布式跨境支付网络的构建将打破美国对现行跨境支付体系的控制,弱化美国的国际货币权力,促进国际货币体系向更加公正、包容和多元化的方向发展。可以说,数字货币是一种对全球金融体系产生深远影响的新型货币,将成为未来国际货币体系变革发展的重要方向。

"货币共同体"与再平衡。"货币共同体"思想是马克思"共同体"理论的重要组成内容。他指出:"在货币上共同体只是抽象,对于个人只是外在的、偶然的东西;同时又只是单个的个人满足需要的手段。古代共同体以一种完全

---

① 王作功、韩壮飞:《新中国成立70年来人民币国际化的成就与前景——兼论数字货币视角下国际货币体系的发展》,《企业经济》2019年第8期,第29页。

② 刘东民、宋爽:《数字货币、跨境支付与国际货币体系变革》,《金融论坛》2020年第11期,第10页。

不同的个人关系为前提。"①"货币共同体"是以交换价值为特征的资本主义社会的必然产物,是资本主义商品经济条件下人们的逐利欲望的观念反映。"'货币共同体'是单个的个人满足需要的手段,实现了'以物的依赖性为基础的人的独立性',但这种独立性意味着人的自由发展受到了新的限制。"②回顾历史,"20世纪是对抗、战争的世纪,是强食弱、富掠贫、大凌小的世纪,持续数十年的'冷战'给全人类带来的痛苦远远大于福祉,我们绝不应该重蹈覆辙。21世纪是和平、发展、生态的世纪,是人类扬弃野蛮粗暴的冷战思维拥抱有序竞合思维的世纪。'机会面前竞争,危机面前合作'是当今世界任何领域的共建者都应当具备的胸怀和态度,数字货币领域自然应当如此"③。数字经济时代开启了国际货币体系从边缘变革的可能性,也将原本不是主要问题的因素,如隐私保护、个人的全球化意识推到了国际货币体系演化的中心,形成了更丰富的国际货币体系图谱。无论该图谱有多广泛,各项可能性间的演化有多复

---

① 马克思从两个方面阐明了"货币共同体"的特征:一方面,货币作为共同体仅仅是共同体的抽象,因而是外在于个人的偶然的东西;另一方面,货币这一"抽象共同体"仅仅是单个的个人满足需要的手段([德]马克思、[德]恩格斯:《马克思恩格斯全集(第四十六卷·上)》,中共中央马克思恩格斯列宁斯大林著作编译局译,人民出版社1979年版,第176页)。

② 秦龙:《马克思"货币共同体"思想的文本解读》,《南京政治学院学报》2007年第5期,第23页。

③ 龙白滔:《DC/EP vs Libra,全球数字货币竞争正式拉开序幕》,火星财经,2020年,https://news.huoxing24.com/20200508150744095278.html。

杂,都应积极拥抱科技变革,寻找以更低的成本提供更安全、更便捷的支付方式,开创一个市场化的数字货币与公共支付系统共同发展、相互补充的新局面,更好造福世界各国人民。从全球治理角度看,主权数字货币是推动国际货币改革乃至全球经济再平衡的重大契机。全球区块链一定要建立在新型的主权数字货币基础之上,而且各主权国家和公民组织都要充分参与全球区块链的搭建,主权区块链将在此过程中发挥积极作用。无论是推动数字人民币国际流通与合作的战略举措,还是成立亚投行等国际性多边机构,都为我国致力于推动构建形成世界"货币共同体"、突围美元霸权体系提供了新机遇。未来全球货币发展需要以主权数字货币和主权区块链为基础,重构一个公平正义和可持续性的全球经济社会秩序。同时,这也是共同推动国际货币体系再平衡的重要内容,是中国参与国际金融治理的内在缩影,对中国和世界都有着重大而深远的意义。

第三章　数字身份

哲学三大终极问题:我是谁？我从哪里来？我要到哪里去？其中,"我是谁"指的就是身份问题。身份是用来区别"我"和其他主体的标识。世界上没有相同的树叶,每一个"我"均不一样,因此身份也有差异。如何利用身份识别出真实的"我",成为用身份建立信任的首要步骤。在熟人社会中,以现实的"我"为基础,以"刷脸"行为为例,在某种意义上,脸就是身份。在陌生人社会中,则须依靠一定的技术手段或制度安排来保证人与人之间对身份的认可。

——中国证监会科技监管局局长、

中国证券登记结算有限责任公司原总经理、

中国人民银行数字货币研究所原所长　姚前

第一节　身份演进

身份是人从事生产活动、开展社会交往、参与政治生活的基本依据。身份是一个动态构建的过程,其具有多重性、流动性等特征,不同的身份被赋予不同的权利和责任。纵观历史,人类走过了奴隶社会、农业社会、工业社会,历经了"奴隶身份""臣民身份""公民身份"。随着科技革命的进步,人类加速迈向数字社会,一种新的身份类型——数字身份——正逐渐形成。它与人在现实世界的身份一道,构成了数字时代人的"双重身份",成为身份演进历程中的重要里程碑。数字社会是一个数治的社会。数字身份作为数字社会的通行证,是在现代计算机技术发展的背景下,以现代化的通信技术和网络技术为依托,而形成的一种新的身份类型。"数字身份是建立信任关系的基础,也是实现数字空间治理的前提。"①随着数字化、网络化、智能化的加速演进,数字身份正在重塑社会信任关系,成为通向未来、改变未来的新力量。

---

① 中国移动研究院:《基于区块链的数字身份研究报告(2020年)》,中移智库官方微信,2020年,https://mp.weixin.qq.com/s/M6eWtv54fjowJbCqC1DCzg。

一、身份的焦虑

焦虑是不确定时代的一种基本社会心态。"身份的焦虑是我们对自己在世界中地位的担忧。"[1]步入数字时代，既有人与人之间的身份认同危机，也有个人与群体之间的身份认同危机，还有人与机器人、基因人之间的认同焦虑，更有人的自我认同的焦虑。身份与契约是社会进步过程中的永恒话题。从身份到契约是人在出生时就不可改变地被确定了社会地位，从契约到身份则允许人通过协议的方法为自己创设特定的社会地位。从契约到身份的运动一方面矫正了契约自由所产生的偏差，另一方面树立了弱者保护和契约正义思想，力求个人与社会的协调发展。它是人类在从身份到契约的进步基础上的又一次伟大历史性进步，标志着社会正义从形式正义步入实质正义。

从身份到契约[2]。身份指人的状况被固定的情况，契约指人们以协商或自愿的方式达成约束的情况，后者取代前者就是从身份到契约的运动[3]。这场运动，是一场从不

---

[1] ［英］阿兰·德波顿:《身份的焦虑》，陈广兴、南治国译，上海译文出版社2020年版，第1页。

[2] "从身份到契约"这一简洁明快的公式般经典论断似乎概括了西方法治文明的发展过程和规律，即从以父权制和身份制为核心的习惯法时期转向以契约法为标志的法典化时期，以及人类社会从荒蛮到文明、从专制到民主的必然蜕变。这场蜕变，是一场从不平等身份到平等身份的运动(杨振山、陈健:《平等身份与近现代民法学——从人法角度理解民法》，《法律科学》1998年第2期，第58页)。

[3] 徐国栋:《民法哲学》，中国法制出版社2009年版，第95页。

平等身份到平等身份的运动。从"契约关系意味着个人意识的发达"①这个意义上来看,这场运动也可以视为从团体本位到个人本位的运动。英国历史学家梅因说:"'身份'这个词可以有效地用来制造一个公式以表示进步的规律,不论其价值如何,但是据我看来,这个规律是可以足够确定的。在'人法'中所提到的一切形式的'身份'都起源于古代属于'家族'所有的权力和特权,并且在某种程度上,到现在仍旧带有这种色彩。"②换言之,一切关系均由家族中的地位决定的社会存在就是身份。"在罗马法时期,他们用身份规定了每个个人所拥有的权力、权利和义务。"③以"身份"组织社会关系,强调了人与人之间地位的不平等④。并且,这种不平等关系是先赋的、固定不变的,它意味着一种社会秩序。在这种秩序里,群体才是社会生活的基本单位;而个人完全无法为自己创设权利和义务⑤。伴随着现代化进程与社会进步,身份的家族色彩逐渐消失,个人的自由和权利日益增加。"在经济发展与社会进步过程中,人们开始逐渐脱离了原有的家族,以个人的面目出现在社会

---

① 梁治平:《"从身份到契约":社会关系的革命——读梅因〈古代法〉随想》,《读书》1986年第6期,第24页。

② [英]梅因:《古代法》,沈景一译,商务印书馆1995年版,第111-112页。

③ 罗大蒙、徐晓宗:《从"身份"到"契约":当代中国农民公民身份的缺失与重构》,《党政研究》2016年第1期,第94页。

④ 董保华等:《社会法原论》,中国政法大学出版社2001年版,第56-57页。

⑤ 蒋先福:《契约文明:法治文明的源与流》,上海人民出版社1999年版,第64页。

和经济生活中。个人的独立促进了经济模式的变化,而经济模式的变化需要个人更大程度地摆脱身份的束缚。在相互的渴求与需要中,自由的个人成为社会发展的必要条件。社会的进步最终体现在社会方式的演进过程之中。因此,进步的社会要求用契约把人从身份的束缚中解放出来。"[1]梅因在《古代法》中写道:"所有进步社会的运动,到此处为止,是一个'从身份到契约'的运动。"[2]从法治层面看,这场运动又意味着"从传统的非法治社会向近现代法治社会的转化"[3]。法律不再是父辈的语言,而是个人自由意志的言说。用契约取代身份的实质是人的解放[4],是从不自由到自由的运动[5]。在契约型社会中,人与人之间的契约关系不再是服从与被服从的关系,而是一种排除了先赋性、固定性的权利义务关系[6]。契约关系逐渐成为一种泛在的人际交往方式。"作为独立主体的个人参与社会活动的最佳方式是与他人订立各种各样的契约,自主行为与自己负责成为当然逻辑。"[7]

---

[1] 刘颖:《从身份到契约与从契约到身份——中国社会进步的一种模式探讨》,《天津社会科学》2005年第4期,第48页。

[2] [英]梅因:《古代法》,沈景一译,商务印书馆1995年版,第97页。

[3] 蒋先福:《契约文明:法治文明的源与流》,上海人民出版社1999年版,第32页。

[4] 朱光磊:《当代中国社会各阶层分析》,天津人民出版社1998年版,第40页。

[5] 梁治平:《法辨——中国法的过去、现在与未来》,贵州人民出版社1992年版,第37页。

[6] 蒋先福:《契约文明:法治文明的源与流》,上海人民出版社1999年版,第90—91页。

[7] 赵磊:《"从契约到身份"——数据要素视野下的商事信用》,《兰州大学学报(社会科学版)》2020年第5期,第53页。

从契约到身份。"'从身份到契约'是概括了人类社会发展规律的进步公式。不过，人类进入大数据时代以后，数字身份的出现改变了这一规律。"①数字化生存与数字身份密不可分，在社会交往特别是商事交易中，从契约到身份得以回归。"从某种意义上说，一部人类法律文明史，就是一部逐渐祛除法律中的身份属性、同时增量契约属性的此消彼长的历史。"②法律为契约提供指引，通过法律语境下的契约，很好地解决了人类社会交往中的信用问题。"在现代社会中，雇主与工人之间、消费者与厂商之间、竞争者之间的法律关系不再平等，在其中，契约似乎已不再具有重要纽带的作用。"③"相对于契约来说，身份具有一种日益增长着的重要性……社会开始根据某种关系，而非根据自由意志组织起来。法律愈来愈倾向于以各种利害关系和义务为基础，而不是以孤立的个人及权利为基础。"④因此，有学者认为梅因的"到此处为止"这个表述限制了他的理

---

① 赵磊：《"从契约到身份"——数据要素视野下的商事信用》，《兰州大学学报（社会科学版）》2020年第5期，第53页。

② 康宁：《在身份与契约之间——法律文明进程中欧洲中世纪行会的过渡性特征》，《清华法治论衡》2017年第1期，第84—85页。

③ 余煜刚：《"从契约到身份"命题的法理解读》，《中山大学法理评论》2012年第1期，第30页。

④ ［美］伯纳德·施瓦茨：《美国法律史》，王军等译，中国政法大学出版社1989年版，第200—201页。

论的含义①,这个著名的论断"将会有一天被简单地认为只是社会史中的一个插曲"②。在数字时代,个人既是数据的生产者,也是数据的攫取者,这都与其身份密不可分,从契约到身份的运动因此得以实现。"20世纪以来,发生了一个明显的变化,就是不再过分强调契约自由了","对那些为了换取不足以维持生计的报酬而出卖血汗的人谈契约自由,完全是一种尖刻的讽刺"。③"克服契约社会的缺陷,保证社会弱势群体利益的实现,就要求我们在社会整体契约化的框架下,将弱势群体的利益在肯定和保护的基础上用法律的形式固定下来,即将其'身份化',使其真正可以享有由于其特殊身份所带来的福利和特权,以期在实现社会契约平等的同时兼顾社会公平。"④如果说"从身份到契约"强调的是"个体平等"的话,那么"从契约到身份"强调的可以说是"社会正义"。这种趋向是从抽象人格到具体人格,从一体保护到弱者保护,从自由放任到国家干预,从形式正义到实质正义,从个人本位到社会本位。⑤

---

① Graveson R H. "The movement from status to contract". *The Modern Law Review*, 1941, Vol.4, pp. 261–272.

② [英]梅因:《古代法》,沈景一译,商务印书馆1995年版,第18页。

③ [美]伯纳德·施瓦茨:《美国法律史》,王军等译,中国政法大学出版社1989年版,第210页。

④ 尹子文:《契约与身份:从传统到现代法律制度中的观念演变》,中国政法大学比较法学研究院官网,2013年,http://bjfxyjy.cupl.edu.cn/info/1029/1287.htm。

⑤ 蒋先福:《近代法治国的历史再现——梅因"从身份到契约"论断新论》,《法制与社会发展》2000年第2期,第3–4页。

身份进化与困惑。进入数字时代,我们对数据形成了难以摆脱的依赖性,数据日益成为我们生活甚至生命的一部分,这将深刻改变"人"的形象、内涵与外延。未来,世界很可能就会由"自然人""数字人""机器人""基因人"共同构成,这给人类带来无尽的困惑与烦恼,人的身份认同或许一直并将永远是一项进行中的工作。一是自然人之惑。伴随技术的进步,"自然人"的整体功能慢慢在退化,应当说,"自然人的体力功能已经退化得差不多了,正在进行智力功能向机器人的交付"①。目前智能技术、生物技术和虚拟技术正在促动人类自身由纯粹的自然人、肉体人向机器人、基因人进化,使人类进入一个新的"后达尔文的进化阶段"或"后人类"阶段。虽然我们清醒地知道,目前人工智能仍然只是在计算能力等特定问题方面超过了人类,并不比汽车跑得比人快更可怕。真正的"奇点"应该是在机器产生自我意识,甚至具有了一定的自我复制能力时才值得警惕。面对以空前速度发展的各种科学技术,未来世界将会怎样?哪些新技术将对人类社会产生怎样的重大改变?恐怕每个人类个体都想知道这些问题的答案。二是数据人的迷惘。随着数字化、网络化、智能化的纵深推进,每个人或多或少地,正在数字世界凝聚出一个"分身"——数据人,它既可能是自然人的映射,也可能是自然人的扩展;既

---

① 陈彩虹:《在无知中迎来第四次工业革命》,《读书》2016年第11期,第16页。

可能是自然人的真实体现,也可能是自然人的虚假扭曲。当前,即使网络实名制正不断被执行,但大量的网络安全事件一次又一次地提醒我们,广义上的数据人(含群体和机构),并非自然人或法人的单一映射。事实上,数据人极有可能是跳出了身份、跳出了契约的一种新的身份类型,不确定性、不可捉摸、难以触摸成为其主要特征。这既是数据人自身的迷惘,也是数字世界每个数据主体正面对的重大挑战。三是机器人恐慌。从自动驾驶到全球首个人工智能合成女主播再到机器人的崛起,当我们对技术塑造的未来激情澎湃时,总不免带着隐隐的担忧与迷茫,就像很多人在情感上对机器人爱恨交织①。智能技术的发展正在实质性地改变"人",人正在被修补、改造和重组,人机互补、人机互动、人机结合、人机协同、人机一体正成为一种趋势。未来,当类脑智能和超脑智能出现之时,人类与机器的分野会不会仅在于物理支撑的不同? 机器人不断获得更高智能并向自动化迈进,如果有一天机器人的能力超过人类,是否会反过来统治人类?"我们现在应该立即展开切实的讨论:相对于这些机器,我们的身份是什么?"②机器人是不是人? 是否拥有法律人格? 这可能是自克隆技术

① [美]皮埃罗·斯加鲁菲、牛金霞、闫景立:《人类2.0:在硅谷探索科技未来》,中信出版社2017年版,第3页。

② [美]约翰·乔丹:《机器人与人》,刘宇驰译,中国人民大学出版社2018年版,第162页。

之后,对于人类伦理和法律最大的挑战。四是基因人焦虑。如果说,机器人还只是集成人的功能而超过人,那么基于基因测序、激活和编辑技术,从可存活胚胎上精准操纵人类基因组就可能创造出人为设计的"生物婴儿",这种"生物婴儿"就是"基因人"。相比自然人,基因人富有"天生而来"的强大免疫力和后天赋予的"思想""经历""经验",他们将全面地优于自然人。基因技术给人类带来了生命进化的新希望,人类或许可以摆脱从基因随机突变到自然环境选择这一漫长的原始进化之路,转而走向从基因层面主动出击、精准调节、快速进化的技术进阶之路。当前,技术正以指数级速度增长,未来的一切处于巨大的不确定性与风险之中,人类对此应该有所警觉。机器人、基因人技术会走向何方,是否会脱离人类的掌控?虽然这些只是猜测,但人类或许应该未雨绸缪,慎重对待人类可能的最后一个重大问题①。

二、身份与信任

对身份的认同、价值的认知是人与人之间达成信任、形成共识的前提,也是社会秩序之所以可能的条件。在社

---

① 著名物理学家霍金表示,"人工智能或许不但是人类历史上最大的事件,而且还有可能是最后的事件","人工智能的全面发展可能导致人类的灭绝"(孙伟平:《关于人工智能的价值反思》,《哲学研究》2017年第10期,第124页)。

会治理过程中,人们在身份感知和社会信任上将不可避免地趋于复杂化。人类社会的特殊性在于信任贯穿于所有的人际互动,既包含了崇高的抱负,也隐藏了深切的恐惧。信任作为一种社会结构和文化规范现象,是靠着超越可以得到的信息来概括出的心理期待,也是用来减少社会交往复杂性的"简化机制"。积极的身份认同符合社会对建构信任的理性需求,有利于在"信任确立"和"信任损耗"之间保持一种动态平衡。

熟人社会的人际信任。熟人社会信任的基本格局以熟人社区为基本单位,以"互惠"的人情机制为纽带,遵循"内外有别"的交往原则并逐渐向外推展。在这一阶段,实现统治秩序关键是使权威的权力来源得到人们的认可,而对权力如何行使,人们则不感兴趣。熟人社会的人际信任是道德良心的训诫,而不是规范性的制度约束。社会困境①中的信任受到诸多因素的影响,基于互惠理论和亲缘理论,个人打算信任他人时,对他人的身份感知是影响信任与否的重要线索。人类史上的大部分时间里都以亲缘为纽带构成社会,不同的社会组织带来不同的信任形式。人际信任通过在集体维护的意识形态上实现信息共享的功能,从而维护社会秩序、规范社会行为。这种人际信任

---

① 社会困境也称为"社会两难",描述的是一种个人利益和群体利益存在冲突的情景(陈欣:《社会困境中的合作:信任的力量》,科学出版社 2019 年版,第 3 页)。

满足了边界清晰的熟人社会中的交往需求[1]，是一种典型的"亲而信"[2]。差序格局是对中国伦理社会的概括。费孝通认为，中国社会是乡土社会，是熟人社会，"我们的格局不是一捆捆扎得清清楚楚的柴，而是好像一块石头丢在水面上所发生的一圈圈推出去的波纹……以己为中心，一圈圈推出去，愈推愈远，也愈推愈薄"[3]。与"关系伦理"相一致，在差序格局中，社会关系是逐渐从一个一个人推出去的，是私人联系的增加，社会范围是一根根私人联系所构成的网络。这是一个由近及远、由亲及疏、由熟悉到陌生的网络，因而在日常生活和社会交往中，人们总是依照由亲及疏、由近及远的行动逻辑一圈圈向外扩散，扩散越广，熟悉程度越低，信任度也就越低。随着社会的发展和分化程度的加快，依靠文化习俗、道德标准及人情机制维系的"熟人"关系运作在一定程度上出现了失范状态。最为典型的"杀熟"现象的一个直接结果，就是将最核心的人与人之间的人际信任关系破坏殆尽。熟人社会中涉及利益关系时，人们逐渐倾向于模仿与陌生人的交往模式。无论社会生产还是社会生活，人们往往要置身于不同的场景，面

---

[1] 郝国强：《从人格信任到算法信任：区块链技术与社会信用体系建设研究》，《南宁师范大学学报（哲学社会科学版）》2020年第1期，第11页。

[2] 朱虹：《"亲而信"到"利相关"：人际信任的转向———一项关于人际信任状况的实证研究》，《学海》2011年第4期，第115页。

[3] 费孝通：《乡土中国》，人民出版社2008年版，第28-30页。

对各异的人群,不能固守一隅,更不能"鸡犬之声相闻,老死不相往来"。虽然社会关系网络仍然是人们社会生活的主要范围和依托,但边界无疑已经变得模糊并大大地扩展了。因而,熟人关系和人际信任在快节奏的社会生产生活中变得相对淡化,与现代社会相比,它充其量只能存在于乡土中国中,进入市民化的公共生活,需要建立起新的信任模式。

生人社会的制度信任。现代社会分工的细化、快速交通的发展以及职业代际的变迁,由生产和交换而结成的生人关系,正逐渐挤压甚至取代血缘、地缘构成的熟人关系,成为当今及未来社会关系的基本内容。随着生人社会的成型,制度信任逐渐成为这种社会关系得到稳定的基础。全球化和市场化不仅改变了人们的生活方式和交往方式,同时也促使主体意识不断觉醒。"全球化使在场和缺场纠缠在一起,让远距离的社会事件和社会关系与地方性场景交织在一起"[①],社会结构和社会框架上的异质性特点决定了社会秩序、社会规范和共同价值观的逐渐分化与多元。正如英国社会学家吉登斯所言,"脱域机制使社会行动得以从地域化情境中'提取出来',并跨越广阔的'时间—空间'距离去重新组织社会关系"[②],且所有的脱域机制都依

---

① ［英］安东尼·吉登斯:《现代性与自我认同》,赵旭东、方文译,生活·读书·新知三联书店1998年版,第23页。

② ［英］安东尼·吉登斯:《现代性的后果》,田禾译,译林出版社2011年版,第18页。

赖于信任。生人与熟人的区别已不再取决于交往频率和次数,而是由社会整体的开放程度决定。"在理性化的市场经济中,礼俗与关系虽然仍在约束着人们的思想和行为,但在更广泛的社会范围内,还需要更多的制度发挥作用。"①制度信任是对社会领域内公认有效的制度的信任,它通过信任制度(包括规章、制度、法规、条例等形式)来达到对经济系统的信任、对知识专家系统的信任和对合法政治权力的信任,因而更具普遍性,超越个人、群体的范围,产生广泛的约束效力②。契约信任作为制度信任的核心,是生人社会的保障机制,也是构建社会秩序的手段。正如德国社会学家、哲学家齐美尔所言,"没有信任,无从构建社会,甚至无从构建最基本的人际关系"。熟人之间的信任有自然基础,基于道德和情感发生直接信任关系;但在陌生人之间则缺乏这些自然基础,相互之间要达至信任,需要架起一座桥梁,依赖一种中介,形成间接信任关系,这种中介就是契约。契约信任认事不认人,按规章制度办事,排斥人情纠葛和人情垄断,摒弃"拉关系""走后门"等烦琐环节。这种简化信任建立的过程,跨度地缔结社会信任关系,有利于人们形成信任的心理,产生信任行为,从而

---

① 王建民:《转型时期中国社会的关系维持——从"熟人信任"到"制度信任"》,《甘肃社会科学》2005年第6期,第167页。
② 陈欣:《社会困境中的合作:信任的力量》,科学出版社2019年版,第151页。

有效维护现代社会秩序。"随着信用网络变得越来越复杂、更多的义务遭到破坏,达成契约之前能够对其他人的诚实问题做出判断就显得很重要。"①因此,生人社会也会不可避免地出现失信与失范问题。"在转型之际,新的共同价值规范尚未形成,传统道德随着熟人社会的瓦解而逐渐丧失效力,物欲横流,搭便车、机会主义行为泛滥,信任问题凸显,进而使社会秩序失范。"②

数字社会的信任危机。身份缺位是数字世界普遍缺乏信任的原因③。迈向数字社会,社会关系正不断从"熟人圈子"到"陌生分化"发展,社会信任模式也从简单人际信任走向数字技术信任。在"地球村"成为"数字化大都市"背景下,网络虚拟空间越来越多地表现出多元化和孪生化。"互联网的诞生催生了全新的网络文化形态,非中心主义、多元化、无终极目标的网络文化为道德相对主义提供了最好的土壤和借口。道德相对主义在很大程度上消解了网络文化中的道德权威,保障了网民确立自己道德追求的自由,利于防止各种道德强制、道德霸权及道德奴役等

---

① [美]查尔斯·蒂利:《身份、边界与社会联系》,谢岳译,上海人民出版社2021年版,第110页。

② 丁香桃:《变化社会中的信任与秩序——以马克思人学理论为视角》,浙江大学出版社2013年版,第1页。

③ 布鲁斯·施奈尔认为,信任源于社会压力。然而数字世界里的身份和社会是脱节的,因此也就无法将现实中的压力平移到网络上,以至于数字世界里的信任还处于重塑和再造的莽荒阶段。

现象,但也带来无善恶、无他人、无德性的道德世界。"①因此,在以网络为载体的数字空间中,自我伦理是维系数字秩序的关键。一方面,协调主体自我与客体自我之间的差异,可以消除网络知识权力结构的宰制性和加强自我的自主选择能力。另一方面,整合虚拟身份与真实身份之间多元自我的部分,可以消除自我对消极性虚拟生活的过度依赖。"网络虚拟信任的本质依然属于人性发展、思想解放的范畴。在传统经济方式转化为现代经济方式的过程中,不断诱发并催生着信任危机,使人们原有的信任感突发断裂,现实生活中的信任危机不断加剧。"②与此同时,网络普遍约束机制不健全、利益不断侵蚀道德等种种原因,致使一系列失范行为或事件频频发生。"当人们在日常生活中感觉到普遍的信任危机时,这种信任危机尽管是发生在个体、个别层面,但实质上却是社会更高层次某种制度规则机制不合理性的彰显与凸现。"③

三、可信身份链

信任在社会整合与社会合作中起着独特而积极的作

---

① 桂旺生、曾竞:《网络文化背景下道德相对主义的幽灵》,《社科纵横》2015年第3期,第146页。

② 刘焕智、董兴佩:《论网络虚拟信任危机的改善》,《云南民族大学学报(哲学社会科学版)》2017年第2期,第102页。

③ 高兆明:《信任危机的现代性解释》,《学术研究》2002年第4期,第14页。

用。从传统交易合同到区块链智能合约,社会信任现象充斥在现实世界和虚拟世界中,其目的都是在信息不对称的情况下防范化解风险、凝聚社会共识。在人与人、人与物的物理距离"被动"扩大的现实下,数字身份链为重新定义信任关系带来了新的可能性,数字化信任重新将距离拉近。基于零信任的理念,以身份为中心进行认证和授权,是解决数字化信任面临的网络安全和数据安全风险的主流安全架构。

数字化信任。历史经验告诉我们,仅仅靠梦想和制度设计,是难以解决人群之间的信任问题的,信任的建立需要有可靠的信任保障技术作为基础。区块链等数字技术恰恰在这一点上解决了人类社会的信任机制问题。数字信任呈现了一种契合数字化时代需求的高效信任图景,是人际信任与制度信任发展的一种高级形态。当人类文明进入以数字技术和数字经济为基础的数字文明时,影响信任关系的行为主体、信息沟通机制、社会依存关系和社会主要风险这四种约束条件都发生了颠覆性变化,传统社会的信任关系必然演变为具有新特点、新内涵的数字信任关系[1](见表3-1)。"信任转移理论"认为,信任转移是一种认知过程,它可以在不同种类的来源中实现转移。例如,从

---

[1] 崔久强、郑宁、石英村:《数字经济时代新型数字信任体系构建》,《信息安全与通信保密》2020年第10期,第12页。

一个地方或一个行业协会转移到个人，也可以从已知的目标个体转移到未知的目标[1]。通道内信任转移和通道间信任转移是信任转移的两种类型。通道内信任转移是指在同一情境中的信任转移，通道间信任转移则是指从一个环境到另一个环境的信任转移。前者主要是从脱机到脱机或从在线到在线，后者主要是从脱机到在线或从在线到移动通道[2]。"数字信任是数字技术对人际信任、系统信任的重构，是人际信任、系统信任在信任通道内和通道间'信任转移'的结果。"[3]

表3-1　人类文明形态发展下的信任关系演变

	农业文明	工业文明	数字文明
主要信任模式	人际信任	制度信任	数字信任
行为主体类型	社会个体	企业、社会组织	所有链接或映射到数字空间的组织、人和物
信息沟通机制	通过熟人关系网络和书信进行信息传递	通过印刷术、电报、电话进行信息传递	通过互联网、移动设备进行信息传递

---

[1] Stewart K J. "Trust transfer on the World Wide Web". *Organization Science*, 2003, Vol.14, pp.5-17.

[2] Lin J B, Lu Y B, Wang B, et al. "The role of inter-channel trust transfer in establishing mobile commerce trust". *Electronic Commerce Research and Applications*, 2011, Vol.10, pp. 615-625.

[3] 吴新慧：《数字信任与数字社会信任重构》，《学习与实践》2020年第10期，第87页。

	农业文明	工业文明	数字文明
社会依存关系	以自给自足的农业生产为主,商业化水平、社会分工和依存关系整体较低	以社会化工业生产为主,依靠高商业化水平下发达市场经济形成社会化分工,社会依存关系较高	依靠互联网平台企业和跨国互联网公司形成基于数字经济的精细化社会分工,社会依存关系极高
社会主要风险	自然灾害、社会动乱为主	工程灾害、环境污染为主	网络安全、数据安全为主

资料来源:崔久强、郑宁、石英村:《数字经济时代新型数字信任体系构建》,《信息安全与通信保密》2020年第10期,第12页。

数字身份链。"数字身份通常指对网络实体的数字化刻画,形成的数字信息(标识与其所绑定的属性信息)可作为用户在网络上证明其身份(属性)声明真实性的凭证。"[①]从本质上而言,"数字身份是以数字形式存储和传输的信息组合构成的,是在虚拟网络空间生存、互动与社交关系的身份"[②]。"数字空间中的身份认证与治理的核心是识别与信任,这需要基于数字身份而建立,识别效率的提高和信任成本的降低是加速社会进步的重要推动力。"[③]不管是互联网时代还是区块链时代,其共同特点都是数字化,数

① 崔久强、吕尧、王虎:《基于区块链的数字身份发展现状》,《网络空间安全》2020年第6期,第26页。
② 龙晟:《数字身份民法定位的理论与实践:以中国—东盟国家为中心》,《广西大学学报(哲学社会科学版)》2019年第6期,第110页。
③ 龙荣远:《每日科技名词 | 数字身份》,学习强国官网,2021年,https://www.xuexi.cn/lgpage/detail/index.html?id=8471966451907701152&item_id=8471966451907701152。

字化转型正在广泛地重构人们的工作和生活。为了保证
数字化活动和数字化交易是真实有效的,首先要使用户拥
有数字身份,并保证其数字身份的真实性和有效性。[①]在
当前中心统筹式的身份管理模式下,存在身份数据分散和
重复认证、中心化认证效率和容错性低、身份数据隐私与
安全难控制、传统身份证明无法覆盖所有人等问题。"身份
认证是指在网络设施和信息系统中确认操作者真实身份
的过程,从而确定该用户是否具有对某种资源的访问和使
用权限。身份认证技术则是确认操作者真实身份过程中
使用的方法或手段。"[②]但是,用户通过身份认证并不等同
于用户身份可信。可信的身份认证应当具备两个条件,一
是将网络行为主体身份凭证与其对应的现实主体法定身
份信息进行绑定,实现网络行为主体现实身份真实性的认
证和追溯;二是借助大数据行为分析、生物特征识别等技
术,确保网络行为主体就是拥有法定身份信息的现实个
体。"数字身份链是将eID与区块链相结合的创新应用,数
字身份链运用eID技术保证了数据的安全性和隐私性,利
用区块链技术保证了数据的唯一性。身份链不仅是简单

---

① 国际市场研究机构MarketsandMarkets的最新研究报告数据显示,2019年全球数字身份解决方案市场规模达到137亿美元,到2024年,该市场预计将增长至305亿美元,预期内的年复合增长率达17.3%。

② 宋宪荣、张猛:《网络可信身份认证技术问题研究》,《网络空间安全》2018年第3期,第70页。

把身份做重新归置,更多的是多元身份认证。为公民在不同应用场景匹配安全性最高的匿名ID;为不同的应用系统提供防篡改、防抵赖、抗攻击、抗勾结、高容错、安全高效、形式多样、保护隐私的可信身份认证服务,将身份认证服务从单点在线服务向联合在线服务推进。"①数字身份链是基于区块链技术实现数字身份认证的唯一标识,是可信任的分布式身份信息管理与流通系统。从国家治理角度看,全面感知网络行为主体的行为状态,通过数字身份链对其进行身份认证和行为追溯,有利于推进网络空间治理体系和治理能力现代化,构建现代化国家治理体系。从经济社会发展角度看,数字身份链在经济社会各领域的创新应用,加快了数字政务、数字商务等数字化服务普及,识别数字化服务对象的身份,建立可信数字身份,是人们享受各项数字服务的前提和基础,也是数字经济发展的必然要求。②

零信任模型。"零信任安全理念打破了网络位置和信任间的默认关系,能够最大限度保证资源被可信访问。"③

---

① 王俊生等:《数字身份链系统的应用研究》,载中国电机工程学会电力通信专业委员会主编:《电力通信技术研究及应用》,人民邮电出版社2019年版,第404-405页。

② 旷野、闫晓丽:《美国网络空间可信身份战略的真实意图》,《信息安全与技术》2012年第11期,第3-6页。

③ 中国信息通信研究院云计算与大数据研究所、腾讯云计算(北京)有限公司:《数字化时代零信任安全蓝皮报告(2021年)》,中国信息通信研究院官网,2021年,http://www.caict.ac.cn/kxyj/qwfb/ztbg/202105/P020210521756837772388.pdf。

零信任安全模型不再以网络为中心,而是以身份为中心进行动态访问控制。"网络信任体系作为网络信息安全的重要因素,是保障网络空间实体活动的核心基石;零信任架构作为一种新兴安全模式,以信任评估为基础,强调动态信任,为网络信任体系的建设应用提供了新的思路。"[①]在零信任的架构中,有几个基本假设。第一,网络每时每刻都处于危险之中,在认证前,任何接入或访问的流量都不可信。第二,从底层架构到应用实践的整个网络系统,都受到来自外部和内部的各种威胁。第三,网络的位置不确定、范围跨度大、使用频率高,难以形成可信的网络环境。第四,认证和授权的对象应当覆盖所有设备、用户和网络流量。"区别于传统边界安全架构,零信任架构提出了一种新的安全架构模式,对传统边界安全架构思路重新进行了评估与审视,默认情况下不信任网络空间中的任何人员、设备、软件和数据等访问实体,需要基于持续性的实体信任评估对认证和授权的信任基础进行动态重构。"[②]零信任模型旨在引导网络体系架构从以网络架构为中心向以身份认证为中心转变。基于动态可信访问控制的网络信任体系能够面向身份认证、授权管理、信任评估等多个层面,

---

① 余双波等:《零信任架构在网络信任体系中的应用》,《通信技术》2020年第10期,第2533页。

② 余双波等:《零信任架构在网络信任体系中的应用》,《通信技术》2020年第10期,第2534页。

实现信任服务能力增强和提升。"零信任架构模型核心组件由数据平面、控制平面和身份保障基础设施组成,其中控制平面是零信任架构的支撑部分,数据平面是交互部分,身份保障基础设施是保障部分,控制平面实现对数据平面的指挥和配置。"①策略引擎作为控制平面的核心要素,是整个零信任架构的大脑。实践中,根据零信任架构成熟度的不同,策略引擎输入因子的细粒度、策略引擎分析的能力、输出策略的精准度和时效性、策略下发的方式方法、策略执行的力度、反馈机制等均会有较大的差异。最终通过大数据、人工智能等技术手段,认证和授权能够实现细粒度的自适应控制,这也是零信任架构的理想化目标②。

第二节　数字公民

《世界人权宣言》第六条指出:"人人在任何地方都有权被承认在法律面前的人格。"身份是一项基本人权。不幸的是,根据世界银行的统计,全球大约有 15 亿人未获得官方认可的身份信息,其中大部分人生活在非洲或

---

① 魏小强:《基于零信任的远程办公系统:安全模型研究与实现》,《信息安全研究》2020年第 4 期,第 293-294 页。
② 王胤:《一文讲透零信任模型》,网安前哨,2020 年,https://mp.weixin.qq.com/s/KhEfalmkI7vgtD_xjY7EHA。

亚洲。这些人没有政府颁发并获得官方认可的身份文件,进而无法获得基本服务,属于弱势群体。进入数字社会,到了需要做出改变的时候。随着科技革命推动数字社会的到来,互联网、移动互联网解决了"事"的数字化,物联网解决了"物"的数字化,区块链则将解决"人"的数字化。"数字公民"上承国家战略、下启社会治理,在社会治理主体、职能、范围、方法都亟待改革的当下,"数字公民"将成为社会治理的一把"金钥匙"。数字身份是进入数字孪生世界的入口,身份通行与数据通行是数字公民计划实现的基本前提。基于这两项能力,"人"的数字化才能实现,完成人由物理世界到数字世界的映射与对接。

一、数据人假设

人的自由而全面的发展阶段是马克思根据当时资本主义社会的基本矛盾和解决矛盾的途径分析推断出来的,是对物的依赖性发展阶段的划时代超越,是人类社会发展的终极价值,需要漫长的发展过程。数化万物加速了这一进程。"数据化不只是一种技术体系,不只是万物的比特化,而是人类生产与生活方式的重组,是一种更新中的社会体系,更重要的是,更新甚或重构人类的社会生活。"①数据改变了人类的生产生活方式、社会运行机制和国家治理模式,数据连接万物,数据变革万物,一场以人为原点的数据社会学范式革命正在悄然进行,这场革命将改变人的存在方式、思维模式和权利形式。在这一背景下,以数据为牵引提出的数据人假设,是数字社会建设与运行的基础性假设。

数据人的时代背景。1966年,美国众议院议员科尼日利厄斯·加拉格尔在"联邦数据中心"听证会上发出了这样的警告,"电脑化的人","在我看来,就是指被剥夺了独立性和隐私的人。仰仗着科技进步所带来的标准化,这种人的社会地位将依靠电脑来衡量,并且会失去他的个人特质。他的生活、他的天赋甚至他赚钱的本事都会被降格为一块磁盘,一块单调乏味、失去那原本充满了丰富多彩的可能性的磁盘"。②"电脑化的人"既是一个警示,又是一个预言。十年不到,加拉格尔的预言就几乎变成了现实。1973年,美国卫生、教育及福利部③发布了《记录、电脑与公

---

① 邱泽奇:《迈向数据化社会》,载信息社会50人论坛编著:《未来已来:"互联网+"的重构与创新》,上海远东出版社2016年版,第184页。

② Regan P M. *Legislating Privacy: Technology, Social Values, and Public Policy.* Chapel Hill: University of North Carolina Press.1995, p. 72.

③ 美国卫生和公众服务部的前身。

民权利》的报告,其中不无许多忧伤的描述。[①]2004年,美国著名隐私权专家丹尼尔·沙勒夫教授出版了一部专著,书名就叫《数字人:信息时代的技术与隐私》。沙勒夫教授在开篇中直截了当地描述了身处于信息时代的人们所面临的危机:"我们正身处于一场信息革命之中,但我们对其复杂性的了解才刚刚开始。过去几十年见证了我们购物、存钱、取钱以及日常生活所发生的巨大变化,但随之而来的是不断扩张的个人记录与信息。那些以往仅仅留存于模糊记忆或断纸余墨之中的小细节,如今却在数字化的电脑记忆中、在包含着大量个人信息的巨型数据库中得以永久保存。我们的钱包塞满了各种卡,银行卡、电话卡、购物卡和信用卡——所有这些都可被用来记录我们去了哪儿、做了些什么。每一天,这些信息就如同涓涓细流,汇聚到那些电子大脑当中。然后,这些电子大脑再通过千百种方式对这些信息进行传输、分类、重新编排、合并重组。数字技术使得保存我们日常生活的琐碎细节成为可能,我们的来来往往、我们的喜怒好恶、我们是谁、我们拥有些什么,

---

① 曾几何时,我们总是面对面地将我们的个人信息托付给我们信任的人或机构,这种托付可以说包含了某种对称与对等。而现如今,个人不得不越来越多地把自己的个人信息交给大量不知名的机构,供它们处理和使用。至于究竟是些什么人在使用我们的个人信息,我们无从得知,既看不见也摸不着,而且即使我们知道是谁,也常常得不到任何回应。甚至有时我们根本就不知道某个机构还持有一条关于自己的信息记录。大多数情况下,我们都被蒙在了鼓里,更不用说,还能追问那些信息是否准确,控制那些信息不会被乱传播,阻止别人随意地使用那些信息了。

无所不包。还不止于此，这些技术完全可以绘制出一张电子拼图，涵盖一个人的大部分生活——从无数记录中捕获出来的一个人的生活，从集成电脑网络世界中编制出来的一个数字人。"[①]从2004年到2021年，差不多又过去了十几年，相信沙勒夫教授的这段话让大多数中国人也感同身受。不断成长中的"数字中国"，正以前所未有的面貌展现在世人面前。中国人的几乎每一个生活细节都渗透着"数字"的身影，中国在移动支付、共享单车、网络购物等数字经济领域超过了西方国家，高铁也不断与数字技术相融合，以提升运营性能和服务质量。现在，我们对数字技术给生活带来的改变可以看得更清楚、更全面、更深入。这时，我们也不得不直面50多年来美国人民所担心的"电脑化的人"和"数字人"问题。[②]"在大数据时代，在数据构成的世界，一切社会关系都可以用数据表示，人是相关数据的总和"[③]，数化万物，所有的人和物都将作为一种数据而存在。数据已覆盖和书写了一个人从摇篮到坟墓的全部生活，"自然人"逐渐演化为"数据人"，进而成为数字公民的基本单元。

---

① Solove D J. *The Digital Person：Technology and Privacy in the Information Age*. New York：New York University Press. 2004, p. 1.

② 孙平：《"信息人"时代：网络安全下的个人信息宪法保护》，北京大学出版社2018年版，第5页。

③ 李国杰：《数据共享：国家治理体系现代化的前提》，《中国信息化周报》2014年第32期，第7页。

　　数据人的价值取向。数据人假设的核心是利他主义。耶鲁大学经济学家舒贝克指出:"利己主义和合作已经以公共产品难题、囚徒困境等形式吸引了大量的注意力。"①哈佛大学生物学家马丁·诺瓦克认为:"合作是进化过程中创造力的源泉,从细胞、多细胞生物、蚁丘、村庄到城市莫不如此。"全球治理挑战正在以全新的方式呈现在人类的面前,新挑战要以新的合作方式去应对,而利他主义正是新合作方式的基础。全球各国必须加强团结,以合作的态度面对全球危机。奉行互利共赢的开放战略,在人类利益共同体和人类命运共同体之间找到最佳平衡点,才能实现帕累托最优。人类历史无时无刻不在证明,随着社会的进阶和文明的进步,人类自私自利、野蛮霸道、贪得无厌等思想成分越来越少,而利他的心理、内心的法律、共享的理念等思想成分越来越多,甚至可能成为人类未来生活的主旋律,人类因此走上一条利他性主导的发展道路。数字社会的关系结构决定了其内在机理是去中心、扁平化、无边界,基本精神是开放、共享、合作、互利。这些特征奠定了这个社会"以人为本"的人文底色,也决定了这个时代"利他主义"的核心价值。数据人追求数据价值、创造数据价值和实现数据价值所遵循的基本原则是价值最大化,其所代表

---

① [美]查尔斯·蒂利:《身份、边界与社会联系》,谢岳译,上海人民出版社2021年版,第56页。

的人性在大数据时代的变迁,最终必然会带来共享和利他价值的变迁。数据人的提出意味着人类对人与数据之间的关系有了进一步的觉解,人们意识到,应按照最有利于促进社会整体利益的让渡原则,尽最大努力增进社会的数字福祉。数据人假设肯定了不同利益主体逐利的合理性,又强调合作共享的必要性,顺应了数据力发展和数据关系变革新的要求①。区别于经济人假设突出人的利己性,社会人假设突出人的非经济社会性,数据人假设则是聚焦人的利他性与共享性。利他与利己相互依存,互为依托,个人成就如此,国家富强亦如此。

数据人的权利逻辑。在人权理论上,"并非任何促进人类的善或人类繁盛的东西都可以算作人权对象,唯有人的资格所需要的那些东西才可以成为人权的对象"。进入数字时代,每天产生的海量数据既是生产生活的行为轨迹,也是个人生活的情景再现,包括生命财产、政治参与、劳动就业、社会保障、文化教育等在内的各项人权,都受到了数字化的重构、解构与挑战。因此,数据不仅成为人们数字化生活不可或缺的财富资源,也成为新时代人权日益重要的新型载体和价值表达。从"数据人"到"数字公民",人权形态正在被数字化重塑,而新的人权观也需要建立在

---

① 大数据战略重点实验室:《数权法 2.0:数权的制度建构》,社会科学文献出版社 2020年版,第 30-36 页。

数字化的"数据人"基础上,这就需要确立全新的"数字人权"观。"数字公民"就是数字化的公民或公民的数字化,它是公民在数字世界的映射,是物理世界公民的副本,是公民责、权、利的数字化呈现,是构成公民个体的重要组成部分[①]。数字技术的渗透性、扩散性、颠覆性特征,正在促进数字公民的权利意识发生深刻的变化,主要体现在权利认知的自觉化、权利主张的理性化和普遍化、权利要求的纵深化、社会舆论成为维护数字公民权利的强大力量四个方面[②]。数字科技的进步和数字社会的发展不断地扩展人们对权利范畴的探索,一个新的既有别于物又超越了人的东西开始进入法律关系的视野,这就是"数"。"数据不仅可以成为法律调整的对象,还可被权利化为新的权利形态。数权的提出恰恰脱离了以人格权、财产权等传统学说为逻辑起点的数据权属定位,在整个权利体系中具有独立的地位,包括数据权、共享权和数据主权。"[③]数据权利的保护、数据产权的配置与数据主权的捍卫将成为数字社会的基本权利景象,而数字公民对个人数据权利的主张,表现在个人在法律层面对自身数据人格权益与财产权益不受非

[①] 王晶:《"数字公民"与社会治理创新》,《学习时报》2019年8月30日,第A3版。

[②] 胡训玉:《权力伦理的理念建构》,中国人民公安大学出版社、群众出版社2010年版,第186—189页。

[③] 大数据战略重点实验室:《数权法2.0:数权的制度建构》,社会科学文献出版社2020年版,第60页。

法侵害的诉求。数权不同于物权,不再表现为一种占有权,而是成为一种不具有排他性的共享权,往往表现为"一数多权"。共享权将成为一种超越物权法的具有数字文明标志意义的新的法理规则。数字公民的共享权将利他主义作为根本依据,为数字文明制度体系的建构提供价值导向基础。

二、数字公民计划

数字化已成为推动治理创新发展的"纲"和"魂"。如果说有一个支点就能撬动整个地球,那么,在数字时代,"数字公民"就是那个能撬动公共服务和社会治理困境的支点。2019年9月,由公安部、网信办、工信部、发改委、央行等多部委直属科研机构同中科院、清华、复旦、同济等共同支持成立了专注于公民数字身份产业化的合作组织——公民数字身份推进委员会组织,共同推进数字中国建设。从国内看,贵阳的"身份上链"项目利用区块链等数字技术,在可信数据生态环境下,把诚信体系建设这一道德问题逐步变成数学问题,为提升政府治理能力注入了新动能,为实现公平公正公开提供了技术背书。福州"数字公民"试点是全国首个试点,作为响应"推进国家治理体系和治理能力现代化"要求而进行的一项实践探索,通过赋予公民数字身份,获取个性化、精准化、智慧化服务,提升公共服务效能，推动社会"治理"向"智理"转变。从国际看，爱沙尼亚数字国家计划让爱沙尼亚打破了因地域、资源、资本限制的国际影响力，利用数据作为重要市场要素，推动以"X-Road""数字公民"为载体的数字服务产品的对外输出。

贵阳：身份上链构筑诚信长城。社会诚信体系的建设是一个长期过程，其中关键的基础性问题就是对诚信主体线下实名身份以及线上多重数字身份的验证和映射关联，以及对诚信评价结果使用方的身份及授权进行验证。自2009年起，贵阳通过"诚信清镇"建设，开展诚信农民、诚信村组、诚信乡镇创建活动，在社会诚信体系建设方面积累了很多先进经验和做法，获得"中国社会治理创新范例50佳"，荣膺"中国城市管理进步奖"。2017年，贵阳提出了"身份链"的概念，创新性地将区块链技术应用于社会诚信体系建设，清镇再次作为试点获得了一剂"良方"。基于区块链建立的"身份链"，通过整合大数据、人工智能等技术，可以实现对数字身份的精准识别、构建可信数据生态、实现原数据保护下的多方数据协作、实现数据价值的确权与权益分配。"身份链"App通过集成CA认证，可赋予所有诚信参与主体数字身份。该项目搭建了全范围覆盖、全过程记录、全数据监督的信用体系"数据铁笼"，能实现诚信数据价值链权益可信分配、可追溯、可审计。围绕"身份链"，贵阳建设了"链上清镇·智惠城乡"诚信共享平台,实现了诚信数据资源的开放共享。未来,贵阳将基于"身份链",打通身份系统和权益系统之间的隔阂,开发"诚信你我"数字化便民产品。具体而言,"诚信你我"是一个账户管理App,其功能和优势主要体现在以下四个方面:一是通过客户需求、选择和授权,展示客户的信用足迹和诚信信息,及时更新客户信用等级;二是利用"诚信你我"App为客户提供移动式服务,例如审批客户申请、回复客户疑问、解决客户诉求等等;三是根据客户信用等级为客户之间的交易建立信任关系,并为交易过程提供存证服务;四是基于区块链的可信机制构建数字钱包,确保数字权益的全生命周期都在安全可控的条件下进行。运用区块链构建"身份链"并以诚信农民应用场景为突破,从社会底层、道德秩序、社会规范等方面构建政府治理基础设施,能够让诚信的农民拥有诚信的身份,为社会提供正向激励的通道,让农民在新的文明秩序下找到合理归宿、发挥应有价值。

福州:数字公民助推公共服务和社会治理现代化。2014年,习近平总书记走访福州市鼓楼区军门社区时提出"三个如何"的殷切希望:如何让群众生活和办事更方便一些? 如何让群众表达诉求的渠道更畅通一些? 如何让群众感觉更平安、更幸福一些？①福州以鼓楼区为试点,深入贯彻"以人民为中心"的发展思想,运用人工智能、区块链、物联网、大数据等数字技术创新公共服务和社会治理,为群众提供主动化、精细化、人性化的服务。"数字公民"创新试点是面对"三个如何"殷切期望交出的一份正式答卷。数字公民基于安全二维码的可信数字身份应用能力,以居民身份证号为根,以安全二维码为交互介质,打造出一套以百姓为中心、安全可信、可管可控的"为人赋码"能力体系,构建网络与实人之间的可信连接纽带。②鼓楼区在"还数于民"理念的支持下,开启数字身份公共服务平台与个人数据抓取能力平台两大基础能力平台建设及政务便利应用、商务权证保管、健康全息数字人、综合信用服务、数据创建应用、参与社会治理应用、个人数据云服务七项基本应用建设。试点启动后,数字公民身份公共服务平台率先建设与运营,首批向鼓楼区所有居民发放数字公民ID。数字身份公共服务平台依托公安部的实名实人认证技术,

---

① 中共中央文献研究室:《习近平关于全面建成小康社会论述摘编》,中央文献出版社2016年版,第146页。

② 二维码安全体系是数字公民全球首创安全二维码技术,从底层解决二维码防篡改、防抵赖、防复制难题,构建手机安全屋,配置专属识读终端,同时在业务交互过程中设置多重安全等级,保证从赋码、出码到验码用户使用过程中的全流程安全,实现了云码端全体系安全。钥匙与服务分离是以百姓为中心,为百姓畅行线上线下打造一把属于他的安全钥匙。数字身份应用生态服务是支持全社会快速部署用码环境。以三项首创技术为支撑,福州数字公民致力于成为公民通行线上线下的便捷工具,公民管理数据资产的安全钥匙,公民实人进入数字世界的桥梁。

绑定个人在物理世界的身份信息和生物特征,生成CA证书存入用户手机,再由用户设置授权密码,建立起一套人证合一、证机合一、机人合一的完整身份认证体系。当线下的真实个人和线上的数字身份建立了一一对应关系,便可在不同场景轻松地证明"我是我"。数字公民让每个公民的数字身份立起来,让每个公民的数据跑起来,让数据资产管起来,通过链接数字公民的身份认证服务平台与个人数据抓取平台,个人数据将放入人工智能计算模型中,在政务办事、社会共治、健康管理、信用评估、数据交易方面等获取个性化精准服务,在放心的"无证照"通行生活中逐渐具备拥抱人工智能的途径和能力。在公共服务领域,数字公民聚焦基本民生需求,在不改变现有政府条块化、层级化治理体系基础上,运用信息化推动公共服务体系软重构,让百姓在家里、"掌心"就能办成事、办好事。在社会治理领域,数字公民可以帮助每个公民以最便捷的方式有序参与到共建共治共享的社会治理体系中,形成全民能参与、愿参与局面,推动形成社会善治新格局。这个创新的善治模式不是单一的、自上而下的,而是多元的、相互的。社会治理也将由传统行政化、科层化的单向治理逻辑,变为双向协同关系,从而将传统粗放式、经验式的社会管理升级为精细化、个性化、智慧化的社会治理新模式。①

---

① 王晶:《"数字公民"向我们走来》,《中国政协》2017年第13期,第16页。

爱沙尼亚:从袖珍小国到网络强国。自脱离苏联重新成为独立国家至今,经过30多年的不断努力,爱沙尼亚已经在公共服务、政府治理以及数字经济等领域为世界各国数字化发展树立了典范。爱沙尼亚数字国家计划的三张"王牌"相关技术和理念是其可以被忽略的国土面积,不可忽视的数字空间影响力的重要支撑。一是X-Road,信息技术基础设施的王牌技术。早在2000年,爱沙尼亚政府就着手开展信息系统现代化工作,"十字路口"工程(X-Road Project)就是其中之一,数字化服务优势开始释放出来。"它将所有分散储存和管理在不同数据库中的信息连接起来,在得到数据所有人同意后,所有数据库都可实现共享。X-Road是国家公共部门以及私营部门各种电子服务数据库之间最重要的连接,它保障这些数据库之间互联互通和协调运作。所有使用多个数据库的爱沙尼亚信息系统都搭载在X-Road上,所有传出数据都经过数字签名和加密,所有传入的数据都进行身份验证和记录。"①二是数字身份证,数字政务和数字化服务的王牌技术。2002年,爱沙尼亚政府逐渐向居民发放带有芯片的eID卡,授权居民通过数字签名直接识别并验证合法交易和文件。eID系统是网络环境中验证个人身份的国家标准化系统,它打开了所有安全的数字服务大门,同时保持最高的安全性和信任。与eID一起发放的还

---

① 唐涛:《爱沙尼亚数字社会发展之路》,《上海信息化》2018年第7期,第79-80页。

有两个PIN码,一个用于系统登录身份验证,一个用于交易过程授权。例如,某项服务对eID持有者存疑,可以申请身份鉴定,相关机构可以通过比对中央数据库验证身份的真假。eID是爱沙尼亚政府信息系统现代化和服务数字化的关键,是实现政务、交易、报税、投票等服务"无纸化"的必要条件。三是电子居住证,这是吸引1000万数字公民的王牌技术。2014年9月,爱沙尼亚正式启动网络居留证专项计划(e-Residency Program)。2015年4月,爱沙尼亚再出新政,开启了电子居住证(e-Residency)计划,成为全球第一个向世界提供跨国数字身份认证的国家。获得电子居住证并不等同于获得爱沙尼亚或欧盟的公民身份,电子居住证不能作为工作签证,也不能作为旅游签证,但可以为电子居民带来线上创建总部位于欧盟的公司、不受地域限制线上经营公司、远程发展业务、加入全球社区等便利。爱沙尼亚政府以此希望将优质便捷的网络工商政务服务带给全世界,让互联网创业者更加便捷、高效,并希望到2025年能为其带来1000万数字公民。三张"王牌"技术和理念的本质都是对"连接即服务"的践行,给各国数字政府、城市治理与服务发展带来了重要启示。

三、数字公民素养

数字素养和技能是数字经济发展和数字社会进步的

基础。数字社会需要数字公民,数字公民需要数字素养①。数字公民素养不仅仅包括对数字科技、数字产业、数字经济的认知、理解和应用,更包括数字生活以及数字化思想文化体系的濡养、熏染和重建,是人类文明"操作系统"的重装与升级。"从现实社会来看,对于公民的要求主要包括权利和义务两个方面,而这一概念也可以适用于网络社会之中。从权利角度来看,数字公民具有使用网络信息的权利,包括信息的交流、传递等,同时,也具有规范自身行为和遵守法律的义务。从思想层面来看,数字公民对信息技术应该具备足够的敏感性,换言之就是具备利用信息技术来解决实际问题的意识。而意识还包括安全责任意识和健康意识等多个方面。从知识层面来看,数字公民本身是具备文化素养的,具备在数字社会中学习和生活的能力。除了信息技术本身的知识以外,还包括对于制度和法律的了解,即什么行为是被允许的,什么行为是不符合规范的。从实践层面上看,数字公民具备利用信息技术的能力,无论是用于学习、生活还是娱乐,都能具备在数字化领域的'生存'能力,这也和现实社会相似,人们在现实社会生存

---

① 1994年,约拉姆·埃谢特-阿尔卡莱把"理解及使用通过电脑显示的各种数字资源及信息的能力"概括为"数字素养"。1997年,保罗·吉尔斯特在其著作《数字素养》中首次正式提出"数字素养"这一概念。他认为,数字素养主要包括获取、理解与整合数字信息的能力。2017年8月,国际图书馆联盟发布了全球第一份关于数字素养的国际性系统宣言《国际图联数字素养宣言》。该宣言指出,具备数字素养意味着可以在高效、合理的情况下最大限度地利用数字技术,以满足个人、社会和专业领域的信息需求。

需要具备求生技能。"①

数字意识力。数字意识"主要指数字公民对技术的态度问题,表现为数字公民对信息技术的敏感性,以及运用信息技术服务于日常生活、学习、工作的意识,包括数字化参与意识、数字健康意识、数字安全意识、数字公民责任意识等要素"②(见表3-2)。数字意识是数字智商的首要环节,是人类数字化生存与发展的必要条件。数字智商(digital intelligence quotient,简称DQ)一词最早出自DQ Institute的报告③,指的是个人数字能力的商数,是衡量个人数字能力的标准。它包括三个核心组成部分:数字公民素养、数字创造力和数字竞争力④。"DQ没有以信息素养、数字素养等作为核心,是因为它们无法完整体现人们数字化生存与发展中必不可少的要素:对技术的正确与合法使用,公民的公共事务参与,与数字公平、数字道德相关联的数字社会责任与担当等。数字公民素养是DQ的核心和首要环节:只有具备了数字公民素养,才能进阶到数字创造

① 龙萍:《数字原住民向数字公民转化的探讨》,《文化创新比较研究》2018年第13期,第159页。

② 张立新、张小艳:《论数字原住民向数字公民转化》,《中国电化教育》2015年第10期,第13页。

③ Tedeneke A. "Singapore and Australia first to launch DQ Institute cyber-risk reporting system for children". 2017. https://www.weforum.org/press/2017/09/singapore-and-australia-firstto-launch-dq-institute-cyber-risk-reporting-system-forchildren/.

④ DQ Institute. "DQ global standards report". 2019. https://www.dqinstitute.org/wp-content/uploads/2019/03/DQGlobalStandardsReport2019.pdf.

力,进而拥有强大的数字竞争力。"[①]数字意识是一种全球意识。近年来,我国倡导的"人类命运共同体意识"就是"全球意识"的创新性表达。现实世界的全球意识和数字化世界的全球意识可以统称为全球意识。随着世界的日新月异,我们必须为下一代制定一套数字化世界公民意识的基本原则,促进他们养成道德观念和责任感,并能推己及人,形成合作意识、集体意识、共同体意识、国家和民族团结的意识,进而形成全球意识。

表3-2 数字意识的主要内容

数字意识	内容要点
数字化参与意识	·通过使用公共或私人数字服务积极和负责任地在线参与当地、本国或全球的公共事务活动 ·通过适当的数字技术寻求自我赋权和参与式公民身份的机会
数字健康意识	·能严格控制数字设备的使用时间,作息时间规律 ·有节制地使用网络(包括网络游戏),了解健康在线和不健康在线之间的差异,能平衡在线和离线生活 ·在使用数字技术时,能识别并避免威胁自己和他人健康的各种风险

---

① 郑云翔等:《数字公民素养的理论基础与培养体系》,《中国电化教育》2020年第5期,第74页。

数字意识	内容要点
数字安全意识	·了解在数字社会中如何安全使用和分享个人身份信息,保护自己和他人免受损害 ·具有识别、缓解和管理与个人在线行为相关的网络风险与威胁(例如网络欺凌、骚扰和跟踪)的能力 ·能够使用合适的安全策略和保护工具对个人数据和设备进行检测,以发现潜在的威胁(例如黑客攻击、恶意软件) ·具有在线管理隐私、声誉和安全的基本技能,如在分享作品、获取资源、保护自己免受恶意软件侵害的时候有能力做出负责任的决定 ·在数字接入(如网络接入)时充分考虑可靠性和隐私,了解相关安全和防卫措施 ·保护环境,尽量降低数字技术的使用对环境的破坏和影响
数字公民责任意识	·了解和遵守数字社会的技术伦理,包括知识版权、著作权保护和数字礼仪等 ·理解作为数字公民的权利和责任,在数字空间中努力践行积极的道德规范和行为准则 ·了解个人行为与为群体服务之间的区别,了解群体赋予个人的权利和义务,规范自身在数字社会的行为,不欺负他人,让绝大多数人享受数字技术带来的便利和快乐 ·了解使用不同的技术需要遵守不同的技术规则 ·理解和遵守关于技术使用的法律和政策,尤其是以法律条例形式存在的规则

资料来源:郑云翔等:《数字公民素养的理论基础与培养体系》,《中国电化教育》2020年第5期,第69-79页。

数字胜任力。2017年,欧盟发布的《公民数字胜任力框架2.1》将数字胜任力划分为五个胜任力域:信息和数据素养域、交流与协作域、数字内容创作域、安全意识域、问题解决域。综合来看，"数字素养正在成为一种普遍的能力，甚至是获得其他技能的先决条件，其具体体现为公民使用信息技术的综合能力与胜任力"①。数字胜任力是面向数字技术的尖端要求，更是基础性要求。集中体现为数字时代下公民利用各种数字技术进行学习、工作和生活所需具备的关于安全、合法、符合道德规范地使用技术的价值观念、必备品格、关键能力和行为习惯。数字化服务早已成为大多数人习以为常的生活方式。"十四五"规划建议强调，"提升全民数字技能"。我们在不断使用和依赖数字技术的同时，数字技术也对数字化时代的数字公民应当具备的数字素养提出了要求。美国联邦政府公布的国家教育技术计划和全国教育技术标准指出，模范数字公民应当具备"能够践行安全地、合法地、符合道德规范地使用数字化信息和工具"的能力。美国数字公民教育研究学者迈克·瑞布在其著作《学校中的数字公民教育》中指出，"数字公民应能够在应用技术的过程中遵循相应的规范，并表现出适当且负责任的行为"，"现实社会中对公民的要求主要体现在权利和义务两个层面上，而数字公民基本要求主要指公民在数字社会中运用技术进行实践和活动所必须具

---

① 孙旭欣、罗跃、李胜涛：《全球化时代的数字素养：内涵与测评》，《世界教育信息》2020年第8期，第13页。

备的一些素养和规范"。①《美国国家教育技术标准·学生(第二版)》对数字公民的职责和权利做出了明确规定,要求能理解与技术相关的人性、文化和社会问题,还要能做出符合法律和道德规范的行为。基于此,数字公民的基本要求可以概括为四个方面:数字意识、数字知识、数字能力和数字文化。这四个方面既是对数字公民基本生活的、复合的、跨学科的重要技能的综合反映,也是维护网络空间和谐生态,营造万象共生、相互包容的数字世界的数字化生存之道。

数字领导力。"数字领导力是在数字科技时代,个人或组织带领他人、团队或整个组织充分发挥数字思维,运用数字洞察力、数字决策力、数字执行力、数字引导力确保其目标得以实现而应该具备的一种能力,是在数字科技支撑下有效实施国际治理、国家治理、社会治理和公司治理的一种能力。"②后疫情时代,数字技术与治理模式要相互兼容、相互匹配、相互促进,具备数字领导力的数字公民和数字政府将成为数字社会的重要标志。由于数字化的颠覆力,数字时代的领导者会面临各式各样的困难和挑战。马克思认为,社会需求与技术手段之间的矛盾是技术发展的

---

① 张立新、张小艳:《论数字原住民向数字公民转化》,《中国电化教育》2015年第10期,第13页。

② 彭波:《论数字领导力:数字科技时代的国家治理》,《人民论坛·学术前沿》2020年第15期,第17页。

直接动力;恩格斯认为,没有哪一次巨大的历史灾难不是以历史的进步为补偿的。抗击疫情的努力为正在快速兴起的数字科技在后新冠肺炎疫情时代发挥重要作用提供了广阔前景,标志着中国互联网正式进入数字科技时代。正如桥水投资公司创始人雷伊·达里奥所言,"这次新型冠状病毒疫情的暴发是人类历史上一个'令人兴奋'的转折点,它可能为更大的社会进步铺平道路,带来数字化、数据和人类思维方面的飞跃。我们正处于技术革命之中,我认为我们应该对新的未来感到非常兴奋"。在这个大变革时代,新兴数字技术的涌现为政府领导力建设提供了良好的数字化发展条件。"在宏观向度上,数字政府通过提高社会治理精准化水平、政府决策科学化水平以及公共服务高效化水平,引领政府公共领导力;在中观向度上,数字社区通过塑造基层治理公信力、铸造基层治理决断力、打造基层治理执行力,夯实政府基层领导力;在微观向度上,数字素养通过政府干部带头学网、积极用网、科学治网得以培育,提升政府网络领导力。"①习近平总书记指出:"这次疫情是对我国治理体系和能力的一次大考,我们一定要总结经验、吸取教训。"②数字领导力是此次"大考"的重点科目,善

---

① 臧超、徐嘉:《数字化时代推进政府领导力的三重向度》,《领导科学》2020年第20期,第119页。

② 习近平:《在中央政治局常委会会议研究应对新型冠状病毒肺炎疫情工作时的讲话》,求是网,2020年,http://www.qstheory.cn/dukan/qs/2020-02/15/c_1125572832.htm。

用数字科技进行疫情溯源和精准防控。在数字政府、平台责任、社会共治、人文伦理等合力下发挥数字治理与科技向善的最大价值,已成为实现国家治理体系与治理能力现代化目标的题中应有之义。

第三节　未来身份治理

身份治理是社会治理的核心内容。"现代国家依据身份治理社会,必然要积极形塑身份符号在社会治理体系中的功能与作用。"[①]诚如马克思所言,只有当现实的个人把抽象的公民复归于自身,并且作为个人,在自己的经验生活、自己的个体劳动、自己的个体关系中间,成为类存在物的时候,只有当人认识到自身"固有的力量"是社会力量,并把这种力量组织起来因而不再把社会力量以政治力量的形式同自己分离的时候,只有到了那个时候,人的解放才能完成。

一、数字阶层金字塔

数字技术向社会各个领域的渗透过程也是社会分化的过程。数字分化呈现出"共振"和"协振"两种类型,前者是传统社会分化与数字社会分化的共同结果,后者是数字

---

① 袁年兴、李莉:《身份治理的历史逻辑与近代中国"国民"身份的实践困境》,《湖南师范大学社会科学学报》2018年第1期,第76页。

社会触发的新的社会分化。具体而言,国与国、人与人之间都存在着数字分化现象。于前者而言,掌握数字技术跟上时代步伐的国家,将会成为新经济的弄潮儿和受益者,这与那些在数字技术发展方面落后的国家形成鲜明对比。于后者而言,数据已经成为一种新的变量,并与社会阶层之间产生着密切的关系,正在重塑社会阶层化机制。数字技术的异化是对个体化社会存在基石的冲击。个人依赖社群而存在,社群塑造个人,社群与个人的平衡才能使社会稳定发展。数字化的未来是一个分化的未来,只有不同数字群体通力合作,才能有效利用数字技术为人类服务,避免数字技术向恶性演化。

数字分化。数字鸿沟[1]是一种广泛存在的"信息落差""知识分隔""网络区隔"社会现象[2]。哈佛大学教授皮帕·

---

[1] 关于数字鸿沟的定义和内涵,目前的研究大概分为以下几类观点:第一,最初的理解,即第一代数字鸿沟,拥有者和缺乏者在接入信息通信技术方面的鸿沟。第二,第二代数字鸿沟,除接入信息通信技术外,还包括ICT素养和培训方面的鸿沟、ICT利用水平方面的鸿沟等,数字鸿沟已经发展为一个多维度、多层面的"沟"。第三,第三代数字鸿沟,即信息和知识鸿沟,不仅表现在信息通信技术的接入和利用上,还表现在信息资源和知识方面的鸿沟。第四,数字鸿沟概念一直强调信息通信技术的缺乏者或信息贫困者,这是上层社会尤其是精英阶层为推广信息技术而特别"关注"的。第五,数字鸿沟是社会分化、社会排斥等传统两极化议题在数字时代的延续,也是传统社会不平等、社会分层在贫富分化的两个群体、地区或国家之间的体现。第六,也有数字鸿沟研究者关注社群之间在接入和使用信息通信技术、获取和利用信息资源和知识方面的两极分化现象(闫慧:《中国数字化社会阶层研究》,国家图书馆出版社2013年版,第22页)。

[2] 谢俊贵、陈军:《数字鸿沟——贫富分化及其调控》,《湖南社会科学》2003年第3期,第123页。

诺里斯将数字鸿沟归纳为三种：一是体现发达国家和发展中国家之间差距的全球性鸿沟，二是体现国家内部不同人群之间差距的社会鸿沟，三是体现不同政治力量对数字空间非均衡占有的民主鸿沟[①]。"网络技术的发展和广泛应用，在给人类社会带来诸多益处的同时，也带来了新的社会问题，其中最大的问题就是数字鸿沟问题。数字鸿沟问题的出现，加剧了全球社会经济发展的不平衡，加剧了全球社会各层面的社会分化，使人类社会继工业社会出现极其明显的贫富分化之后，再次出现新一轮的严重分化。"[②]数字技能和资本成为阶层再分化的依据，数据收集、数据使用、数据资本转换是数字技能的三大维度。数字技能很大程度上决定了数字社会阶层的分化。"第一，数据收集水平涉及线上资料规模的扩充过程，用户持有的价值含量偏高的数据越具规模化优势，对应的数据资源筹码也就越充足。第二，数据应用水平体现出所收录资料的分析、整理能力。"[③]受众对信息进行处理、交流和再创造，对热点事件追踪了解，获取其他受众对自己的关注，并利用信息资本转换技能将拥有的注意力资源转换为个人利益。受众在

---

① Norris P. *Digital Divide : Civic Engagement, Information Poverty and the Internet Worldwide*. New York : Cambridge University Press. 2001, pp. 113-161.

② 谢俊贵、陈军：《数字鸿沟——贫富分化及其调控》，《湖南社会科学》2003年第3期，第123-124页。

③ 孙帅：《从数字鸿沟的发展形态解析网络阶层分化》，《新媒体研究》2019年第22期，第81-82页。

网络空间中的信息技能与个人现实生活中的经济能力、教育水平和社会资源有着密切联系。经济条件好，受教育水平高，获得的高价值信息就更加丰富，在网络阶层的划分中更加具有优势。而处在中下层的受众则难以在网络分层中获得流动和上升的机会。在这个阶段，数字鸿沟对网络阶层的分化更加强烈。有的人会被困在数字化系统里，甚至会被系统替代掉。而有的人，则会因为数字化系统而变得更强大。因此，我们要学会与系统协同进化。

数字阶层。一个阶级也许"不是制造出来的"，它的成员散布在不同的地方，经过重新组合形成不同的群体或阶层。"不管社会等级体系使我们多么不快，或多么困惑，我们总是以一种听天由命的心态接受它，因为我们认为这一等级体系根基太深，基础也太过扎实，已经变得难以对其进行挑战，而且支持这一等级体系的社会群体和信念实际上亘古未变，或简单地说，他们都是理所应当的。"[①]21世纪社会学之父查尔斯·蒂利把不平等看作是一个迷宫，大批的人在里面徘徊，他们被由自己有意或无意建立起来的墙隔开。[②]社交网络构筑的全民互联时代的来临，正在加速改变社会金字塔结构。在某种意义上，人与人的差别体现

---

① ［英］阿兰·德波顿：《身份的焦虑》，陈广兴、南治国译，上海译文出版社2020年版，第204页。

② ［美］查尔斯·蒂利：《身份、边界与社会联系》，谢岳译，上海人民出版社2021年版，第87页。

为数据的差别。数字不平等是对数字技术社会化程度更加深刻的体认和判断。最早提出"数字不平等"概念的美国学者蒂莫西·鲁克教授认为,数字不平等的标志性是,历史上的阶级斗争在新时代转变成企业所有者和工人之间、生产者与消费者之间、知情者与不知情者之间、拥有技术接入机会的人和没有这些机会的人之间、网络素养具备者和不具备者之间的"信息战争"。从实践来看,数字不平等已经从动机不平等、利用能力和效果的不平等逐渐转向经济不平等,社会、文化和信息资本方面的不平等,甚至是社会网络中地位和权力的不平等[1]。数字不平等体现在人和组织将被分为三类:产生数据的人、有办法搜集数据的人、有能力分析数据的人,这就是数字时代的"数据阶层"。数据作为一种生产要素的同时,还是一种和衣食住行、安全、教育等同的基本品,应该对公民公正分配。数字不平等的出现导致人们无法公平共享先进技术的成果,产生数字"贫富分化"的状况,"富者越富,穷者越穷"的现象必然会有加剧的趋势。根据社会分层的理论与分析方法、社群主义理论以及数字不平等的表现维度,数据阶层的社群及其成员可划分为五个层次:数字精英群体、数字富裕群体、数字中产群体、数字贫困群体和数字赤贫群体(见图3-1)。数字精英群体是五个阶层中唯一具备数字化凝聚力的群

---

[1] 闫慧:《中国数字化社会阶层研究》,国家图书馆出版社2013年版,第10—21页。

体。数字富裕群体的特征是能够通过数字创作并上传、公开数字内容来实现数字富裕。数字中产群体的特点是拥有基本信息通信设备，而且拥有数字意识和数字素养，以及使用电脑和互联网等设施的动机与欲望，并且能通过数字技能被动地获取网络信息内容，他们不一定利用这些网络信息资源来解决实际问题。数字贫困群体是指在信息通信技术和信息内容方面属于物质贫困、意识贫困、素养贫困中的一种或以上贫困类型的人群。数字赤贫则是三种数字贫困现象叠加之后的表现。①

图 3-1　数字阶层金字塔

① 闫慧：《中国数字化社会阶层研究》，国家图书馆出版社 2013 年版，第 10—80 页。

数字社群。社群是指社会中拥有共同利益、共同经历或历史、共同的道德价值观认同和共同期望的个体,通过血缘、地缘、社会关系和社会网络或特定社会组织形成的集合体①。"任何国家都是某种社群,每一个社群都是为了某种善而建立的,人类总是为了他们认定的那种'善'而行动。"②从这个角度理解,社群首先是一种政治社群,人类生来就具有一种合群的本质;政治社群是人类中最高尚、至善的群体,也是社群发展的终极目标,人类为了最大限度的公共利益而组成社群③。数字社群追求平等、自由(相对自由,而非绝

① 桑德尔认为,"社群是那些具有共同的自我认知的参与者组成的,并且通过制度形式得以具体体现的某种安排;参与者拥有一种共同的认同,如家庭、阶级和民族"等,具体包括"工具意义上的社群、感情意义上的社群和构成意义上的社群"等(俞可平:《社群主义》,中国社会科学出版社1998年版,第57-58页)。泰埃奇奥尼则将社群定义为一系列"携带着道德价值""共享的社会契约和社会网络",是道德中立性质的契约,内含共同社会价值;这些共同价值"不是外部的群体或者社群内部的少数精英强加的,而是社群成员平等和有效的对话中产生的";这些价值"在代际的继承不是简单的复制,而要经过应对环境变化和社群成员新提议的持续调适";"社群绝对不能完全地控制个人,因为每个人都有特殊的属性"(Etzioni A. "Old chestnuts and new spurs" //Etzioni A. *New Communitarian Thinking: Persons, Virtues, Institutions, and Communities.* Charlottesville: University Press of Virginia. 1995, pp. 16-17)。俞可平将社群主义的"社群"归纳为"一个拥有某种共同的价值、规范和目标的实体;不仅仅是指一群人,它是一个整体,个人都是这个整体的成员;都拥有一种成员资格如地理社群、文化社群、种族社群"(俞可平:《社群主义》,中国社会科学出版社1998年版,第55页)。此外,贝尔对社群的分类也代表着这种占据主流的观点,他将社群分为地理社群、记忆社群或共同拥有关键历史的陌生人群体、心理社群或个人面对面互动,并依靠信任、合作和利他精神进行治理的社群等(刘红雨:《丹尼尔·贝尔的社群主义理论探析》,《玉溪师范学院学报》2006年第5期,第27-30页)。

② 王洪波:《政治话语的变化:从个人人权利到公共的善——社群主义评述》,《中南大学学报》2008年第5期,第61-65页。

③ 俞可平:《社群主义》,中国社会科学出版社1998年版,第55页。

对自由)与理性(实践理性,而非先验理性),主张社群中个体的权利与责任共存,崇尚利他主义与公益精神。作为数字空间的重要构成,数字社群不仅能反映实体社会文化,也蕴含着社会权力关系,理应属于一类特殊的政治社群。数字社群主义在政府宏观政策上的集中体现是其倡导的公益政治,而非权利政治。公益政治的核心主张包括:对于政治社群(如国家)来说,有责任通过积极作为,为提供公共利益贡献自己的力量,从而最终增进每一个人的个人利益;强迫个人从善而不是从恶[1];积极推动志愿和非营利领域的发展[2];一切政策的准绳是社会公正和公共利益[3];促进平衡公民权利和责任的政策[4];更加积极的社群/社区政策等。对于数字社群层面的决策者来说,一切涉及数字社群事务的决策都需要以维系数字社群道德准则和历史传统为准则,尊重成员在数字社群决策中的平等地位和参与协商的权利,培育社群成员对所在社群的忠诚以及关心其他成员的利他意识,促进成员之间的相互尊重和合作。

---

[1] 俞可平:《社群主义》,中国社会科学出版社1998年版,第21、22、120页。

[2] Wuthnow R. "Between the state and market: Voluntarism and the difference it makes" //Etzioni A. *Rights and the Common Good: the Communitarian Perspective.* New York: St. Martin's Press. 1995, pp. 209–221.

[3] Selznick P. "Social justice: A communitarian perspective" //Etzioni A. *The Essential Communitarian Reader.* Lanham: Rowman & Littlefield Publishers, Inc. 1998, pp. 61–71.

[4] Etzioni A. *The Spirit of Community: Rights, Responsibilities, and the Communitarian Agenda.* New York: Crown Publishers. 1993, pp. 2–4.

二、数字孪生治理体系

数字化转型的根本,是把人从传统"见物不见人"的治理活动中解放出来,树立以人为本、依靠人、发展人、实现人的需要的重要理念。数字时代治理环境复杂化、治理诉求多元化和治理场景网络化,基于治理科技构建多主体协同、信息均衡、数据驱动的数字孪生治理体系成为治理的发展前沿。2020年12月,海南省在"十四五"规划"加快建设智慧海南"中明确提及,要求"构建数字孪生治理体系"。数字孪生治理体系即数字孪生理念和技术在社会治理尤其是城市治理领域的应用。数智治理则是基于技术层面的数智逻辑和价值层面的治理逻辑的深度融合,利用数字孪生实现治理的智能化、精准化、高效化,以智慧治理开启善治新时代。

数字孪生。2002年,关于"数字孪生"(又称数字双胞胎)的设想首次出现在迈克尔·格里夫斯(Michael Grieves)教授在美国密歇根大学的产品全生命周期管理课程上。但是,当时"数字孪生"一词还没有被正式提出。直到2010年,美国国家航空航天局(NASA)的技术报告中正式使用了"数字孪生"一词。标准化组织认为,数字孪生是具有数据连接的特定物理实体或过程数字化表达。学界认为,数字孪生是以数字化方式创建物理实体的虚拟实体,借助历史数据、实时数据以计算法模型等，模拟、验证、预测、控制物理实体全生命周期过程的技术手段。2020 年 4 月，国家发改委和中央网信办联合发布的《关于推进"上云用数赋智"行动 培育新经济发展实施方案》将数字孪生技术上升到与大数据、人工智能、5G 等新技术并列的高度，并启动"开展数字孪生创新计划"，要求"引导各方参与提出数字孪生的解决方案"。2020 年 12 月，中国信息通信研究院发布的《数字孪生城市白皮书（2020 年）》认为，"'数字孪生'不再只是一种技术，而是一种发展模式、一个转型的新路径、一股推动各行业深刻变革的新动力"。总体来看，数字孪生可赋能各行业，整合全域感知、历史积累、运行监测等多元异构数据，集成多学科、多尺度的仿真过程，操控城市治理、民生服务、产业发展等各系统协同运转，形成一种自我优化的智能运行模式，实现"全域立体感知、万物可信互联、泛在普惠计算、智能定义一切、数据驱动决策"[①]。

治理科技。面向未来，以互联网、大数据、云计算、人工智能、量子信息，特别是区块链为标志的治理科技在推进国家治理体系和治理能力现代化过程中的广泛应用必须引起我们的关注。从技术化社会 1.0 时代到 3.0 时代，治理面对的格局不断在改变。在技术化社会 3.0 时代，第一

---

① 贺仁龙：《"5G+产业互联网"时代数字孪生安全治理探索》，《中国信息安全》2019 年第 11 期，第 33 页。

个重要变局是行动者不再只属于一个地方或一个组织,技术赋能让行动者同时属于多个地方和多个组织;个体化的潮流让个体成为独立行动者,个体属于自己,进而使得属地治理对行动者的个体行动不再具有完整覆盖性。第二个重要变局是场景也不再只属于地方或组织,非物理空间正在成为场景化潮流的主场,属地治理对场景化行动也不再具有完整覆盖性。①党的十九届四中全会指出,"必须加强和创新社会治理,完善党委领导、政府负责、民主协商、社会协同、公众参与、法治保障、科技支撑的社会治理体系"。党的十九届五中全会提出,"加强数字社会、数字政府建设,提升公共服务、社会治理等数字化智能化水平"。推进治理现代化,需要更好发挥包括数字技术在内的科技支撑作用。治理科技的核心是治理,是由互联网、大数据、区块链、人工智能等新一代数字技术带来的,对治理能力与治理体系产生重大影响的新模式、新体制、新服务,强调治理模式从"管人""管物"到"管数"的方式转变。治理科技为治理创新带来了新机遇,深刻影响并正在完善治理体制,促进社会治理更加精细化、精准化和精致化。推动治理理念从"社会管理"向"社会治理"转变,治理主体结构从"一元主体"向"多元共治"转变,治理方式从"行政管理"向"共治、法治、德治、自治、善治"综合治理转变,治理场景从

---

① 邱泽奇:《技术化社会治理的异步困境》,《社会发展研究》2018年第4期,第17—19页。

现实社会向现实社会与数字社会融合转变。

数智治理。从整体性来看,社会治理变革是国家随着治理环境的变化,有意识地对其结构、功能、行为、政策进行调整和改变,以实现治理目标与治理环境之间的动态平衡。①数据、算法和场景是数智治理创新的三个核心要素。数据是基础,算法是手段,场景是目的,彼此间的交互作用共同形塑了数字时代社会治理的逻辑。通过数据、算法、场景的叠加效应,数字孪生系统架构下的治理观和方法论为我们建构出一个融合数字治理、智能治理、链上治理的价值体系。数据是数智治理模型训练与优化的"燃料",是数智治理做出正确、公平、合理决策的基础保障。输入数据的准确性、包容性、全面性等质量因素将直接决定训练得到的模型的质量。算法是数智治理的运算模型,是将治理中的不确定性转化为确定性的有效路径。治理手段的升级使社会治理从经验治理向数据治理转变,从被动响应型治理向主动预见性治理转变。场景对改革发展进程中的社会治理实践提出了新要求。场景中的多元社会主体在治理科技支撑下的协同共治催生了具有共生特质的共同体转向。从传统治理到数智治理,一方面为现实社会的治理提供新理念、新技术和新模式,另一方面把治理领域

---

① 李达:《新时代中国社会治理体制:历史、实践与目标》,《重庆社会科学》2020年第5期,第64页。

向数字空间延伸,推动现实社会和数字社会共同治理,推动社会治理向更加扁平化交互式方向发展,推动社会治理的功能重构、秩序重构和制度重构。

三、数字社会治理共同体

"社会治理共同体是社会治理发展到一定阶段的产物,它是以人民为中心的治理思想在社会治理领域的中国化创新,具有社会性、治理性和人民性三个基本特性。社会治理共同体实质上是社会性嵌入治理性的一种社会关系网络,人民性贯穿于该网络的每个环节。"①数字社会治理共同体是社会治理共同体在数字世界的延伸,其特点是以利益共同体为起点,以责任共同体为诉求,以命运共同体为目标,是个有机的统一体。数字社会治理的目标是建设"人人有责、人人尽责、人人享有"的数字社会,进而形成共同行为准则和价值规范,推动共建共治共享社会治理格局的真正到来。

数字新基建。根据国家发改委的定义,数字新基建是以新发展理念为引领,以数字技术创新为驱动,以信息网络为基础,面向高质量发展需要,提供数字转型、智能升级、融合创新等服务的基础设施体系。数字新基建能够带动5G、云计算、物联网、人工智能、边缘计算等支撑虚拟现

---

① 曾维和:《社会治理共同体的关系网络构建》,《阅江学刊》2020年第1期,第78页。

实空间的技术更加成熟,也将推动数字技术与传统基础设施融合,形成以数据为核心要素的泛在关联、泛在计算、泛在智能总体格局。加快建设高速泛在、天地一体、云网融合、智能敏捷、绿色低碳、安全可控的智能化综合性数字信息基础设施,打通经济社会发展的信息"大动脉",势在必行,刻不容缓。以数字新基建为牵引,夯实数字社会的"底座"和"基石",对于打通虚拟现实双重空间,推动以数据流为核心的技术流、资金流、人才流、物资流等要素高效流转,推进社会治理现代化进程具有重要意义。"新的时代需要新的基础设施,这样才能支撑起所有物体的充分连接、智能匹配、高效协同,智能化的社会治理也将随之出现。"①当前,世界各国都处于数字化全球浪潮中,在网络运行、治理、发展等方面各自为营,为数字化交流、合作设置了隐形障碍,全球性的"网"并没有构建起来,真正意义上的互联互通难以实现,虚拟现实双重空间的治理渠道出现堵塞,治理效果大打折扣。数字社会治理共同体的构建,旨在推动国际社会凝聚互联互通的虚拟现实双重空间治理价值共识,以互联互通的价值共识来引领虚拟现实双重空间互联互通的建设,形成以平等开放为前提的全球性虚拟现实双重空间建设和运行标准,以此为准大力推动全球范围内的数字化新基建,为虚拟现实双重空间实现真正的互联互

---

① 张新红:《社会治理创新呼唤新基建》,《中国信息化周报》2020年第15期,第20页。

通打下坚实的物质和技术基础。

数字包容性。被排斥或主动生活在数字世界之外的群体被称作数字弃民,是构建社会治理共同体需要解决的重要问题。面对人类社会多种多样的挑战,增强数字包容性比以往任何时候都重要。数字包容性包括技术包容性和心理包容性。技术包容性至少涵盖数字新基建及其主流数字技术应用包容所有人、采用替代技术包容对信息通信技术有特殊需求的人群、采用主流数字技术之外的传统传播技术包容所有人三个重要方面。除了技术包容,数字社会还需要心理包容。一方面,要包容使用传统传播技术或替代技术的人群;另一方面,要包容那些使用主流数字技术但因娱乐或"玩物丧志"而被排斥的人群。可以看到,"技术包容强调的是对替代技术和传统传播技术的包容,我们需要一些特殊的技术通道为各种人群服务,通过这些技术通道使之融入社会,并利用相关技术获得权利和资源,拥有体面而尊严的生活。心理包容则指的是要包容使用各种传播技术的人群,并平等对待之"①。数字包容是消除数字排斥②的动态过程。英国政府在数字包容战略中提

---

① 卜卫、任娟:《超越"数字鸿沟":发展具有社会包容性的数字素养教育》,《新闻与写作》2020年第10期,第37页。

② 数字鸿沟又称称为"数字排斥",消除数字鸿沟的动态过程则被称为"数字融合"(王佑镁:《信息时代的数字包容:新生代农民工社会融合新视角》,《中国信息界》2010年第9期,第30页)。

到,上网的软硬件环境、使用网络的动机、使用网络(包括数字设备)的技能、对网络的信任是遭受数字排斥的人们上网面临的四大难题,也是英国数字排斥的主要原因。同英国相比,"我国数字排斥的表现和产生的原因独具中国特色。数字排斥在我国的表现,首先是区域发展不平衡,数字化水平在东西部之间、城乡之间差异巨大;其次,是群体及个体发展不平衡,数字素养在农民、个体户及知识分子之间以及企业与企业之间差异巨大;最后,由于语言及文化的影响,民族间发展不平衡,部分少数民族数字排斥现象更显著"①。数字排斥不会被彻底消除,联通网络、使用网络、网络创造是现阶段消除数字排斥的重要路径,能够将数字赤贫群体提升到数字中产群体,实现数字包容。在包容性治理过程中,需要充分尊重各方利益诉求,以有效方法协调各方矛盾,从而通过培育"有机团结"实现社会的和谐与稳定。值得一提的是,"包容性治理不仅具有外在价值,还具有一种内在价值,它是推动人类社会发展和文明进步的内在要求。包容性治理旨在建构新的'我们',以此培育社会团结的认同基础。国家治理的基础在'社会',在社会认同基础上形成共同体是治理有效的根本所在。人们因共享利益、价值、信仰而结成各种共同体进而形成社会认同。在向现代社会转型过程中,认同危机引发

---

① 徐瑞朝:《英国政府数字包容战略及启示》,《图书情报工作》2017年第5期,第70页。

了传统共同体的解体并带来各种冲突。包容性治理充分肯定和培育了新型社会治理主体,在塑造新的'我们'意识中形成社会认同,通过营造团结和谐的社会环境促进了人的自由全面发展,最终实现'善治'的目标"①。

数字巴别塔。人类社会作为一个相互联系、相互依存的共同体已经成为共识,构建数字社会治理共同体将成为全社会面临的一个共性问题。数字化改变了人类的生产生活方式,它带来的革命性变革已经像空气一样,渗透在我们生活中每个角落,将社会个体串联起来,构建起了"你中有我,我中有你"的格局。数字巴别塔是由数字社会新秩序催生的新文明,具有连接、信任与共享等显著特征。在数字巴别塔中,数字社会治理应当从不自觉式封闭走向自觉式开放,从单一走向多元,从虚拟走向现实,从孤立走向协同,从意识形态化走向务实发展化,通过不断凝聚数字力量,有效地反哺现实社会治理,形成共赢共享的共同体。②这种共同体思想,蕴含着马克思共同体思想对人类社会形态的关怀。数字时代的数字社会治理共同体重点回答的,是人类社会如何存在和发展得更好的问题。从范式的角度看,从马克思的共同体到数字社会治理共同体,实现的不仅是理论的跨越,也推进了共同体理论范式的重

---

① 魏波:《探索包容性治理的中国道路》,《人民论坛》2020年第29期,第17页。
② 杜骏飞:《数字巴别塔:网络社会治理共同体刍议》,《当代传播》2020年第1期,第1页。

构①。共同体理论范式的重构主要体现在目标重构、重心重构、向度重构、思维重构四个方面。在目标重构方面，实现了从规划蓝图到现实方案的转变。就数字社会治理共同体而言，它是在人类社会面临重大转型时提出的关于人类社会发展的新思路，目的在于把马克思共同体思想的理想目标现实化、具体化，使其既有理想的目标，也有具体的路径。在重心重构方面，实现了从制度革命到全球治理的转变。制度的变革推动了社会形态的更替，实现"真正的共同体"是以终结不符合当下社会发展的制度为前提。需要注意的是，解决危及人类生存的全球性问题不能只依靠全球范围内的制度革命来解决，更应聚焦于和人类社会存续紧密相连的全球治理的改革和完善。在向度重构方面，实现了从单一向度向多重向度的转变。数字社会治理共同体是一个从多向度角度构建覆盖多领域、具有多层次、体现多方位的综合性、立体型共同体。利益共享、责任共担，为打造命运共同体提供重要基础和必由之路。在思维重构方面，实现了从深刻批判到共生共赢的转变。②数字社会治理共同体主张构建具有包容性的共生共赢共同体，摆脱源自资本主义工业文明中的征服自然的对抗思维，树

---

① 王公龙：《人类命运共同体思想对马克思共同体思想的创新与重构》，《上海行政学院学报》2017年第5期，第8页。

② 王公龙：《人类命运共同体思想对马克思共同体思想的创新与重构》，《上海行政学院学报》2017年第5期，第8—9页。

立尊重自然、顺应自然、保护自然的意识,坚持走绿色、低碳、循环、可持续发展之路,实现世界的可持续发展。

在古代神话故事中,普罗米修斯带来的火种象征着科技、知识以及技能——通往美好生活的钥匙[①]。今天,社会发展和技术变革的速度不断加快,并不断颠覆人们的认知。在这个变革的时代,原有的平衡和秩序不断被打破,数字社会治理共同体将开启一个互联互通、共生共赢的新纪元。在这个新的时代,所有边界都将被一一打破,创造新的聚合,人类也将因此而进入一个更加复杂却也更加开放、有序、包容、共享的美好世界。"过去的物理世界,人们靠兵器、靠武力征服世界,人类至今制造出来的破坏力最强的武器是'核武器'。但当人类进入全球化和数字化交汇、物理世界和数字世界融合的时代,'和平、和谐、和睦、和合、和善'将会形成具有巨大能量的'和武器'。而这样的'和武器'将真正构建出新型地球村——在关系上实现全球连接,在空间上实现有域无疆,在生态上实现共生共存,在价值上实现多元创造,在成果上实现共荣共享,最终实现人类的终极关怀和人的全面而自由的发展。"[②]

---

① [美]珍妮弗·温特、[日]良太小野编著:《未来互联网》,郑常青译,电子工业出版社2018年版,第150页。

② 王晶:《开启数字世界新纪元》,《红旗文稿》2020年第1期,第36页。

第四章 数字秩序

如果说有序使我们可能预见从而可能控制,那么无序则带来面对不可控制、不可预见、不可判定的东西的不确定性所引起的焦虑。

——法国社会学家、哲学家 埃德加·莫兰

第一节　数字化失序

"庞大、万能和完美无缺是数字的力量所在,它是人类生活的开始和主宰者,是一切事物的参与者。没有数字,一切都是混乱和黑暗的。"这是古希腊毕达哥拉斯学派的思想家菲洛劳斯对于数字的解读。诚然,今天我们所说的数字,已不仅仅是菲洛劳斯口中的"数字",它超越了数字本身的基础概念,成为数字化的代称,是人类数字活动的总和。迈入数字时代,数据的体量、质量和价值都在不断膨胀,使得人类社会的旧秩序正逐渐被打破,人类试图在数字世界中探索和建立一种新的社会秩序,以应对数字化风险。与此同时,人类文明进阶中形成的秩序面临前所未有的解构与重构,挑战与机遇并存,欣喜与忧虑交织。数字化浪潮下,暗礁与险滩无处不在,复杂性在全球范围内更加突出地涌现出来,并呈现出扩展与放大的趋势。复杂背景下出现的新数字秩序革命是人类对数字时代的反思,数字化失序在警醒着世人,责任的落寞和数字利维坦是人类获取数字红利道路上不得不冲破的梗阻和翻越的藩篱。可以说,人类社会秩序处于一个历史性的关键拐点:旧平衡、旧秩序逐渐瓦解,新制度、新秩序呼之欲出。在旧的秩序被打破、新的规则尚未完全建立之时,人们难免出现无所适从的心理状态,难免产生无法回避的社会焦虑。展望未来,数字秩序将成为数字社会的第一秩序,在感慨旧秩序被打破的同时,我们理应张开双臂迎接新秩序的到来。

一、复杂性涌现

"全球风险社会"是我们这个时代必须加以接受的事实,却不是必须承认的"定在"[①]。复杂是一门诞生于秩序与混沌边缘的科学,其范围广、影响大,同时还裹挟着诸多不确定性事件[②]。因此,复杂性会改变人类习以为常的社会环境,会冲击人类坚守的绝对信仰。特别是随着社会系统复杂性的不断演化,人类在运用科学知识解决社会问题时,非但没有按照原先预设的方向发展,反而增加了许多不确定性危机,复杂性不断增加,异构性越来越高,风险与危机笼罩着整个社会。风险社会存在的许多问题都在告诉人类简单理性并非完美的,并且诸多"不确定性"的事实也在告示人类,复杂性问题不能用简单的线性逻辑思维,而要用复杂的非线性逻辑思维。[③]社会存在的风险危机,从复杂性科学的角度来看,实际上是对停滞的、单一的、封

---

① 张康之、张乾友:《共同体的进化》,中国社会科学出版社2012年版,第160页。

② [美]米歇尔·沃尔德罗普:《复杂:诞生于秩序与混沌边缘的科学》,陈玲译,生活·读书·新知三联书店1997年版,第1页。

③ 刘小红、刘魁:《风险社会的复杂性解读》,《科技管理研究》2013年第13期,第254-258页。

闭的理论进行解构。

从简单到复杂。长期以来，简单性原则一直是被众多科学巨匠当作科学研究的重要原则。英国物理学家、数学家牛顿以简单性思维为基础点，用尽量少的假说来解释已知事实；美国物理学家、思想家爱因斯坦将简单性原则当作真理的必要条件；奥地利物理学家、哲学家马赫认为科学是一个最小值问题，用最少的思维陈述事实。他们的科学研究有一大突出特点就是以"现实世界简单性"思维为研究原则，其中以还原论为代表。还原论认为整体是由个体的简单相加或机械组合形成的，即"整体等于个体之和"，并认为世界上的所有东西都可以通过足够的细分变为简单的个体。例如把研究对象分解为最简单的元素，诸如电子、质子、分子、离子、原子等，如果能把这些简单元素的基本属性研究清楚就能得出整体的特征规律。简单性原则确实对近代科学做出了不可磨灭的巨大贡献，但现实世界不是简单的构成，而是具有复杂性、不确定性、多变性等诸多特性，用简单性原则来研究复杂的现实世界似乎已经不太可能。20世纪40年代以来，科学前沿出现了一种研究自然与社会现象的全新方法论——复杂性方法。复杂性方法是系统地、综合地研究事物的新方法，它挑战着简单性原则的世界观和方法论，带来了新的反思。复杂系统理论的提出为人们认识、了解、控制和管理复杂系统提供了新的思路与视角,对于认识与解释社会、生物等复杂系统具有特别的意义①。通过对复杂性的进一步探索,可以认为,数字时代的社会是"科学问题+工程问题+社会问题"的复杂系统,靠传统的认知、观测很难了解它,需要在复杂性思维方法的指导下,将传统的认知方式与新的认知方式结合在一起,才能对它进行新的改造。现在,用复杂性系统思维认识世界和改造世界之旅已经开始。

复杂性与不确定性。从已然确定的现在出发,未来是不确定的②。在向数字社会转型的过程中,人类进入了高度复杂与高度不确定的时代。一是秩序的复杂和不确定。秩序是人类在日常活动及其他事项中自然形成的共识,既是遵守公共道德准则的参考物,也是制定法律规范的正当性依据,其本身就是复杂与不确定的。从时间维度上看,处于不同历史阶段的秩序,其产生的背景错综复杂,它是随着人类观念的转变而不断变化的,对约束的道德观念和善良风俗也随之改变,而人类的观念总是随着时代的潮流迭代更新,具有明显的复杂性和不确定性,相应的秩序也就产生了极大的复杂性和不确定性。从空间维度上看,世界各国内部的秩序复杂多变且差异较大,国际上对秩序的

---

① 潘沁:《从复杂性系统理论视角看人工智能科学的发展》,《湖北社会科学》2010年第1期,第116−118页。

② [德]尼克拉斯·卢曼:《风险社会学》,孙一洲译,广西人民出版社2020年版,第25页。

内涵界定、适用范围和判断标准等核心内容尚未形成共识,虽然各国在承认秩序的作用、意义和理论价值上给予了高度的肯定,各国也在不断尝试统一秩序规则,但是由于各国国情、经济水平和文化的差异,秩序难以统一。二是法律的复杂和不确定。确定的法律是一种纯粹的理想主义,它不是科学,只是乌托邦式的科学主义,因为所有的法律和法律用语都不是一成不变的。"任何一部法律,如果过于明确,就无以适应不断变化的社会;正因为具有不确定性,静态的法律才能适应动态社会的要求,从而发挥社会规范应有的价值和作用。"①在立法中,立法者总是追求覆盖所有的法律问题,但是复杂的现实总是远远超出人类的知识水平和认知范畴,由此不得不设立一些兜底条款来满足不同的需求,可社会各界对兜底条款的解释和争议层出不穷,为法律增加了许多复杂与不确定的色彩。在法律适用中,制定成文的法律难以穷尽所有的活动范围,总是会存在各种各样的不足和疏漏,因此,成文法的固有规定和人类行为的复杂与不确定,更是加剧了法律的复杂和不确定。三是风险的复杂和不确定。风险并非呈现出有序的状态,而是以无序与复杂的状态散落世界,使得人类能真切感受到风险的复杂和不确定。英国学者布莱恩·温认为,不确定性的存在意味着存在一个客观范畴,从小到大,

---

① 魏严捷:《法律的不确定性分析》,《法制博览》2020年第25期,第49–51页。

从风险到无知,然而,风险、不确定性、无知和非决定性彼此交叠。由于人类没有完全揭开风险产生的面纱,因此,也不能使用现有的知识来规避和消除风险的复杂和不确定。具体而言,就是因果关系、发展过程和危害后果的复杂和不确定。表现为,人类想要消除风险,首要条件就是利用因果关系分析风险产生的源头,然而,现有科技无法给出所有的正确答案。风险的发展周期不可预测,在其发展的过程中人类难以捕捉到风险爆发的关键节点,无法采取有效措施。风险并非必定会发生,或者高度现实化的灾难,它在本质上是一种影响人类未来生存和发展的风险参数。

复杂巨系统。从本质上来说,人类社会从来都是复杂的,英国社会学家赫伯特·斯宾塞把人类社会想象成复杂的社会结构。维持社会运转主要依靠人类本身创造的价值,比如生产力、生产关系、经济基础、上层建筑等,这些在给社会提供发展源泉的同时,也使得人类社会系统出现不平衡、多曲折、易动荡等复杂和不确定的状态。人类社会系统的复杂性主要表现在三个方面:一是人类社会系统的构成具有多样性、多元性和多层级等特点,包括但不限于自然界的动植物、人类活动产生的关系网、相关机构制定的法律规范,这些共同组成了人类社会系统的基本框架。二是人类社会系统往往会出现随机性、不确定性、非线性和非周期性,在其长期发展的过程中,遇到的问题、持续的时间以及产生的后果都是无法预测的。三是人类社会系统的运转是不可逆转和不稳定的,复杂性问题一旦爆发,人类难以凭借现有的知识体系去从容应对。但复杂系统绝对没有稳定方面的问题,最大的共同特征就是它们能通过自身组织进行动态变换,最终达到某种恒定状态,而且每个复杂系统都有其独立的恒定状态。凯文·凯利在《失控》中指出,"系统对初始条件是敏感的,但通常都会转为有序状态"①。钱学森认为,"一个系统在某个层次上的混沌运动,是高一层次有序运动的基础"②。复杂系统从无序走向有序的过程中,系统内部要素的组成秩序及其形成的环境之间存在着一种非线性竞争机制,这种机制反作用于复杂系统本身。复杂系统内部要素之间的非线性作用导致的自组织性、层次间因果关系的复杂性与协同性,为人类理解和把握复杂系统的行为提供了新的方法论进路,特别是系统开放才能生存、非线性是有序之因、非平衡是有序之源等,不仅成为系统科学的重要原理,也成为体现系统演化中辩证协同关系的重要方法论③。复杂系统中存在的自适应组织像一只无形的手,将整个系统的要素有条不

---

① [美]凯文·凯利:《失控:全人类的最终命运和结局》,东西文库译,新星出版社2010年版,第94页。

② 许国志主编:《系统科学与工程研究(第2版)》,上海科技教育出版社2001年版,第563页。

③ 范冬萍:《探索复杂性的系统哲学与系统思维》,《现代哲学》2020年第4期,第99-101页。

紊地组织在一起,并使得系统存在于某一种动态平衡状态。

二、责任的落寞

责任是人成为"社会人"或"高尚者"的基石,责任伦理或责任意识是社会发展必不可少的因素。数字化失序给人类社会带来了新的风险和危机,分析其背后的原因不难发现,社会责任感的缺失是造成这一问题的实质源头。诸如技术后坐力、数字化冷战和算法不正义等不文明现象都反映了数字时代的责任落寞。德国学者伦克曾指出:"在任何情况下,任何技术力量的强大都会导致某种系统的反弹,会导致生态失衡,其中的根本原因就是我们在利用技术时没有承担相应的责任。"[①]

技术后坐力。人的生存从一定意义上说是一种技术性生存,由此出现一个以新的技术结构支撑新的社会结构的人类新时代,人类社会逐渐演变为"技术的社会"。美国学者维贝·E.比杰克在谈到堤坝技术之于荷兰人的重要性时指出:"技术和海岸工程学使得大约1000万的荷兰人能够生存在堤坝背后低于海平面的土地上,如果没有这种技

---

① 陈仕伟:《大数据技术异化的伦理治理》,《自然辩证法研究》2016年第1期,第10页。

术就没有荷兰人。"①把视域放大，可以说，没有技术就没有人类的今天，人在技术活动中产生、形成、生存和进化。"假如某天早上醒来后，你发现由于某种神奇的魔法，过去600年来的技术统统消失了：你的抽水马桶、炉灶、电脑、汽车统统不见了，随之消失的还有钢筋水泥的建筑、大规模生产方式、公共卫生系统、蒸汽机、现代农业、股份公司，以及印刷机，你就会发现，我们的现代世界也随之消失了。"②技术把人类从自然界奴役的困境中解救出来，为人类进步和社会发展提供了强大推力，是推动现代生产力发展的重要因素，可以说，技术的发展决定社会的发展③。正如当代德国著名哲学家汉斯·伽达默尔所说："20世纪是第一个以技术起决定作用的方式重新确定的时代，并且开始使技术知识从掌握自然力量扩展为掌握社会生活，这一切都是成熟的标志，或者也是我们文明的标志。"④然而，技术异化就像阳光下的影子，如影随形。技术异化就是技术与人之间关

---

① ［美］维贝·E.比杰克：《技术的社会历史研究》，载［美］希拉·贾撒诺夫等编：《科学技术论手册》，盛晓明等译，北京理工大学出版社2004年版，第175页。

② ［美］布莱恩·阿瑟：《技术的本质：技术是什么，它是如何进化的》，曹东溟、王健译，浙江人民出版社2018年版，第4页。

③ 事实证明，在英国的第一次工业革命发生不到100年间，资本主义的生产方式就利用技术进步创造了比人类有史以来所创造的全部总和还要多的物质财富。为此，马克思曾对其给予高度评价指出：科学技术是一种在历史上起推动作用的革命力量。

④ ［德］伽达默尔：《科学时代的理性》，薛华译，国际文化出版公司1988年版，第63页。

系的错位,其本质在于人的异化①。科学与信仰的分化、技术与伦理的疏离、理性与价值的分裂是技术异化和人异化的主要原因。"科学技术不仅导致日益严重的人的自我疏远,而且最终导致人的自我丧失。那些看起来是为了满足人类需要的工具,结果却制造出无数虚假的需要。技术的每一件精致的作品都包含着一份奸诈的礼品。"②技术异化就是人异化的诠释,技术发展逻辑与人的发展逻辑是一个动态的平衡过程。在今天,技术成为人类共同的命运,人类永远不会回到自然生存状态。"我们不能,也不应当关上技术发展的闸门。只有浪漫主义的蠢人,才喃喃自语要回到'自然状态'……抛弃技术不仅是愚蠢的,而且是不道德的。"③

　　数字化冷战。迈入数字时代,一些西方发达国家为保

---

① 马克思对资本主义条件下技术异化现象做了很好的描述,"在我们这个时代,每一种事物好像都包含有自己的反面,我们看到,机器具有减少人类劳动和使劳动更为有效的神奇力量,然而却引起了饥饿和过度的疲劳。新发现的财富的源泉,由于某种奇怪的、不可思议的魔力而变成贫困的根源。技术的胜利,似乎是以道德的败坏为代价换来的。随着人类愈益控制自然,个人却似乎愈益成为别人的奴隶或者自身的卑劣行为的奴隶。甚至科学的纯洁光辉仿佛也只能在愚昧无知的黑暗背景上闪耀。我们的一切发现和进步,似乎结果是使物质力量具有理智生命,而人的生命则化为愚钝的物质力量。现代工业、科学与现代贫困、衰颓之间的这种对抗,我们时代的生产力和社会关系之间的这种对抗,是显而易见、不可避免的和无庸争辩的事实"([德]马克思、[德]恩格斯:《马克思恩格斯全集(第十二卷)》,中共中央马克思恩格斯列宁斯大林著作编译局译,人民出版社1964年版,第12页)。

② [德]恩斯特·卡西尔:《人文科学的逻辑》,沉晖等译,中国人民大学出版社1991年版,第65页。

③ [美]阿尔文·托夫勒:《未来的冲击》,孟广均等译,新华出版社1996年版,第358页。

持自己的霸权地位不被动摇而开启了新的战争模式来限制新兴大国的发展,在这些国家眼中,安全是战争的口号、信任是玩弄的对象、法律是双标的遮羞布,世界陷入数字化冷战。第一,科技新冷战。以美国为首的西方国家采取科技封锁、军事围堵、经济欺压等手段威胁其他国家,一方面通过制定《国家量子倡议法》《美国人工智能发展倡议》《出口管制改革法案》等,限制芯片、量子计算、脑机接口等14类新兴和基础技术出口。另一方面通过改组"中兴"、起诉"华为"、制裁"晋华",先后将200多家中国高新技术企业和研究机构(包括大学)列为"管制清单",随时出现类似MATLAB软件"授权许可无效"的情况①。事实上,科技的进步关系到全人类的发展,一个国家的科技进步不是另一个国家的损失,任何人对科技事业做出贡献都是值得欢迎的②。第二,网络舆论战。作为软杀伤力极强的战争,网络舆论战具有如下三个特点:一是作战队伍多元化。在传统舆论战中,参与作战的一般为国家和军队,但是在网络空间中,封闭局面被打破,个体也具有参与舆论战的力量,"帝吧出征,寸草不生"就是典型代表。二是作战方式多样化。依靠先进的科学技术,网络空间中的信息和文字以表

---

① 陈光:《科技"新冷战"下我国关键核心技术突破路径》,《创新科技》2020年第5期,第2页。
② 袁岚峰:《鼓吹科技冷战,格调太低》,《环球时报》2020年12月26日,第7版。

情包、动图、图片、音频、直播、视频等多种形式存在，达到视觉上和听觉上的冲击。三是作战时空自由化。网络的触角遍布全球，从作战领域上看，涉及社会的方方面面；从作战空间上看，突破了传统的地域；从作战时间上看，摆脱了时间的限制。网络舆论战是超前的、贯穿全程的，即使在战争结束后仍旧硝烟弥漫。第三，数字贸易战。继传统货物贸易战之后，全球新一轮贸易战"数字贸易战"正在上演。在经济领域，美国对中国航天航空、信息技术、智能制造等行业额外增加关税，单方面破坏了多次协商谈判达成的共识，不断升级和加剧数字贸易战，严重损害他国利益，对世界经济体造成了严重打击。在网络领域，美国设立特殊情报搜集部，并实施窃听、侵入和盗取等网络技术手段对世界各国进行情报搜集，严重干扰他国内部事务，对他国的发展指手画脚，严重违反国际法。在工业领域，美国对中国部分企业和机构实施各种不正当行为，窃取高层信息、盗取商业机密、挖走重要客户，是赤裸裸的违法行为，侵犯了相关人员、机构和企业的合法利益。

算法不正义。算法总是嵌入在人类社会语境中，从算法诞生之日起就已经携带有社会中存在的歧视、偏见和霸权，基于这种算法的场景应用，必将引起算法不正义的现象出现①。第一，算法歧视。隐藏在技术背后的算法歧视

① 林曦、郭苏建：《算法不正义与大数据伦理》，《社会科学》2020年第8期，第18页。

具有不确定性、黑箱性和复杂性等特征，一旦歧视侵入算法之中，在算法层面就会产生不公平现象，当歧视穿上算法的外衣，算法歧视将贯穿整个数据生命周期。日常生活中，"杀熟"现象频繁发生，商家通过算法分析，给不同的客户提供差别化的价格，例如外卖平台、网购平台和旅游平台等向会员客户和老客户索取的价格比新客户要高。在就业领域内，主要表现为关联歧视，通过算法比对就业者年龄、性别、身高、学历等外在条件，仅仅因为其中某一项不突出就剔除掉应聘者，其中涉及了年龄歧视、性别歧视、学历歧视等问题。就目前的情况而言，人类并不能摆脱算法歧视的风险，甚至会因为算法歧视所呈现出来的高度隐蔽性、结构性、单体性、连锁性等一系列特征进一步增加歧视识别、判断和审查的难度，给经典反歧视法律理论带来深刻挑战[1]。第二，算法偏见。美国研究机构 Data & Society 在《算法问责：入门》中指出，"使用算法的目的是避免人为决策中的偏见，然而，算法系统却将已有的偏见进行编码或者引入新的偏见"[2]。面对算法偏见带来的负面影响，需要理性认识导致算法偏见的原因。一是输入数据导致的偏见，算法一般是为了特定用途和需要而进行的策

---

① 张恩典：《反算法歧视：理论反思与制度建构》，《华中科技大学学报（社会科学版）》2020年第5期，第63页。

② 张涛：《自动化系统中算法偏见的法律规制》，《大连理工大学学报（社会科学版）》2020年第4期，第93页。

略设计,"若在起初的信息提供上,就存在着偏差,从而导致了偏见结果的形成,'偏进则偏出'"①。二是算法自身导致的偏见,算法的设计是一个逻辑的实现,其中包括算法设计、算法解释和算法应用等②,是一种黑盒算法,若是其中一环出现偏差,那么整个系统都是偏离的。三是人类对算法认知的偏见,算法决策、算法评估和算法预测带来的红利已经远远超出其负面影响,人类坚定地认为算法是绝对正确的、不会出错的,这一错误的认知已经在人类心中根深蒂固,即使算法出现偏差,也选择盲目地相信。第三,算法霸权。尤瓦尔·赫拉利认为,"算法已经可以说是这个世界上最重要的概念,未来世纪将由算法主导"③。对于数字世界而言,算法是数据流通和系统运行的核心,决定着整个数字世界的生死存亡,但算法不仅仅是毫无坏处的代码④。形成算法霸权的原因可能有以下两种:一种是开发人员通过算法后门取得的霸权,智能产品与普通产品不一样,最终控制权依旧在开发人员手中,消费者拥有的仅仅是产品的使用权,以手机和电脑为例,开发者可以远程要求消费者升级系统或更新软件,甚至未经消费者同意擅自

① 卜素:《人工智能中的"算法歧视"问题及其审查标准》,《山西大学学报(哲学社会科学版)》2019年第4期,第126页。

② 张涛:《自动化系统中算法偏见的法律规制》,《大连理工大学学报(社会科学版)》2020年第4期,第95页。

③ [以]尤瓦尔·赫拉利:《未来简史》,林俊宏译,中信出版社2017年版,第75页。

④ [美]约翰·C.黑文斯:《失控的未来》,仝琳译,中信出版社2017年版,第117页。

修改内部软件。另一种是开发人员在进行算法设计时的主观臆想,基于算法的回报是在特定的逻辑框架下实现的,如果开发人员将个人道德的倾向注入算法之中,那么他将具有解释"算法正义"的最高权力。这种权力是巨大的,算法被滥用的可能性也是巨大的,而且这些事都将发生在程序代码之中和防火墙之后。①

三、数字利维坦

20世纪下半叶以来,数字技术一度成为束缚"国家利维坦"的必要措施,可一旦使用不当,就有极大可能会出现反噬。特别是随着人类被数字技术奴役的现象日益凸显,数字技术的发展不仅孕育着走向数字文明的新机遇,而且埋伏着陷入"数字利维坦"(digital Leviathan)的现实风险和新型危机②。数字利维坦是数字技术向邪恶转化,超越人类并引发"数字统治"乱象的一种新型危机,它将带来碎片化风险,造成社会恐慌,引发伦理困境,潜伏着毁灭人类的"灰犀牛"与"黑天鹅"。一般而言,数字利维坦具体表现为:数字技术发展对虚拟社会的逐步消解;数字利维坦对社会分裂的助推;数字利维坦对个体化社会存在基石的

---

① [美]凯西·奥尼尔:《算法霸权:数字杀伤性武器的威胁》,马青玲译,中信出版社2018年版,第176—178页。

② 唐皇凤:《数字利维坦的内在风险与数据治理》,《探索与争鸣》2018年第5期,第42页。

冲击[①]。

数字利维坦带来碎片化风险。埃森哲在《数字碎片化：在分化的世界赢得成功》报告中指出，"数据、人才、服务和产品的流动受到的阻碍越来越大，这一'数字碎片化'趋势正在影响着全球"。第一，信息碎片化。一是碎片化的信息难以清楚阐释观点，简短又分散、繁多又重复，此外，人们可能在浏览一个网页的同时看着手机 App，聊着天的同时玩着游戏，注意力难以集中在同一件事上，稳定性越来越低。二是碎片化的信息质量不一，许多负面信息夹杂其中，但是人类无法一一辨别、去芜存菁，心性未定的人可能会因此养成不好的价值观、世界观和人生观。三是信息是以指数级的方式进行增长，可人类大脑能处理的信息十分有限，但贪婪是人类的本性，为了掌握更多的信息不得不浪费大量的时间和精力。[②]第二，场景碎片化。科技的应用是与场景紧密联系在一起的，场景碎片化是技术发展不可跨越的难题之一。场景的碎片化导致在各个节点上解决问题的算法不一，算法的碎片化现象也由此产生。这样一来，大规模的技术应用由于场景的碎片化不断出现新的问题，算法也不得不同步做出修改。特别是人类社会

---

① 未来，只有不同社会群体通力合作，才能有效利用数字技术为人类服务，遏制"数字利维坦"的恶性演化（郗彦辉：《数字利维坦：信息社会的新型危机》，《中共中央党校学报》2015年第3期，第46—51页）。

② 路颖妮：《"微信息"带来碎片化世界》，《人民文摘》2014年第11期，第27页。

系统的不确定性和复杂性会引发更多的碎片化场景，最终，算法更新成为一个无休止的问题，人类将在这个漩涡中难以脱身。第三，空间碎片化。人类对空间的认识依赖于现有知识和技术手段，知识面越广、技术越先进，对空间的理解就更加深刻。数字时代，一面是碎片化的人类，另一面是碎片化的空间。区块链能够重构空间的存在形式和成分，它以去中心化的特点将空间分割成许多个碎片，并将其分布在世界各地。空间的碎片化带来的问题也是十分明显的：一方面空间运营成本增加，空间与空间之间的操作是孤立的，为了能达到整体运行的效果，必定会进行容量跟踪和相互协调，因此，多个碎片空间的运行和维护比起一个空间来说，需要的经济成本、人力成本和物质成本都会高出几倍；另一方面泄露数据的风险增大，数据的价值必定是在其交换和处理的过程中实现的，碎片化空间也就意味着数据出口的碎片化，每一个数据出口都可能成为数据泄露的缺口。

　　数字利维坦造成社会恐慌。人类很久以前就听到了"数字列车"的汽笛声，但当它疾驰到人们眼前时，还是惊吓到了人类[1]。数字技术不仅给人类社会带来了全方位、多层次、宽领域的变革，还为人类带来了全新的生存挑战，

---

[1] ［以］尤瓦尔·赫拉利：《为何技术会促成专制》，魏刘伟编译，《世界科学》2018年第12期，第52-55页。

也就意味着人类在憧憬美好未来生活的同时,对数字技术背后的"利维坦"忧心忡忡。爱因斯坦就曾说过,"我害怕有一天科技会取代人与人之间的交流,我们的世界将会充斥着一群白痴"。霍金也向人类发出过警示:"人工智能可能会导致人类的灭绝,甚至可能在接下来的100年之内就将人类取而代之。"数字技术在政治、资本和金融等的裹挟下,引发了数字利维坦的恐慌,造成了人类数字化生存的困境。美国法哲学家凯斯·桑斯坦指出,"网络对许多人而言,正是极端主义的温床,因为志同道合的人可以在网上轻易而频繁地沟通,但听不到不同的看法"①。2018年3月7日,"中国两大数字货币交易所被黑客攻击,大量投资者恐慌性抛售,比特币一小时内就跌了10%。黑客通过做空交易立即获利。将这场恐慌推向更恐慌的是,这家数字货币交易所提出了'交易回滚'的措施,用违背区块链'去中心化'精神的方法解决这个问题,结果引来更多投资者的不信任和抛售"②。除此之外,数字技术在一定程度上可以增加人类自由选择的空间,可是这些空间的范围、秩序和内容等都是被数字技术强制划定的,因此,人类只能在数字技术设置的空间内选择,再加上空间与现实社会的相关

---

① [美]凯斯·桑斯坦:《网络共和国:网络在社会中的民主问题》,黄维明译,上海人民出版社2003年版,第51页。
② 刘芸:《标准的秩序与区块链的失序》,《大众标准化》2018年第3期,第5页。

性，技术在无形之中全面宰制着现实社会的方方面面。一方面，数字技术以其高效性、准确性和专一性的优势，专制着人类的生活，使人类变成技术发展的工具，沦为程序化的存在物。另一方面，数字技术以其标准化、制度化和系统化的特点，逐步消解人类社会，造成人类政治权力的转移甚至缺失。在这样的情境下，人类是被自由、被选择和被生存，而人类社会则是完全受制于数字技术，人类在看似正义程序和公共规范的系统化暴力中变得无可奈何、无处申冤。"可以说，现代人的'数字利维坦'恐慌是数字技术带来的现代性困境的普遍心理反应。"[①]

数字利维坦引发伦理困境。霍布斯认为，"对于国家或'利维坦'来说，最危险的思想观念莫过于认为个人是善恶行为的独立判断者"[②]。这种观念在一定程度上是正确的，因为人类之所以能成为地球上的支配生物，是由于人在创造工具、使用工具、改造工具的过程中具有天然的判断力和选择力，但人类也只能根据自己的欲望和理性判断善恶、辨别是非，在伦理的选择上有极强的主观性。伦理的本性应当是实现人性道德价值的基本手段，而且能够促

---

① 熊小果：《数字利维坦与数字异托邦——数字时代人生存之现代性困境的哲学探析》，《武汉科技大学学报（社会科学版）》2021 年第 3 期，第 325 页。

② 吴增定：《利维坦的道德困境：早期现代政治哲学的问题与脉络》，生活·读书·新知三联书店 2012 年版，第 150 页。

进人的自由与全面发展①。但人类作为一种有思想、有情感、有需求的复杂生物,不得不为了自身需求而进行抉择,选择利益比选择伦理更加容易满足人类需求,而付出的成本却更低,由此,选择抛弃伦理的现象尤为明显。简言之,从工业时代到数字时代,优胜劣汰的压力迫使有些人无法通过正规合法的途径完成进阶,必定会选择违背道德伦理的手段寻求数字化生存。人类创造出科技产品,目的是代替某一器官完成特定任务,是为了享受自由和解放,但是惰性驱使人类背离初衷,让其听从机器的命令,受制于科技产品,这种状态下的人们没有道德伦理可言,他们只是一味地追求快乐和便利。进一步说,人类所创造出的对象是反映人类思想的存在,而科技创造出的对象不仅反映人类思想,甚至是超出人类思想以外的未知物,这些未知物可能会导致人类道德的沦丧。"在美国,有30多个州的假释委员会正使用数据分析来决定是释放还是继续监禁某人,并且越来越多的美国城市采用基于大数据分析的'预测警务'来决定哪些街道、群体或者个人需要更严密的监控,仅仅因为算法系统指出他们更有可能犯罪。"②所以,数字伦理的缺失其实是人类在数字化大环境下,由自我意志不

① 牛庆燕:《现代科技的异化难题与科技人化的伦理应对》,《南京林业大学学报(人文社会科学版)》2012年第1期,第15页。
② 唐皇凤:《数字利维坦的内在风险与数据治理》,《探索与争鸣》2018年第5期,第43页。

坚、能力不足、欲望过高等导致的伦理丧失和人性泯灭。可以说,数字技术背后隐藏的"利维坦"正在影响人类的伦理选择。

第二节 重混与秩序

重混是一种混沌和秩序共生对立、相互转换的内部结构和运动过程,它不是旧方式与新方式的硬性混合,而是构成要素的整合与排列方式的重构。世界在混沌与秩序中的演化让人们认识到重混的力量,而新一代数字技术所暗含的,就是这样一种充满力量的重混。纵观人类社会的发展过程,无不是秩序解构与重构的过程。当前,网络空间的崛起,既给人类带来了新的挑战,也带来了秩序重建的机遇。在新一轮秩序变革中,新技术的力量日益凸显,区块链在其中正起着越来越关键的作用。

一、重混的力量

纵观人类社会发展史,无论是文明的增长,还是经济的增长,甚或是数据的增长,无不来源于重混。正如凯文·凯利在《必然》中所预言的那样,"'重混'是一股必然而然的改变力量"。当前,人类正处于并将长期处于一个重混的时代,重混必将给规则与秩序带来前所未有的冲击。

重混时代的来临。在古人的世界观里,混沌成了混乱和无序的代名词。直到20世纪70年代,随着科学和数学的重大进展,人们逐渐认识到混沌更深刻的本质——无序和有序的结合。与混沌经常相提并论的是"熵"。熵并不是用来衡量混乱程度的量词,而是用来衡量状态的多重性,高熵值的状态极有可能是无序的[①]。在138亿年前宇宙大爆炸开始之前,一切都是有序的。然而,在大爆炸之后,宇宙向混沌大步行进。作为宇宙大爆炸的产物,时间是"热力学第二定律所指的熵增定律画出来的单向箭头,熵增定律的不可逆,这也代表着时间不可倒退"。时间的不可逆性为我们在混沌中带来了秩序[②],而秩序和混沌是相互对立且可以融合的。重混就是融合内外部资源创造新价值。重混是创新的本质,乔布斯曾说:"创新就是把各种事物整合到一起,有创意的人就是看到了一些联系,然后总能看出各种事物之间的联系,再整合形成新的东西。这就是创新。"可以说,创新是把已经建好的各种制度、流程等稳定的结构打破,让它又重新变成一个混沌状态,让这些原有的元素进行重新组合。所谓的"创新"都是打破原有的模式和结构,重新组合,而不是完全的从无到有,包括

---

① [美]塞萨尔·伊达尔戈:《增长的本质:秩序的进化,从原子到经济》,浮木译社译,中信出版社2015年版,第18页。

② [美]塞萨尔·伊达尔戈:《增长的本质:秩序的进化,从原子到经济》,浮木译社译,中信出版社2015年版,第29页。

iPhone、微信的诞生，都是对原有格局、行业、做法、模式、思想的一种突破和重构。在自然世界中，最软的石墨和最硬的金刚石，都是由碳原子构成的，它们的巨大差异只是因为碳原子的组合方式不同，人类需要重混才能释放个体的智能，重构我们的组织方式、生活方式、创造方式，从而获得群体智慧。就像数据的存储并不增加硬盘质量，而是通过改变信息载体排列顺序实现的。数字时代文明的增量也是从对人与社会的重构开始的①。通过重新排列组合，原要素之间的边界被打破。随着旧边界的消失，有序开始走向无序，但重混并不是混杂一堆胡乱重合，而是有序的排列组合，所以无序之中又贯彻着有序。在一个重混的世界里，跨界随时发生，一个领域的资源跨界与另一个领域的资源重新排列组合，就可能产生创新。伴随文明的不断演进、科技的不断进步以及人类对世界认知的不断增长，世界呈现在人类面前的面貌越来越清晰。然而，随着重混时代的到来，眼前的世界依旧充满着不确定性，时常伴有难以预见的风险与变革，人类仍然在模糊认知中踽踽独行。很多时候我们并不能精准地度量、预测与控制。价值、法律、规则存在不确定性，权利也是如此。这些不确定性意味着复杂与无序，给人类社会带来混乱与迷茫，给人

---

① 王文、刘玉书：《数字中国：区块链、智能革命与国家治理的未来》，中信出版社2020年版，第3页。

类共同生活带来风险与挑战。

增长来源于重混。世界不是"新"的,而是"混"的,人类社会的发展来源于一次次重混。其一,文明的增长来源于重混。在过去的几万年里,人类社会的发展经历了从扩散到分成不同群体到最后再次合并的过程,但合并并不是回到了原点。正如尤瓦尔·赫拉利在《未来简史》中指出的那样:"过去的多元族群融入今天的地球村时,各自都带着思想、工具和行为上的独特传承,呈现一路走来的收集与发展成果。"人类文明的演变进程不过是思想上的一次次重混。2000多年来,每一次社会的进步,并非发现了新的思想,而是对轴心时代某一种思想的重新认知与实践。同样,推动人类文明进程的新兴技术,其产生演化也不过是早期原始技术的重混。圣塔菲研究所经济学家布莱恩·阿瑟认为,"所有的新技术都源自已有技术的组合"。现代技术是早期原始技术经过重新安排和混合而成的合成品[①],我们可以将数百种简单技术与数十万种更为复杂的技术进行组合,那么就会有无数种可能的新技术,而它们都是重混的产物。其二,经济的增长来源于重混。关于经济增长的决定性因素到底是什么,人们的认识并不统一。现代经济增长理论认为,经济增长不仅仅取决于资本、劳动力以及资本和劳动力对产量增长的相对作用程度,最重要的

---

① [美]凯文·凯利:《必然》,周峰等译,电子工业出版社2016年版,第223页。

动力因素是技术进步①。经济学家约瑟夫·熊彼特将使用新技术归结为创新的重要内容,认为企业家实现了新产品和新技术的组合。与熊彼特的"技术创新理论"侧重以"新结合"或者"新组合"的方式提出如出一辙,经济学家保罗·罗默认为,"真正可持续的经济增长并非源于新资源的发现和利用,而是源于将已有的资源重新安排后使其产生更大的价值"。凯文·凯利在《必然》中提出:"经济增长来源于重混。"至此,对于经济增长的研究逐步从对要素本身的关注转至要素的重组上来,重组成为数字社会创新和财富的动力源泉②。其三,数据的增长来源于重混。数据的重新组合对于数据量的持续增长至关重要。从性质上看,跨界、跨域的关联和重组是数据自身发展的天性,它能够打破时空的界限进行快速流转和聚合,把同一类型、同一领域的数据聚集成类,相互作用,并形成更大范围、更高层次、更深程度、更多领域的持续集聚,进而在新的条件下形成新的数据集。单个数据没有意义,经过重新组合形成新的数据集,通过关联分析,产生更多的数据子集才有特定

---

① 美国未来学家阿尔文·托夫勒在其《未来的冲击》一书中也提到,在这些惊人的经济现象之背后,隐藏着一种巨大的变革动力——技术,但这并不表示其是推动社会变革的唯一动力。事实上,大气中化学成分的改变、气候的变化、土壤肥力的改变及其他种种因素都会导致社会动荡,但不可否认,技术仍是加速冲击的主要力量。
② [美]凯文·凯利:《必然》,周峰等译,电子工业出版社2016年版,第242页。

的价值[1]。数据重混的价值就是新规律新价值的发现。数据重混的方式从交互程度角度讲,可分为数据组合、数据整合和数据聚合三个层次(见图4-1),从低到高逐步实现分散、无序数据的深度聚合[2]。

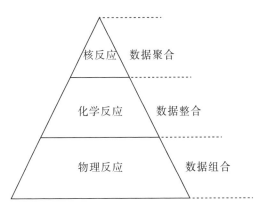

图4-1　数据重混的三种方式

重混对秩序的冲击。重混时代下,技术的革新使得创

---

[1] 人类对于数据价值的认识可以分为三个阶段:一是以计算机为基础,追求数据精细化的小数据时代;二是以系统性数据资源为基础,深入挖掘数据关系的大数据时代;三是以数据大爆炸为标志,数据拥堵的超数据时代。数据无处不在,它们躲在暗处嘲笑不会善加利用的人们,真相往往隐藏在数据的排列组合里。

[2] 数据组合由各方数据的简单组合构成,能够展现事物的全貌。该数据的重混产生的是物理反应,数据属性本质没有改变。如一份征信报告,有交易数据、通信数据、购物数据等,只是简单拼装而成。数据整合由多方的数据共同存在才能够实现价值。该数据的重混产生的是化学反应,有价值产生。如黑名单,要通过金融数据和通信行业数据进行关联才能判断是否进入黑名单,如用户有异常金融行为,再加上该用户频繁更换手机和停机次数多,基本可判断为黑名单用户。数据聚合由双方数据聚合孵化产生新的价值,该数据的重混产生的是核反应,产生的是新模式。如分期贷款,通过大数据风控能力,不仅减少审核流程,而且也能进行贷中监控和贷后管理,还能够对失联用户进行定位和催收,是一揽子计划。

新的可能性发生了变化,互联网和数字化的发展让人们随时随地可以创新。在过去,专业人士才是创新的中流砥柱;而现在,每个人都有这种可能性。在过去,只有少数人才能出版、成名;而现在,只要有手机、电脑、互联网,人人都有可能。创新的环境发生了改变,创新的途径更易获得,门槛也更低,人们越来越多地选择利用重混的方式表达自己的创新力和展现欲。随着创新门槛的降低,重混给人类带来价值的同时也带来了许多问题,尤其是规则和秩序方面的问题。秩序是人类社会生存和发展的根本保障,它并不是一成不变的,而是在社会主体及其相互作用的推动下逐渐发展变化的。在重混时代背景下,社会想要正常存在和进步就必须使不同的社会主体之间能够相互作用,进而构成一种规则体系。人类共同生存和生活决定了必须存在起码的社会秩序,其核心是每个社会共同体都需要解决如何利用共同的社会资源或财富以延续发展自身的问题。这要求每个社会选择和确立一个由谁(个人、集体还是其他组织形式)利用和如何利用(享有什么性质的权利等)数权的秩序。这一秩序通常是以权利制度设计为核心的,这便是以数权为核心的权利体系。数权界定数据资源产权,构建数字社会的资源利用秩序。数权成为数字社会组织联结的纽带,维系着数字社会共同体的生存边界。重混是对已有事物的重新排列和再利用,这对传统的财产观念和所有权概念产生了巨大的挑战和冲击。从某种意义上而言,我们的法律系统还停留在工商业时代的准则上,这已经落后于数字时代的发展。

二、秩序的解构与重构

秩序是根植在人类生产生活中的需求,体现为对有序的热衷和依赖。人类正步入一个由互联网、大数据、区块链等新技术多重叠加的数字社会,新一代数字技术以前所未有的速度、广度、深度影响社会秩序,与旧的体制和机制相联结的原有秩序正在被打破。

秩序的需求。人类的社会性生物特征决定了人类生存必须具备三个基本需求,即满足生物本能的物质资料、维系社会架构的秩序规则以及透视生存价值的意义建构,其中对社会秩序要件的需求是整个秩序需求的主要内容。实践证明,因为无序的存在,"无序即存在着断裂(或非连续性)和无规则性的现象,亦即缺乏智识所及的模式——这表现为从一个事态到另一个事态的不可预测的突变情形"[1],所以秩序就成了一种需要。人类对秩序的天然向往使得人类会本能地用有序代替无序,代替方式主要有宗教教条、道德规范以及法律规则等。其中,法律规则的强制

---

[1] 〔美〕E.博登海默:《法理学:法律哲学与法律方法》,邓正来译,中国政法大学出版社2004年版,第228页。

性对无序的替代最为彻底,最能满足人类对于秩序的需求。在文明的社会,法律是消除无序状态或预防无序状态首要的、经常起作用的手段[①]。秩序是人类共同生活的需要。秩序是由人类在生产、生活实践中有意或无意形成的各种原则、规则、规范决定的,也一定会随着各种原则、规则、规范的变化而变化。"因而人类社会的秩序必须是社会历史性的秩序,即处于形成、维持、解构与重建过程中的秩序。"[②]人类寻求秩序,"当然不是为了'秩序'本身,而是为了让自己顺利地、和平地生存与发展。秩序不过是人们正常地生存与发展所表现出来的有序性、协调性和可持续性等良性状态,因而也是人们过'好生活'的价值观的体现。所以,人类才以秩序作为追求的重要目标,并作为对个人及其相互关系的行为标准"[③]。从当前现实看,人们的温饱问题已基本解决,物质文化需要不再是迫切需要满足的,而美好生活需要必须在秩序需求得到基本满足后才得以更好地满足。因此,秩序需求才是瓶颈需求,是当前最紧迫、最稀缺的一种需求。

秩序的分类。恩格斯指出:"自然界不是存在着,而是

---

① 张文显主编:《法理学(第四版)》,高等教育出版社、北京大学出版社2011年版,第261页。

② 张曙光等:《价值与秩序的重建》,人民出版社2016年版,第130页。

③ 张曙光等:《价值与秩序的重建》,人民出版社2016年版,第165–166页。

生成着并消逝着。"①也就是说,自然界的演化,既有进化也有退化。进化是指"由无序到有序、由简单到复杂、从低级到高级不断向前进步的方向",是"分化了的秩序或复杂性的展开史",而退化则是指"由有序到无序、由复杂到简单、从高级到低级不断退步的方向"。②自然界和人类社会存在着各种结果、排列、组合,形成了各种秩序,每种秩序都有其特定功能和价值,深刻影响着人类的生产生活。秩序主要分为自然秩序和人为秩序,实体秩序和虚拟秩序,单一秩序和多维秩序,单纯秩序和混合秩序,显性秩序和隐性秩序,通用秩序和特定秩序,固定秩序和可变秩序,初始秩序和衍生秩序,实体秩序、理性秩序和数字秩序等③。在人类社会的不同历史阶段,所需要的秩序是不同的。农耕社会的秩序模式是一种自然秩序,农耕文明的简单性使人类的一切活动都具有较高的确定性,表现出一种静态特征,此时的自然秩序也表现出较高的确定性。人类进入工业化社会后,社会复杂性程度逐渐提高,自然秩序逐渐无法适应人类生产、生活活动的需要。20世纪后期,人类社会开始逐渐进入后工业化的历史进程,与之相伴随的则是

---

① [德]恩格斯:《恩格斯 自然辩证法》,于光远等译编,人民出版社1984年版。

② 武杰、李润珍、程守华:《从无序到有序——非线性是系统结构有序化的动力之源》,《系统科学学报》2008年第1期,第13页。

③ 文庭孝、刘璇:《戴维·温伯格的"新秩序理论"及对知识组织的启示》,《图书馆》2013年第3期,第6页。

人类社会复杂性与不确定性的快速增加,进而对创制秩序提出了新挑战。工业社会仅仅用了几百年的时间便迅速提高了社会的复杂程度,把社会推进到了一个高度复杂的时代,创制的秩序与规则面临失灵的窘境。在历史的坐标中,我们可以清晰地看到这样一条线索:农耕社会向工业社会的发展呈现复杂化的进程,这种复杂化打破了农耕社会的自然秩序并提出了重建秩序的要求。进入数字社会,随着社会复杂性的指数级增长,在高度复杂性和高度不确定性条件下,人类需要一种新的秩序。需要通过一场变革,建构一种能够适应高度复杂性和高度不确定性条件下的秩序。考察人类社会发展的历史过程,自脱离茹毛饮血、混沌蒙昧的时代以来,人类社会大抵沿着从低级到高级、从简单到复杂的螺旋式有序演进,体现出一种内在的"进步"秩序。

秩序的重构。"一部科学史表明,新秩序的构建,往往来源于旧秩序的重构,或在不同秩序之间去发现、寻找其中的共性和联系点,然后加以新的聚合,或将混沌的关系加以聚合,成为有序的、新的秩序体系。"[①]作为社会发展的必然要求,秩序的重建关乎整个社会各领域的文明规则与行为规范的确立,关乎道德和精神世界的拓展和提升,具

---

① 大数据战略重点实验室:《块数据5.0:数据社会学的理论与方法》,中信出版社2019年版,第307页。

有"人文价值"和"社会规则"的双重规定性。人类社会发展的不同阶段需要随之构建起相适应的秩序,戴维·温伯格在《万物皆无序》一书中,创造性地提出了三个层次的秩序思想。他认为第一层次的秩序是实体秩序,是对物质世界和事物本身的排列。第二层次的秩序是理性秩序,是根据我们预先设计好的秩序或分类体系,将有关事物的信息分到相对应的、固定的位置。第三层次的秩序是数字秩序,是一种没有预先设定的秩序,超越了分类体系的限制,是在利用数据时根据需要重新排列组合,建立一种特定的、满足个性需求的新秩序。①秩序是人类社会的黏合剂,秩序的存在与否与实现的程度如何是衡量社会文明程度的重要价值尺度。人类文明的本质是秩序的建构,纵观人类文明发展进程,对秩序的建构与追求是贯穿始终的主线。秩序具有价值指引与文明标尺功能,它指引但不明确干涉人类社会,也不对人类社会的基本结构做出明确的规定,只是为人类社会划定一个可能的空间。在古代社会,巫术、宗教等支配着整个人类社会,人类养成的敬畏神明、不尚竞争的心性结构使人类在价值追求上更加注重神圣价值。现代社会经过"祛魅"后,生产、竞争成为人类生活的核心内容,人类养成的乐于竞争的心性结构使人们在价

---

① [美]戴维·温伯格:《万物皆无序:新数字秩序的革命》,李燕鸣译,山西人民出版社2017年版,第4页。

值追求上更加注重实用价值。从某种意义上说,古代文明和现代文明似乎是"瘸腿"的文明,价值追求的偏颇是根源所在。从这个意义上来看,价值秩序是社会文明状况的"晴雨表"。数字时代,网络空间的崛起给人类带来了新的挑战,也带来了重建秩序的机遇。在新一轮秩序变革中,区块链的改变力量凸显,历史上秩序的重构从来没有像今天这样由新技术起到如此重要的作用。

三、区块链赋能新秩序

众所周知,人类社会从原始文明过渡到农耕文明再到工业文明,所耗费的时间逐渐减少。究其原因,科技革命无疑起到了巨大的推动作用。当前,人类社会正以冲刺之姿奔向全面渗透、跨界融合、加速创新的数字时代。这愈发激烈的社会演进态势,加速改变了人类社会发展的步伐。在这过程中,随着数字技术在全人类生存中的广泛应用,人类社会的秩序被打乱,人类赖以生存和发展的地球也将随着数字化发展演进成为"数字地球"。在这样一个数字世界中,人类必须学会适应数字技术带来的变革,并致力于将技术赋能人类社会发展的新秩序增长。党的十九届五中全会提出:"要发展数字经济,加强数字社会、数字政府建设,提升公共服务、社会治理等数字化智能化水平。"这也是官方正式明确数字化发展内涵,即以数字经

济、数字社会、数字政府为三大支柱开展数字技术创新与
应用。

区块链与数字经济。数字经济是随着新一代数字技
术的蓬勃发展和广泛应用而形成的,继农业经济和工业经
济之后的一种新的经济形态。最早提出"数字经济"术语
的是被誉为"数字经济之父"的加拿大学者唐·塔普斯科
特,他在其著作《数字经济:网络智能时代的承诺与危机》
中指出,数字经济是基于新一代信息技术,以资源优化配
置为导向的高级经济形态,区块链技术的出现,强化了数
字经济的资源配置潜力[①]。其后,《数字化生存》《数字经
济》《网络社会的崛起》三本著作相继出版,在媒体和政府
的共同推动下,数字经济理念日益流行并深入人心[②]。回
顾人类经济发展史可以发现,18世纪以前的人类文明,基
本都可以归为农业经济;而18世纪后半期爆发的以"机械
化"为代表和19世纪后半期以"电气化"为代表的两次工业
革命成为人类经济发展史上的重要拐点[③]。随着数字技术
的发展,人类经济发展开始从工业经济迈向数字经济。数
字经济的诞生正是因为工业经济发展到新阶段的新需求
和数字技术的出现。新技术逐步渗透于经济、社会和生活

[①] Tapscott D. *The Digital Economy: Promise and Peril in the Age of Networked Intelligence*. New York: McGraw Hill. 1995, p. 3.

[②] 闫德利:《数字经济》,中共中央党校出版社2020年版,第6页。

[③] 张一锋:《区块链:建构数字世界的新工具》,《信息化建设》2018年第11期,第37页。

复杂的动态过程中,也为人类社会及其经济组织的运行方式带来了颠覆性改变。可以说,我们现在已经生活在一个"数字达尔文主义"的时代,对人类是否能够适应数字化生存而优胜劣汰的选择过程便是这个时代的核心要义。区块链技术成为人类向数字化社会迁徙和进行数字经济活动的重要工具之一①。在席卷全球的区块链技术应用浪潮中,利用区块链技术把握好发展数字经济的最佳时机则成为当下全球发展的科技命题之一。在人类传统的经济交往模式中,我们时常会因为交易对手的信用而犹豫和担心,为商业票据的真伪所焦虑,为提升经济运行效率而忧愁。然而这一切,都会随着区块链技术的到来而改变。区块链技术利用加密算法和共识机制保证数据不可篡改和伪造,让抵赖、篡改和欺诈行为的成本巨大②,有助于构建安全可信的数字经济规则与秩序,让人类社会开展的合作更加紧密,并为人类协同治理数字经济奠定信任基础。在区块链技术的强势赋能下,传统的数字经济单一的"数据互联"模式,将会发展为"信任互联"和"价值互联",新的数字经济能在点对点信任的基础上有效传递信息和价值,从而颠覆金融、生产制造、生活消费等各个方面。具体来说,

---

① 刘权主编:《区块链与人工智能:构建智能化数字经济世界》,人民邮电出版社2019年版,第94页。

② 曹红丽、黄忠义:《区块链:构建数字经济的基础设施》,《网络空间安全》2019年第10期,第78页。

区块链的分布式账本技术可以弱化网络信息不对称,共识机制有利于消解人类数字信任,非对称加密和智能合约则可以进一步保障数字经济安全。[①]可信数字经济最重要的是达成共识,而就共识机制的形成来看,区块链有助于各方事前达成共识,进而在共识和信任的基础上形成一套共识机制,以解决上链中的垄断问题。数字革命改变了创新的本质,技术赋能更是拓展了数字经济的范围边界,从而构建包容性数字经济模式。

区块链与数字社会。人类正在从物理世界向数字世界迁徙,但人类社会的数字化迁徙过程并非一帆风顺,物理世界与数字世界并不是一一对应、完全吻合的。无论是转化技术,还是规则构建,都面临着一系列困境,如技术障碍、法律障碍、数据障碍等映射的难题在物理世界与数字世界之间产生了"鸿沟",阻隔了物理世界数字化以及两个世界的链接与互通[②]。但值得庆幸的是,每一次技术进步都始终推动着社会不断发展和进步,由信息技术发展引起的社会体系基础变化导致了新社会秩序的形成。数字技术变革重构了人们的现实世界与虚拟世界,"数字化生存"

---

① 邝劲松、彭文斌:《区块链技术驱动数字经济发展:理论逻辑与战略取向》,《社会科学》2020年第9期,第68—69页。

② 刘权主编:《区块链与人工智能:构建智能化数字经济世界》,人民邮电出版社2019年版,第3—9页。

超越预言而成为现实，数字社会扑面而来①。"数字社会"作为一种特定的社会文化形态，借由数字化、网络化、大数据、人工智能等当代信息科技的快速发展和广泛应用而得以孕育成型②。凯文·凯利在畅想未来数字世界时曾说："镜像世界将物理世界与虚拟的数字信息链接起来，在人与计算机之间创造出一种无缝的交互体验。"区块链技术使数字孪生走上正轨、步入现实，在数字孪生这类先进理念的引领下，在数字科技的驱动下，人类社会数字化迁移逐渐加速。在当今数字时代的大背景下，人类的生产生活开始从数字化、网络化迈向智能化，"数据、算法和算力成为新兴的发展动力和技术支撑"③，加速了用智能数字技术重构工业文明的趋势，人类社会进入了如德国哲学家、社会学家尤尔根·哈贝马斯所说的"复杂社会"的时代④。在这个极其复杂的社会中，人类彼此之间的交互、信任与合作都面临着新的问题和挑战，而区块链的多个技术特性正是应对和化解这些问题和挑战的最新路径。区块链"去中心化"的核心技术特性可以使人们在社会治理参与中体会

---

① 吴新慧：《数字信任与数字社会信任重构》，《学习与实践》2020年第10期，第87页。

② 李一：《"数字社会"的发展趋势、时代特征和业态成长》，《中共杭州市委党校学报》2019年第5期，第83页。

③ 马长山：《数字社会的治理逻辑及其法治化展开》，《法律科学（西北政法大学学报）》2020年第5期，第5页。

④ 裴庆祺、马得林、张乐平：《区块链与社会治理的数字化重构》，《新疆师范大学学报（哲学社会科学版）》2020年第5期，第118页。

到更多的平等、自由,而且可以实现信息的公开透明、相互监督,这样的技术赋能实质上就是赋权于人类,有助于不断优化现有社会治理范式、增强社会公平和社会信用,重构、变革与升级数字社会的治理体系,也有助于数字社会治理能力的提升。区块链作为社会发展的基础支撑技术,将难以量化的社会治理问题转化为数字问题,实现社会治理的数字化、网络化、智能化整合,推动可信社会向可编程社会迈进,构建更加完善的可信数字社会,打造共建共治共享的社会治理格局。区块链作为数字社会治理体系的重要支撑技术,是数字社会转型过程中一项重要的基础设施和治理科技,区别于其他技术和应用。

区块链与数字政府。"数字政府是政府为适应和推动经济社会数字化转型,对政府治理理念、职责边界、组织形态、履职方式以及治理手段等进行系统发展和变革的过程。"[①]人类社会的政府数字化进程大体相同,可分为"政府信息化""电子政务"和"数字政府"三个阶段[②],每个阶段的优化升级都得益于技术的发展和政策的推动,只是每个国家由于技术、政策等差异,在每个转型阶段的停留时间长短不一而已。传统的农业社会和工业社会的政府治理旨

---

① 鲍静、范梓腾、贾开:《数字政府治理形态研究:概念辨析与层次框架》,《电子政务》2020年第11期,第3页。

② 黄璜:《数字政府:政策、特征与概念》,《治理研究》2020年第3期,第8-9页。

在管控社会；而信息社会的政府治理则旨在谋求服务社会[1]。可见，所谓"数字政府"绝不仅是单纯的政府工作和政务处理的电子化，其深刻内涵则是政府利用数字化技术丰富数字化思维、促进数字化服务。数字政府也并非一个全新的事物，它是从管理到治理、从技术创新到应用实践的转变，数字政府使行政过程服务化、智慧化、系统化、精准化，旨在凸显公共利益最大化效果，实现国家治理现代化的目标[2]。数字政府在技术创新的驱动下，深度融入政府治理和服务的诸多场景中，并逐渐实现了在业务服务上诸多新的可能。数字政府建设也是服务于我国在全球治理格局中构建"人类命运共同体"的必要支撑[3]。基于区块链技术的"数字政府"，能够实现数据的不可篡改、可溯源、安全可信以及分布式存储、保护隐私等需求，在优化政务服务流程、促进政务数据共享、降低"数字政府"运营成本、提升政务协同工作效率等方面将发挥重要作用[4]。在区块链赋能数字政府的国际实践中，爱沙尼亚、美国、格鲁吉亚

---

① 戴长征、鲍静：《数字政府治理——基于社会形态演变进程的考察》，《中国行政管理》2017年第9期，第24页。

② 王焕然等：《区块链社会：区块链助力国家治理能力现代化》，机械工业出版社2020年版，第282页。

③ 鲍静、范梓腾、贾开：《数字政府治理形态研究：概念辨析与层次框架》，《电子政务》2020年第11期，第10页。

④ 丁邡、焦迪：《区块链技术在"数字政府"中的应用》，《中国经贸导刊(中)》2020年第3期，第6页。

等国家高度重视区块链技术的研究与应用,其中爱沙尼亚被认为是数字政府的全球领先国,其全民数字身份证项目KSI(Keyless Signature Infrastructure,无钥匙签名基础设施)和"数字国家计划"更是走在区块链技术应用的前列[①]。区块链的特性让政府管理能够实现更高层级的目标,如权利透明、安全性可靠、包容性强大和价值的细分等[②]。值得注意的是,在数字技术高度发展的今天,数字政府与法治政府的共进是实现国家治理体系与治理能力现代化的必经之路,协商民主与治理科技的交融也成为政府数字化转型的重点关注对象。在我国政府治理的众多传统机制和模式中,协商民主作为一种整合社会关系、减少社会矛盾、扩大社会共识的政治制度不可忽视,但在实践中还存在一些问题,特别是"协商面窄、参与人数少、协商场所局限性大、协商渠道不畅、协商流程复杂等直接制约着协商效力"[③]。但最为关键的还是缺少了协商民主所需的技术和制度支撑。而基于区块链,特别是主权区块链的技术运用正是解决这一问题的关键突破口。主权区块链作为制度之治,相比区块链技术而言,增加了国家主权、政府监督、

---

① 王益民:《数字政府》,中共中央党校出版社 2020 年版,第 167 页。

② 王延川、陈姿含、伊然:《区块链治理:原理与场景》,上海人民出版社 2021 年版,第 213 页。

③ 连玉明:《向新时代致敬——基于主权区块链的治理科技在协商民主中的运用》,《中国政协》2018 年第 6 期,第 81 页。

技术干预、非完全去中心化等注入有主权意志的特性。按照主权区块链的理念,协商民主将成为一种算法,在技术规制的基础上建立一套共识和共治机制,为数字社会的民主实践提供数字化支撑。主权区块链的发明,为我们提供了一个从善政到善治的新路径。善政是中心化的,权威从中心开始慢慢往外扩散,效率也在慢慢递减。善治是去中心化的,基于共识机制并通过编程和代码实现多个主体之间的治理。如果基于主权区块链的治理科技能够在协商民主中运用,对中国特色协商民主制度建设以及增进人类社会制度文明的贡献是巨大的。

第三节　科技向善

科技改变世界,向善启迪未来。科技也是一把双刃剑,是一把正悬在人类头顶的达摩克利斯之剑。它是维护正义的"亮剑",也是战争狂人的帮凶;它为人类带来了自由,也为人类套上了枷锁。新科技在给人类带来福祉的同时,也在不断突破伦理底线和价值尺度,"基因编辑婴儿"等重大科技伦理事件震惊社会,引人深思。如何让科技始终向善,在极大程度上将影响到人类的生存与社会秩序的规制和规范。科技的灵魂,永远在于展现其"天使的一面"而非"魔鬼的一面",在于为人所用,而非让人类自毁长城。

人是科技的尺度,价值观决定科技的方向。在当下以及可预见的未来,新科技定会层出不穷,我们也将生活在愈加科技化的环境中。科技是一种能力,向善是一种选择,选择科技向善,要靠良知的坚守与利他的情怀,只有秉承"科技向善"的理念,避免"技术的贪欲",让技术更有温度,才能构建一种持久稳定、公平正义的数字新秩序。

一、良知之治与利他主义

科技是人性的表现,是人与自然相融和谐的手段,是人性中的善和良知与外部世界客观真理的结合方式。所谓良知即所谓的善,是不学而能、不虑而知的人心固有的是非之心,它既是人心的道德意识,又是人心的道德情感。良知是数字社会当然的产品,背离和失去良知的科技终将走向失败。数字时代,科技向善要坚守良知和向善利他的底线,只有这样才能更好地推动科技始终朝着服务人类共同价值和共同利益的方向发展。

从契约精神到良知之治。契约精神是人类从自然经济演进到商品经济、从身份社会演进到契约社会的产物,是伴随商品经济、市场经济和民主政治而生长起来的文化奇葩[1]。所谓契约精神是指存在于商品经济社会,而由此派生的契约关系与内在原则,是一种自由、平等、守信的价

---

[1] 李璐君:《契约精神与司法文明》,《法学论坛》2018年第6期,第64页。

值取向。古希腊海洋经济的发展催生了商品经济的繁荣，随着商品经济的发展和契约形式的普及，契约的思想和逻辑渗透到社会生活和社会意识的各个领域，契约精神也随之在西方文化中生根发芽。最早的契约精神可以追溯到亚里士多德的正义论，他将人与人之间的"交往活动"分为自愿交往和非自愿交往，在自愿交往中就包含了签订契约的思想①。古希腊时期，契约精神体现最明显的是伊壁鸠鲁学派。该学派认为，国家与法律就是社会契约的产物，订立契约的价值在于保障个人的自由和安全，从而维护国家或城邦的安定。作为近现代西方文明核心的契约精神，虽然不断地超越制度和区域的界限，但由于极为复杂的原因，迄今为止并没有成为一种具有普遍意义的全球价值观。相比较之下，许多人更津津乐道于不按规则出牌，习惯于从破坏规则中获得短期利益，乐于把破坏游戏规则当成智慧的象征，契约精神缺失的现象比比皆是②。从人性的角度来说，人性中既有动物的一面，又有天使的一面，从前者出发，人是自爱的、利己的，从后者出发，人是有同情心的、利他的，而契约来源于人的动物的一面，良知则来源于人的天使的一面。契约的订立是由于人是自利理性的经济人。根据"自利与理性"原则的一个自然推论，经济人

---

① 丛斌:《规则意识、契约精神与法治实践》,《中国人大》2016年第15期,第17页。
② 汪中求:《契约精神》,新世界出版社2009年版,第14页。

具有借助于不正当手段谋取自身利益的机会主义行为倾向，如说谎、欺骗、违背对未来行为的承诺等①。因此，从社会角度看，建立一个健全社会既需要契约精神也需要良知之治。所谓良知即所谓善，是一种高尚的道德力量②。卢梭认为，良知是人的生存出发点，人一定是择善而从，而善只能来自人的良知；因此，良知是真善判断的最高权威③。过去半个世纪以来，科技企业的进取精神是人类文明进步的核心动力。而在未来相当长的时间里，治理科技的向善精神将成为人类文明跃迁的重要保障。科技向善是通往普遍、普惠、普适数字社会的路标，其塑造了数字社会的第一个特征——向善利他。良知是科技向善的内涵，阳明心学在全球范围内传播与普及，成为构建人类命运共同体的文化源泉之一。正如美国夏威夷大学哲学系终身教授成中英所说，"阳明心学以道德良知为核心的道德理想主义，对于救治当今世界道德滑坡、唯利是图、物欲横流的非人性化弊端无疑是一剂对症良药"④。人类对自然肆无忌惮地掠夺和破坏，使得人与自然、人与自我、人与世界依旧处于一种失衡状态，这个问题在 21 世纪可能变得更为严重，

---

① 陈立旭：《现代社会既要契约也需要良心》，《观察与思考》1999 年第 1 期，第 26 页。

② 郑万青：《构建良心看护下的契约社会——兼议法治的道德产品》，《观察与思考》1999 年第 2 期，第 16 页。

③ 谢文郁：《良心和启蒙：真善判断权问题》，《求是学刊》2008 年第 1 期，第 47 页。

④ 辛红娟：《阳明心学在西方世界的传播》，《光明日报》2019 年 5 月 11 日，第 11 版。

需要重新用"良知"来审视和反思,通过"致良知"克制私欲,回归初心。通过"天地万物为一体"与不确定性相处,与动荡的世界相处。

良知之治的文化内涵。一是心即理——良知之治的理论基础。"心即理"是中国传统哲学流派心学的重要命题,由宋代哲学家陆九渊提出,明代王阳明完善了这一哲学命题。王阳明认为,具体物事稍纵即逝,因而若要使"理"免于消失之风险,必须寄附于恒久不失的"心"①。"心即理"是由具有觉知、主宰能力的"心"与综合所有善德的"理"组合而成的至善本体②,所表明的是"心"与"理"的互构关系,"心"建构着"理","理"建构着"心",并在这种相互建构中成为不可分割的统一体。"心即理"的进一步发展便是"良知即是天理",由此,"心"与"理"的互构关系被转化为良知与伦理规范之间的互构关系。一方面,良知是制定伦理规范的根本依据,一切伦理规范都应符合人天生的向善本性。另一方面,伦理规范有助于人区分良知与私欲,从而有助于巩固与发扬人心中的良知。③二是知行合一——良知之治的理论主体。知行问题在中国哲学史上由来已久,自《尚书》提出"知易行难"命题以来,直至朱子

---

① 李承贵:《"心即理"何以成为阳明心学的基石——王阳明对"心即理"的传承与论证》,《贵阳学院学报(社会科学版)》2020年第6期,第1页。
② 李承贵:《"心即理"的构造与运行》,《学术界》2020年第8期,第125页。
③ 杨道宇:《"心即理"的认识论意义》,《中州学刊》2015年第5期,第100-101页。

理学始对此问题有了基本的解决。及至王阳明,自明武宗正德三年(1508)龙场悟道之后,次年即有"知行合一"之论①。"知行合一"论奠基于王阳明良知宇宙论基础上,王阳明认为:"知者,良知也。"所谓的知行合一就是合于人内心的"知善知恶"的良知。"知行合一"论围绕着良知的特性以及良知的朗现与落实来说,目的是叫人体认良知:一有恶念,马上克除;一有善念,马上去行。只有这样,才能体悟到本体良知,认识到真正的自我②。从这个意义上而言,知行合一是良知伦理学的命题,甚至可以说,良知本身必然展现为知行合一,反过来亦是如此,知行合一就是以良知的自我实现为目的。三是致良知——良知之治的理论升华。人类历史就是一部人类良知的发展史,是人类良知不断彰显、展开的过程。智慧的挖掘、科技的进步、社会的发展与良知的彰显与发用密切相关③。良知是人的本性,也是天理;致良知是对自身良知的认真体认,并把良知体现于事事物物④。王阳明认为,"致良知"并不是一个名词,它是天地万物进行结构性的动态改变而发生的客观活动过

---

① 吴震:《作为良知伦理学的"知行合一"论——以"一念动处便是知亦便是行"为中心》,《学术月刊》2018年第5期,第15页。

② 赖忠先:《龙场悟良知 养性在践履——论阳明心学的核心与性质》,《中州学刊》2010年第3期,第156页。

③ 武薇:《致良知论——阳明心学思想初探》,《高校教育管理》2010年第4期,第86页。

④ 黄明同:《阳明"致良知"论与社会文明》,《贵阳学院学报(社会科学版)》2019年第4期,第12页。

程。"致良知的基本意义是至极其良知,就是拓展自己的良知,将自己的良知扩充到底,把良知推广到人伦日用生活当中去。"①这与孟子所言的尽性意思相同。从这个意义上说,"致良知"即是从良知本体向良知发用的展开②。在科技发展日益迅猛的今天,人类已经生活在同一个地球村里,构建人类命运共同体是世界发展的历史必然。可以说,致良知作为良知之治的理论升华,可以启示人,只有通过人的道德觉醒途径,去铸造道德基石,才能实现构建人类命运共同体的伟业。

利他主义:向善的力量。19世纪法国实证主义哲学家、社会学家孔德借用拉丁文 alter 来表示同利己倾向对立的乐善好施,最早在伦理学上提出"利他主义"(altruism)一词,他希望用这个词来说明一个人给予他人的无私行为。关于利他主义,包括社会学、生物学和心理学在内的许多学科都对其进行了深入研究,并且给予了明确界定。例如,社会学家将利他主义行为定义为一种"对履行这种行为的有机体明显不利,而对另一个与自己没有什么关联的有机体却有利的行为"。生物学家把利他主义界定为"对

---

① 黄百成、赵晶:《王阳明致良知学说及其实践论内涵》,《武汉理工大学学报(社会科学版)》,2010年第6期,第889页。

② 王中原:《王阳明"致良知"的社会改良思想探析》,《求索》2016年第1期,第125页。

他人有利而自损的行为"①。从社会学家和生物学家的定义中,可以看出他们都强调了利他主义的代价,忽略利他主义行为的动机,而心理学家与社会学家、生物学家的观点不同,"绝大多数的心理学家是从行为上对利他主义加以定义的,认为利他主义是一种不指望未来酬劳而且是出于自由意志的行动,即是出于自愿和自择的助人行为"②。利他主义被普遍认为具有一种自愿帮助别人而不求在未来因此有所回报的特性。不管是在动物界,还是在人类社会,利他主义都是一种客观存在的现象③。从人性的角度来看,人性的本质是善的,每个人的行为目的都能够达到无私利他的境界。"儒家的道德总原则'仁'便是无私利他。因为历代儒家都把仁界说为'爱人':爱人显然是无私利人的心理动因,而无私利人则是爱人的行为表现。"④英国古典经济学家亚当·斯密在《道德情操论》中也开宗明义地指出了人的利他本性:"无论人们会认为某人怎样自私,这个人的天赋中总是明显地存在着这样一些本性,这些本性使他关心别人的命运,把别人的幸福看成是自己的事情,虽然他除了看到别人的幸福而感到高兴以外,一无所得。"⑤

① 王雁飞、朱瑜:《利他主义行为发展的理论研究述评》,《华南理工大学学报(社会科学版)》2003年第4期,第37页。

② 高宪芹:《利他主义行为研究的概述》,《黑河学刊》2010年第1期,第43页。

③ 宋圭武、王振宇:《利他主义:利益博弈的一种均衡》,《社科纵横》2005年第1期,第54页。

④ 王海明:《利他主义新探》,《齐鲁学刊》2004年第5期,第76页。

⑤ [英]亚当·斯密:《道德情操论》,蒋自强等译,商务印书馆2015年版,第5页。

由此可见,利他主义并非虚幻,不仅是必要的,而且是至关重要的。在数字时代,必须树立利他主义理念。数字技术的突飞猛进与广泛应用,让科技向善与作恶的能力都放大了很多倍。一方面,各种新技术让科技向善的潜力巨大;另一方面,大数据技术作恶的门槛更低,形式更加隐蔽而多样,破坏力瞬时而且巨大①。人性的温度是科技的尺度。未来,随着数字技术的不断创新和蓬勃发展,社会治理面临的挑战势必越来越多。只有坚持以人为本,树立利他主义理念,人类才能充分享受科技红利,人类文明才有可能走向更高阶段。

二、从无罪、中立到向善

科技是第一生产力,人类正是在技术的辅助下从蒙昧走向文明。技术本身没有"原罪",其究竟用向何处、怎么使用,完全取决于人。让科技真正地为人所用,归根结底需要有向善的人文精神作为引领,只有在正确的人文理性引导下,技术才能发挥最佳功效。

谷歌:"永不作恶"的争议。一直以来,谷歌以"永不作恶"的文化和价值观闻名于世。对谷歌而言,"永不作恶"原则早已从最初的非正式公司口号,变为了公司员工的核

---

① 司晓、马永武等编著:《科技向善:大科技时代的最优选》,浙江大学出版社2020年版,第4-5页。

心价值观，以及人们的诉求。谷歌"永不作恶"的企业宗旨形成于1999年。1999年谷歌为了筹集发展所需资金而引入了商业资本，其创始人之一阿米特·帕特尔和一些老员工们担心，未来迫于资本对于利润的追逐，可能会发生人为更改搜索结果排名或者开发一些不愿意开发的产品的情况，于是阿米特·帕特尔公开发布了"永不作恶"宣言，声称"做正确的事：不恶。我们所做的一切都诚实和正直。我们的经营做法无可非议。我们赚钱做好事"。在"永不作恶"宣言的加持下，用户对谷歌的产品天然地充满信任感，因此，谷歌发展得非常迅猛，在世界各国"开疆辟土"，在产品线上也形成了非常庞大的家族。但随着谷歌业务王国的不断扩张，"永不作恶"这一宗旨受到了越来越多的质疑。澳大利亚《悉尼先驱晨报》曾评论说，"'永不作恶'是很好的公共口号，但却非常空泛，因为股东其实并不在意谷歌是否作恶，他们关注的只有投资回报"。扯下笼罩在谷歌头上的"永不作恶"光环，就会发现这家标榜自己道德崇高的商业公司，却经常行着不义之事。例如，2013年6月爆发的"棱镜门"事件，谷歌等9家美国互联网公司被指参与了"棱镜"项目，向美国联邦调查局（FBI）、美国国家安全局（NSA）等政府情报机构提供用户数据。2018年谷歌更是被爆出参与美国国防部的Maven项目，为其提供相关技术，开发"帮美国政府进行军事监控，甚至还有潜在可能夺取生命的技术"。除此以外,谷歌还被曝出窃取他人著作权、挑战他国道德底线、公然蔑视别国的法律法规、偷税漏税乃至强行推销美国的文化价值观等"不少作恶"事件。谷歌一直以来都主宰着用户的信息获取,成为网络搜索引擎领域的霸主,这种垄断性地位,导致其并未遵循其所设定的"永不作恶"的企业宗旨。2018年4月5日,谷歌将"永不作恶"从其行为准则中移除,并取而以"做正确的事"替代。永不作恶与做正确的事之间,不是好一点和再好一点的问题,而是有着相当大的数量级差别。什么是"正确的事"? 是依据"善"还是依据"利"的标准的"正确"? 这是一场没有明确答案且永无止境的博弈。中国学者陈禹安撰文指出,基于人类基本法则的"善恶"判断恢复正常,科技企业利用新技术作恶渔利或者先作恶再洗白的盈利路径将不会被消费者漠视、容忍,更不会继续被动接受。放眼未来,永不作恶将不再是企业锦上添花之举,而是不可或缺的生存原则。但是,基于"善恶义利"的两个最大公约数始终是一个悖论。只有那些能够顺利破解这个悖论、在"善恶义利"之间取得最佳平衡的企业,才有可能在未来取得可持续的发展。

腾讯:科技向善的愿景。2019年5月,腾讯董事会主席兼首席执行官马化腾首次在公开场合谈到公司的新愿景和使命,"我们希望'科技向善'成为未来腾讯愿景与使命的一部分。我们相信,科技能够造福人类;人类应该善用科技,避免滥用,杜绝恶用;科技应该努力去解决自身发展带来的社会问题"。同年11月,在腾讯公司成立21周年之际,腾讯正式公布了全新的使命愿景:"用户为本,科技向善。""一切以用户价值为依归,将社会责任融入产品与服务之中,推动科技创新与文化传承,助力各行各业升级,促进社会可持续发展。"①对于科技向善,马化腾认为,"科技是一种能力,向善是一种选择,我们选择科技向善,不仅意味着要坚定不移地提升我们的科技能力,为用户提供更好的产品和服务、持续提升人们的生产效率和生活品质,还要有所不为、有所必为"。在腾讯的发展历程中,有两条最重要的生命线:"用户"和"责任"。科技向善作为腾讯新的使命愿景,突出了"用户"与"责任"这两个关键词,其提出不是简单的互联网公益,而是要在人类从工业文明迈向数字文明的进化过程中树立共同的信仰。科技向善的核心驱动力是技术创新,它本质上是科技伦理问题。以腾讯为代表的科技企业倡导"科技向善"的理念,并在此理念下提出科技伦理的三个层面内容:一是技术信任。即人工智能等新技术需要价值引导,具体表现为可用、可靠、可知和可控"四可"原则。二是个体幸福。即确保人人都有追求

---

① 司晓、马永武等编著:《科技向善:大科技时代的最优选》,浙江大学出版社2020年版,第1页。

数字福祉、幸福工作的权利,未来的社会必定是人机共存的智能社会,在此背景下实现个体更自由、智慧、幸福的发展。三是社会可持续。发挥好人工智能等新技术的巨大"向善"潜力,善用技术塑造健康包容可持续的智慧社会,持续推动经济发展和社会进步。正如腾讯研究院发布的《千里之行·科技向善白皮书2020》指出的那样:"在过去,科技向善是愿景,是思想,是理念。在未来,科技向善是实践,是创新、是产品,是解决方案。"现如今,科技向善已经逐步从理念转化为行动,从愿景转变为现实。例如,微信公众平台"洗稿"投诉合议机制,利用一系列技术和非技术手段对抗微信公众号作者"洗稿",保护原创;腾讯优图实验室的"跨年龄人脸识别"技术帮助寻回多名被拐10年以上的儿童;"腾讯觅影"利用人工智能对疾病风险进行更准确的识别和预测,帮助临床医生提升诊断准确率和效率……可以说,科技向善无处不在,其已不仅是一种愿景和使命,而成为一个时代命题,甚至成为数字社会的一种共同准则。

从无罪、中立到向善的选择。第一,技术无罪层面。随着时代的发展与科技的进步,法律与科技之间的难题日益凸显,司法中关于技术之定位的疑难案件也反复出现。技术无罪常常被用于反对法律对技术的监管,或者为技术服务者免责。技术无罪是1984年美国最高法院在"环球电影制片公司诉索尼公司案"(Universal City Studios, Inc.v. Sony Corporation of America)中确立的法律原则①。根据该原则，"某项产品或者技术是被用于合法用途还是非法用途，并非产品或者技术的提供者所能预料和控制，因而不能因为产品或技术成为侵权工具而要求提供者为他人的侵权行为负责"②。技术无罪"对于推动技术进步具有重要意义，它不仅在知识产权领域具有排除帮助侵权的民事责任的功能，而且在刑事领域同样具有排除共犯责任的功能"③。但是技术无罪亦有其适用边界，"如果将技术无罪绝对化，势必导致侵权行为大行其道，后果不堪设想"④。第二，技术中立层面。技术中立的概念存在诸多含义，在既有文献中，至少包括功能中立、责任中立和价值中立三种。⑤其中，技术中立的功能中立和责任中立都指向了技术中立的价值中立，或者说功能中立和责任中立都在更深层的意义上蕴含着价值中立的立场。简言之，技术中立在一个更深层的意义上指的是价值上的中立。作为互联网

---

① 技术无罪在我国通常适用于民事侵权领域，在"快播案"之前尚未有用于刑事抗辩的先例，但理论上可以适用于刑事领域。

② 陈洪兵：《论技术中立行为的犯罪边界》，《南通大学学报（社会科学版）》2019年第1期，第58页。

③ 陈兴良：《在技术与法律之间：评快播案一审判决》，《人民法院报》2016年9月14日，第3版。

④ 黄旭巍：《快播侵权案与技术无罪论》，《中国出版》2016年第23期，第51页。

⑤ 郑玉双：《破解技术中立难题——法律与科技之关系的法理学再思》，《华东政法大学学报》2018年第1期，第87页。

平台的经营者,是否应当以技术中立为由对所传播信息内容持中立立场,而对其内容不做任何的价值判断,随着互联网平台的影响力不断扩大,以及大量典型的社会事件的发生,技术中立日益受到挑战和质疑,在司法实践中也呈现出适用条件日渐严格、适用范围日渐收缩的趋势①。事实上,技术中立并不是所向披靡的,它只是反映了技术价值切入社会世界的一种相对独立的状态,每一项技术的出现都会改变权利人和使用人之间的控制平衡,这也注定技术不可能做到真正意义上的"中立"。第三,科技向善层面。"人类社会从未像今天这样受益于科技的进步,也从未像今天这样面对科技所引发的如此棘手的难题。"②或许没有一劳永逸的方案,但技术是人类实现共同的善和福祉的重要工具,如何让科技始终朝着善的方向发展,是今天人类生存和发展不可回避且亟待解决的重要问题。技术本身是无罪、中性的,不存在"原罪"一说,如今显现的各种问题归根结底是人的问题③。正如爱因斯坦所说,"科学是一种强有力的工具,怎样用它,究竟是给人带来幸福还是带来灾难,全取决于人自己,而不取决于工具"。向善是"中华民族宝贵的精神财富,也是新技术应用及其影响的价值

---

① 姜先良:《"技术中立"的是与非》,《小康》2018年第33期,第32页。

② 郑玉双:《破解技术中立难题——法律与科技之关系的法理学再思》,《华东政法大学学报》2018年第1期,第97页。

③ 崔文佳:《科技向善要靠法规与伦理约束》,《北京日报》2019年5月10日,第3版。

尺度","向善即崇德,意味着明德惟馨、择善而从"。①数字时代,我们要坚持科技向善理念,充分发挥新科技的巨大潜力,让它惠及大多数人的生活,避免"技术的贪欲",让技术更有温度与担当,让人民获得感、幸福感、安全感更加充实、更有保障、更可持续。

三、迈向数字正义

从计算机到互联网,从万物互联到万物智联,人类社会正经历"百年未有之大变局"。数字科技在重塑社会形态、经济运行模式,给人们的工作和生活带来巨大便利的同时,也成为高悬在我们头顶上的达摩克利斯之剑。从网络过度使用,我们开始关注数字健康问题;从Facebook个人信息泄露,我们开始反思当人的一切喜怒哀乐被数据化、算法化、货币化所带来的危害;从基因编辑婴儿案件,我们开始担忧科技伦理缺失可能导致的无法预估的风险。在错综复杂、变化万千的数字世界,怎样实现正义成为人类走向未来的新挑战。

从物的依赖到数的依赖。我们无法否定数字化时代的存在,也无法阻止数字化时代的前进,就像我们无法对

①　司晓、闫德利、戴建军:《科技向善:新技术应用及其影响》,《时代经贸》2019年第22期,第31页。

抗大自然的力量一样①。数字世界如同浩瀚星河,人类对数字世界进行不懈的探索,而探索的成果又推动人类不断进化。人类既是数据的生产者也是数据的消费者,当数据化生产、数据化生活和数据化生命成为现实,人类智能与人工智能相融合,自然人发展为"数据人"。数据定义万物、数据连接万物、数据变革万物,在人对人的依赖、人对物的依赖②尚未完全消除的情况下,出现了人对"数"的依赖。一是人的依赖。在以自然经济为主的社会历史时期,由于受到生产力水平的限制,人们通过劳动在社会生产中形成以"人的依赖"为主要特征的社会关系③。之所以形成这种关系,是因为在自然经济落后的生产力水平下,个人事实上是不存在的,每个人都依附于一个特定的群体之中。也就是说,"人的生存与发展只是在共同体内画地为

---

① [美]尼古拉·尼葛洛庞帝:《数字化生存》,胡泳、范海燕译,电子工业出版社2017年版,第229页。

② 人的发展问题是马克思主义哲学关于人的学说的重要组成部分。马克思在《1857—1858年经济学手稿》中将人的发展过程分为人的依赖阶段、物的依赖阶段和人的自由全面发展阶段。"人的依赖关系(起初完全是自然发展的)是最初的社会形态,在这种形态下,人的生产能力只是在狭隘的范围内和孤立的地点上发展着。以对物的依赖为基础的人的独立性,是第二大形态,在这种形态下,才形成普遍的社会物质交换、全面的关系、多方面的需求以及全面的能力的体系。建立在个人全面发展和他们共同的社会生产能力成为他们的社会财富这一基础上的自由个性,是第三个阶段。第二个阶段为第三个阶段创造条件"([德]马克思、[德]恩格斯:《马克思恩格斯全集(第四十六卷·上)》,中共中央马克思恩格斯列宁斯大林著作编译局译,人民出版社1979年版,第104页)。

③ 邹顺康:《依赖关系的演变与道德人格的发展——马克思"人的全面而自由发展"思想的思维路径》,《社会科学研究》2015年第5期,第153页。

牢的空间中的生存与发展,人是须臾不可离开共同体的人"①。这就形成了个体完全或基本依附于共同体的"人的依赖关系"。马克思将人的依赖关系称为"起初完全是自然发生的,是最初的社会形态"。在这样的社会关系下,"无论个人还是社会,都不能想象会有自由而充分的发展,因为这样的发展是同(个人和社会之间的)原始关系相矛盾的"②。二是物的依赖。在"人的依赖关系"的束缚下,人类走过了漫长而艰难的历程,直到近代的资产阶级革命和工业革命的到来才彻底打破了这样的依赖关系。工业革命推动了社会生产力的迅速发展,极大地提高了劳动生产率,手工工场过渡到大机器生产,自然经济最终被商品经济所取代③。然而,资本主义在打破旧有的依赖关系的同时,整个社会又坠入另一个深渊之中,那就是资本主义对技术的崇拜,使人们由"人的依赖关系"转变为"物的依赖关系"。这一阶段,技术好似一台引擎,修复并重建生态、和谐、永续的"人—技术—世界"关系,催化着人与世界的交融,改变着人与世界之间的种种景象。技术全面颠覆与重塑着各个领域的思维方式及实践范式,已成为人类社会

---

① 大数据战略重点实验室:《主权区块链 1.0:秩序互联网与人类命运共同体》,浙江大学出版社 2020 年版,第 64 页。
② [德]马克思、[德]恩格斯:《马克思恩格斯全集(第四十六卷·上)》,中共中央马克思恩格斯列宁斯大林著作编译局译,人民出版社 1979 年版,第 485 页。
③ 邹顺康:《依赖关系的演变与道德人格的发展——马克思"人的全面而自由发展"思想的思维路径》,《社会科学研究》2015 年第 5 期,第 153 页。

生活的一种决定性力量。而人的异化是人类社会向前发展的必然，人类每向前进一步都会伴随着深刻的异化感。因此可以说，人是一种凭借着技术不断异化的动物。三是数的依赖。当前，数据已成为基础性战略资源和关键性生产要素，我们已经形成了对大数据难以摆脱的依赖性。大数据赋予当代生活以现代意蕴[①]，允诺我们一个全新的基础和根基，让我们能够赖以在数字世界的范围内立身和持存[②]。实践越来越证明，作为一种重要的生产力，大数据给人类带来彻底的解放和自由、全面发展的机会，它推动生产关系及社会的发展，不仅打破人对人的不平等依赖，还打破了人对物的依赖性，把人从对物的依附和隶属关系中解放出来，使人成为依靠数据自主存在、自由发展的新人。

数字时代的新正义论。什么是正义？这是一个众说纷纭的问题。正义是人类的最高准则，"通常被理解为社会秩序的最高规范"[③]。作为衡量社会文明的重要尺度，正义随时代变迁而不断发展。进入数字时代，由于政府与社会、群体与个人、企业与用户、自我与他人的界限发生了深

---

① 孟宪平：《大数据时代人的自由全面发展及现实路径分析》，载中国科学社会主义学会、当代世界社会主义专业委员会、中共肇庆市委党校、肇庆市行政学院编著：《"时代变迁与当代世界社会主义"学术研讨会暨当代世界社会主义专业委员会2015年会论文集》，2015年，第32页。

② ［德］马丁·海德格尔：《海德格尔选集》，孙周兴选编，上海三联书店1996年版，第1240页。

③ ［美］克利福德·G.克里斯琴斯：《数字时代的新正义论》，刘沫潇译，《全球传媒学刊》2019年第1期，第99页。

刻变化①,算法歧视、黑箱社会、隐私弱化、数字鸿沟等因数据使用而产生的不公平问题日益凸显。在此背景下,为实现社会的公正发展,防范数据使用中的不公平对待,人类必须考虑"数据"和"正义"这两个主题的交叉地带——"数字正义"。数字正义是一种价值观,这种价值观是关于怎样利用数据才能增进社会福祉与实现个人自由的价值观。数字正义"并非先验固定的,而是从一般性社会正义观念中延伸和发展出来的"②。它为技术治理的正当性思考提供了分析视角,可将技术治理置于数字正义的正当性分析框架下进行价值权衡。当前,关于数字正义问题的研究尚处于初级阶段,但其中也不乏真知灼见。全球数字正义理论的开创者、世界ODR(在线纠纷解决机制)教父伊森·凯什与奥娜·拉比诺维奇·艾尼所著的《数字正义——当纠纷解决遇见互联网科技》一书中首次提出了互联网世界里的数字正义理论,指出数字正义理论将会逐步取代传统正义理论,成为数字世界的原则和准绳。数字正义理论是一个促使每个人参与处理、预防以及解决在线纠纷的理论,该理论"具有一种划时代的意义,不仅是正义理论研究中重要的里程碑,而且也是我们通向未来、了解未来、掌握未来

---

① 马长山:《数字社会的治理逻辑及其法治化展开》,《法律科学(西北政法大学学报)》2020年第5期,第11页。

② 单勇:《犯罪之技术治理的价值权衡:以数据正义为视角》,《法制与社会发展》2020年第5期,第193页。

的指令与代码"①。尽管作为一个发展中的理念,数字正义的含义远未定型,但数字正义理论重塑了数字世界与数字社会的公平与正义。在数字化生存的今天,数字正义必须通过使用科技来增强"接近"和实现"正义"。自亚里士多德以来,通过一定过程实现了什么样的结果才合乎正义,一直是正义理论的中心问题。与传统正义相比,数字正义有很多不同,主要表现在两个方面:一方面,数字正义基于数字社会而存在,是一种"自下而上"且具有动态性质的正义理论。在数字社会之下,法律与规则需要重新定义,正义观与伦理观需要重新塑造。数字科技无疑已经承担起数字革命、正义理念重塑的使命,对在线纠纷解决以及互联网法院产生深刻影响,从根本上转变了以法院为中心的正义实现路径②。另一方面,数字正义反对一元的价值模式和绝对的数据控制,强调技术治理不能以维护安全为名肆意扩张,注重对数据权力的制衡,关注技术治理的社会参与,呼唤技术治理回归人本导向和权利本位,以技术赋权超越数据控制,基于被害预防立场提升公众参与的广度与深度,推动技术治理从封闭式管理走向开放式治理③。

数字命运共同体。作为全球化的一种新形式,数字全

① 赵蕾、曹建峰:《"数字正义"扑面而来》,《检察日报》2020年1月22日,第3版。

② 赵蕾、曹建峰:《"数字正义"扑面而来》,《检察日报》2020年1月22日,第3版。

③ 单勇:《犯罪之技术治理的价值权衡:以数据正义为视角》,《法制与社会发展》2020年第5期,第196页。

球化日益将人类融合进同一空间,使得世界各国联系更加紧密。但与此同时,数字正义的缺失导致了数字全球化的另一个方向,即反数字全球化力量的发展。当前,全球发展正面临环境污染、资源透支、生态失衡、数字技术滥用和基因重组技术误用,以及与科技发展相关的核技术失控等一系列重大挑战,究其根源,皆与数字正义缺失息息相关。站在世界历史发展的新高度审视,需要不断消除当前数字全球化的不正义现象。倡议构建数字命运共同体,正是对这一问题的回应。数字命运共同体既是对不合理使用数字技术带来的各领域冲突广泛化的必要应对,也是对当代科技创新带来的全球命运相互依存最大化的客观反映[①],为全球迈向数字正义提供了可能性。从数字的自然空间形态看,在人的依赖关系阶段,自然经济造就自然时间,时间是混沌的自然存在,决定数字呈现简单的自然空间形态。在数字的自然空间形态下,天然共同体中的人初步发展自身的理性能力。数字从原始的意识模式,逐步具体化,由"像"转向"象",获取一种象形,形成一定的抽象概念,呈现数字的自然演进进程,彰显人类的理性成长样态。作为社会现实的反映,数字蕴涵着价值理性,数字与正义具有内在的关联性。在数字的自然空间形态中,自然数字

---

① 陈锡喜:《人类命运共同体:以科技革命为维度的审视》,《内蒙古社会科学(汉文版)》2018年第5期,第23页。

的阶层化构建天然共同体的分化结构,逐步强化阶级的对立性,统治阶级的专制统治侵入人的生产生活和日常生活,自然数字创制的社会关系是以血缘制或地缘(宗族)制为基础的人身依附关系,等级、压迫、控制等权力关系在空间中被结构化、被再生产、被固定化,数字总体上呈现非正义状态①。从数字的社会空间形态看,在物的依赖关系阶段,人的生产能力的发展改变了人类时间的存在方式,自然时间被社会时间取代,促使数字的自然空间形态转变为社会空间形态,数字技术逻辑凸显。在数字的社会空间形态中,数字成为人生产生活的重要环节,人对数字的把握继续深化,推动人的理性能力的成长。与此同时,人由依附于天然共同体中的人转为依附于虚幻的共同体中的物,获取一定的人身自由,强化数字正义的建构,但这种正义具有形式性。在虚幻的共同体中,数字技术为资本家所掌控,资本家依靠数字垄断隐蔽建立经济剥削、政治侵犯和文化侵蚀的压迫之态,强化人与人、国与国之间的等级性,创制世界的数字鸿沟,建立全球的差异化结构,缔造虚假化的数字正义。②从数字的自由空间形态看,在数的依赖关系阶段,人的生产能力高度发展将使社会时间转为自由

---

① 黄静秋、邓伯军:《从数字的空间形态看人类命运共同体的历史演变》,《云南社会科学》2019年第6期,第42—44页。

② 黄静秋、邓伯军:《从数字的空间形态看人类命运共同体的历史演变》,《云南社会科学》2019年第6期,第44—46页。

时间,数字将脱离社会空间形态转向自由空间形态。在数字的自由空间形态中,劳动时间不再是财富的源泉,"一旦直接形式的劳动不再是财富巨大源泉,劳动时间就不再是,而且必然不是财富的尺度"[①],"财富的尺度变成了自由时间或个性自由发展的时间"[②]。当自由时间取代劳动时间成为财富尺度,个人出于实现自我价值的目的而劳动,人类的劳动不再成为个人谋生的手段,而是转变为人的自觉活动。数字时代下,数字的自由空间形态将呈现世界的自由样态,祛除社会的不平等空间,承继人类命运共同体服务全人类自由发展的内核,构造数字命运共同体,创建自由化的生存方式,高度推进人的理性能力成长,构筑数字的实质性正义[③]。

在相互依靠的数字命运共同体中,每一个人都能够占有自己所生产的数字产品,而不被他人所无偿或有偿占有,数字劳动的剥削性将不在场。人由无主体性获取真正的主体性,实现形式化的独立人转向实质化的自由人,数字建构人的真正的独立性,实现人与人之间的平等交往,强化人与人之间的自由发展。为此,在数字的自由空间形

---

① ［德］马克思、［德］恩格斯:《马克思恩格斯文集(第八卷)》,中共中央马克思恩格斯列宁斯大林著作编译局译,人民出版社2009年版,第196页。

② ［德］马克思、［德］恩格斯:《马克思恩格斯文集(第五卷)》,中共中央马克思恩格斯列宁斯大林著作编译局译,人民出版社2009年版,第874页。

③ 黄静秋、邓伯军:《从数字的空间形态看人类命运共同体的历史演变》,《云南社会科学》2019年第6期,第46-47页。

态中，数字技术将不再成为资本家剥削人的手段，而是演化为人获取自由的能力，每个人都能平等地占有生产资料，自由地利用数字资源，充分地占有数字产品等，开展自由、平等、民主、宽容的生产和交往活动，祛除人与人之间的主客二分状态，对象化消除异化模式，破除现实世界的权力压迫，构建数字命运共同体的正义情态。[①]由此观之，在数字命运共同体中，数字的自由空间形态将建立自由时空，构建自由人的联合体，实现自由而全面的发展，真切构筑一种持久的、稳定的数字秩序，从而迈向数字正义。

---

① 黄静秋、邓伯军：《从数字的空间形态看人类命运共同体的历史演变》，《云南社会科学》2019年第6期，第46-47页。

第五章　文明的重构

　　我们全都在享受着现代文明的成果。但是我们并不真正了解我们怎样开始，又该转向何处。我们经验的世界看起来混乱不堪、支离破碎、迷惘混沌。研究客观世界的专家可以把所有事物、每一件事情都放在客观世界中进行阐释；但是我们对自己的生活却变得知之甚少。简言之，我们生活在后现代的世界里，这个一切皆有可能、一切皆不确定的时代。

　　　　　　　　　　——捷克共和国前总统　瓦茨拉夫·哈维尔

第一节　文明的范式

在科学技术以更快速度、更大力度解构过往、引领未来时,我们需要回归到一些最为基本的问题才能解去心中的困惑,知晓前进的方向。比如,人类需要什么样的文明?什么是文明的目的和人类的选择? 理解未来文明的跃迁和重构,应跨越时代的局限,走出文明冲突论的"陷阱",从历史和现实、纵向和横向进行比较分析。在现代科技高速发展的时代背景下,文明的融合是历史的主流,冲突并不占据主导地位。随着以区块链为代表的新科技革命的加速发展,文明已然进入大融合的时代,人类将由此实现从工业文明迈向数字文明的伟大飞跃。数字科技引发文明的范式革命,数字文明建设需要改变人类文明的现有框架和分析范式,实现政治、经济、社会、文化以及生活方式等方方面面的根本性变革,这是过去几年数据运动给我们的最重要的启迪。

一、从文明的冲突到文明的融合

什么是文明? 我国《汉语大辞典》给出的基本解释是:"文化","社会发展到较高阶段和具有较高文化的(状态)"。民主德国《迈尔百科辞典》(1971)认为,"文明"是

"泛指人类社会继原始社会最简陋生活方式之后的发展阶段,这个阶段的特点是生产力有了提高,与此相联系,农业、畜牧业、手工业、商业和工业,以及社会和国家组织均有了发展。一般亦指物质文化"。《苏联大百科全书》(1978)指出:"'文明'一词(来自拉丁文 civils——公民的,国家的):①文化的同义词。在马克思主义著作中也用来表示物质文化。②社会发展、物质文化和精神文化的水平和程度(古代文明、近代文明)。③继野蛮时代之后社会发展的程度。"日本《世界大百科事典》(1981)则解释为,"通常的理解是,如同德国历史哲学家 W.狄尔泰所说的,文化体系是像宗教、艺术、科学等具有理想的、精神的高度价值的高级境界的东西;与此相反,文明则是属于具体的如技术之类的物质的低级境界的概念。这种倾向在德国尤为强烈,是把文化和文明严格区别开来的。可是在英美系学者之间并不是明确加以区分的。英美系统的学者们,把文化看作行为方式的总体,认为构成行为方式的基础的物质条件乃是文明。而且行为方式当中也包含知识、信念、技术、道德、习惯等等"。此外,著名历史学家、社会学家、国际政治经济学家、世界体系理论的主要创始人沃勒斯坦把文明定义为,"世界观、习俗、结构和文化(物质文化和高层文化)的特殊联结"。中国近代思想家、政治家、教育家、史学家、文学家梁启超在《文明之精神》中指出,"文明者,有形质焉,有精神焉,求形质之文明易,求精神之文明难"。从以上这些定义和解析来看,文明具有三大根本特征。一是历史性,即经时间洗礼沉淀下来的东西;二是进步性,文明是不断发展的,向前迈进的;三是综合性,文明是物质文明和精神文明的总和。

关于文明的研究或比较研究通常存在三种分析范式。第一种,根据社会形态将文明划分为原始社会文明、奴隶社会文明、封建社会文明、资本主义社会文明与社会主义社会文明。第二种,根据生产力的进步划分为游牧文明、农业文明和工业文明。第三种是世界近代以来西方学者根据民族、宗教、国家、制度、地理位置等条件划分出的若干主要文明,其中以美国历史学家卡罗尔·奎格利提出的16个主要文明、英国历史学家阿诺德·汤因比提出的23个主要文明、美国莱特州立大学社会学与人类学系教授马修·梅尔科提出的12个主要文明、美国著名政治学者塞缪尔·亨廷顿提出的八个主要文明为代表。在这三种文明划分的范式或分析范式中,又以第三种比较分析范式与世界秩序演进的研究更为接近,"用亨廷顿的话说,'文明范式'是一种'关于世界政治的思维框架'"①。但是,由第三种文明分析范式出发开展文明研究,往往更侧重于文明的横向比较和世界秩序的研判,容易忽略文明的进步性,放大文

---

① 杨光斌:《世界政治学的提出和探索》,《中国人民大学学报》2021年第1期,第8页。

明的差异性,从而得出缺乏大历史观的结论,这也是亨廷顿最终得出"文明冲突论"的主要原因之一。

"范式"这一概念,最初是由科学哲学家托马斯·库恩在《科学革命的结构》中提出的。库恩认为,"思想和科学的进步是由新的范式代替旧的范式构成的"[①]。库恩提出,在一般情况下,科学在一个较长时期内总是为一个支配性的理论所指导,它使科学发展保持着相对稳定性,科学的这种状态称作"常规科学",而这个"支配性理论"就是范式。当科学革命发生时,往往是从一种范式转换到另一种范式,而科学整体在经历一个较短时间的突变后,也将由一种常规步入另一种常规,保持新的稳定[②]。由此我们可以看出,在思想和科学发展的不同阶段,"支配性理论"是在不断发展的,我们对问题进行研究的范式也应该是进步的。进一步讲,从思想和社会科学的角度开展文明秩序的研究,范式也应与时俱进进行更新完善,避免掉入旧范式的陷阱。

在塞缪尔·亨廷顿"文明冲突论"的文明分析范式中,至少存在三大"文明陷阱"。第一,亨廷顿在做文明的划分和比较时,并未将世界历史上出现的主要文明进行依次比

---

① 夏涛、邵忍丽:《重新认识"文明范式"》,《学术论坛》2007年第3期,第71页。

② [英]伊姆雷·拉卡托斯、[英]艾兰·马斯格雷夫:《批判与知识的增长》,周寄中译,华夏出版社1987年版,第33、39、97、95页。

较和推导，而是截取了历史的较小片段，选择了八个（或者说本质上是七个）在20世纪典型的文明来进行比较研究。第二，亨廷顿从文明的角度出发对世界政治进行分析，采取的方法是在横向的比较中去探讨纵向的可能性，而忽略了文明纵向发展对未来世界秩序的影响。第三，亨廷顿放大了苏美冷战背景下全球对冲突的恐惧感和灵敏度，站在文化中心论的角度突出强调了文明的差异性，忽略了文明的融合创新。为避免掉进这三大"文明陷阱"，我们需要结合文明的三大根本特征，在研究文明的范式上进行转型，建构一套新的理论框架。

　　纵观世界近代史以来的人类文明进程和世界秩序演变，科技革命无疑起到了举足轻重的作用。特别是20世纪后半期至今，从以计算机、互联网为代表的电子信息革命席卷全球，到新一轮信息技术革命的蓬勃发展，科技已然成为中坚力量。回顾人类文明历史，人类生存与社会生产力发展水平密切相关。而生产力发展水平很大程度上取决于科技的进步，"历史经验表明，科技革命总是能够深刻改变世界发展格局"[1]。我们在探讨文明的秩序和文明的发展进程时，必须要把科技文明引入其中，并将之作为重要的因素。具体而言，我们应采取"1+2+3"的文明分析范

---

[1] 人民日报：《全国科技创新大会、两院院士大会、中国科协第九次全国代表大会在京召开 习近平发表重要讲话》，《人民日报》2016年5月31日，第1版。

式。其中,"1"即是科技文明,贯穿人类发展主线;"2"是从横向上选取的中华文明和西方文明,中华文明是新东方的代表,西方文明是大西方的代表,是影响世界秩序的两大主要文明;"3"则是从纵向上选取的农业文明、工业文明和数字文明,代表着不同的时代。

我们发现,如果从"1+2+3"的分析框架看,历史进步的主流是文明的融合而非文明的冲突。18世纪60年代以来,第一次科技革命从西方兴起,从英国到法国、美国和德国,在科技的推动下,西欧、北美逐渐从农业文明跨入工业文明,使得西方文明得到了快速的发展。从19世纪到20世纪,在科技文明的推动下,西方文明与工业文明实现融合发展,诞生了新的物质文明、政治文明、精神文明、社会文明等,这使得工业文明逐步成了西方文明的代名词。在这两个多世纪的文明进程中,文明的发展速度前所未有,也使得众多的文明研究范式诞生出来,主要表现为西方学者对于文明冲突的研究快速增加。但是,我们还应该注意到西方学者忽略的另一个重要方面,那就是工业文明的蓬勃发展也引发了全世界的文明大融合。在这场大融合中,率先跨入工业文明的西方文明,通过对工业文明的塑造,或者称之为改造,使其在这次大融合占据着绝对主动的地位。而整个改造过程,在自觉与不自觉中,在西方精英有意识地推动下,西方文明的"欧洲中心论"、"文化中心论"、

"利己主义"(个人主义)及其宗教思想,特别是在贵族文化下衍生出的"域内人人平等、域外高人一等"的最后优越感,给工业文明时代下的文明大融合埋下了"冲突"的种子。而这,也成了其他文明融入工业文明的巨大阻碍。

具体来看,在工业文明时代的文明大融合中,包括了以中华文明为主体、以日本文明为分支的东亚文明,以苏联或俄罗斯为中心的东正教文明,以印度为核心的印度文明,以及伊斯兰文明和拉丁美洲文明对工业文明的融合,并焕发出新的活力。其中,中华文明虽然落后一步,但在兼容并蓄、去旧革新中创新发展,实现了与工业文明的有机融合,既保留了中华文明的本质特征,又汲取了西方文明中的有益成分,还把工业文明推向了新高度。而从东正教文明融入工业文明的全过程来看,虽然中间出现了巨大的波折——这与西方文明对工业文明的改造有着莫大的关系,但最终也找到了本文明与工业文明的平衡点,实现了工业文明下政治、经济、社会等方面的平衡。另外,地处儒家文化圈的日本文明,在东方文明中率先一步,融入了西方文明主导下的工业文明,并诞生了新的政治制度;同样地处儒家文化圈的东南亚,在新加坡的示范引领下,也自20世纪后半叶起,在与工业文明的融合中实现了较快发展。当然,不可忽视的是,有些文明因为西方文明在工业文明中埋下的"冲突"的种子,或因为自身的一部分原因,还未实现与工业文明的有机融合,仍处于进退维谷之中。随着互联网的高速发展,以大数据、物联网、区块链、人工智能等新一代数字技术为代表的科技革命的进步,以及以中华文明为代表的新东方文明对工业文明进程的推动,可以预见,世界文明大融合还将继续,并呈现出加速融合的趋势。

二、互联网:工业文明的高级形态

随着科技文明的进步,西方文明与工业文明实现了深度融合和发展,并使西方逐渐成为引领全球技术变革的肥沃土壤。20世纪40年代,世界第一台通用计算机在西方诞生。在此基础上,20世纪50年代,面向终端的计算机网络开始出现,随后,计算机网络逐渐向计算机通信网络、计算机互联网络发展,全球互联网逐渐形成,全球信息高速公路日趋完善。纵观人类历史,正是由于工业化的发展,人类对于认识自然、利用自然和改造自然的主观能动性才快速增强,物质文明才得到极大的发展。在此背景下,以半导体为代表的电子制造业的快速发展,为计算机和计算机网络的诞生奠定了基础,并促进了互联网在全球的迅速扩张。

从20世纪后半叶到21世纪初,全球互联网格局逐步形成,把全球化和工业化推向了新的高度。而正是在互联网的带动下,以中华文明为代表的儒家文化圈加速实现了与工业文明的融合。可以说,互联网是伴随着工业文明的发展而发展起来的,互联网的发展带动了全球工业化的进程,促进了物质文明和精神文明的快速进步,并把传统文明与工业文明的融合提升到新高度。也即是说,互联网本身是工业化的产物,或者说是工业文明的高级产物,与工业文明是一脉相承的。同时,在"1+2+3"分析框架下,科技文明在20世纪后半叶至21世纪初的主要表现形式,就是互联网。如果说工业文明的高级形态也存在一种文明——工业文明框架下的子文明,那么,我们可以把这个"子文明"称为"互联网文明",它同时也是一种科技文明。

互联网驱动下的工业文明,至少满足文明的三大根本特征。一是历史性,从计算机网络到全球互联网,互联网把全球化推向了新高度,使人类几千年来前所未有地紧密联系在一起,使人类加速迈入命运共同体的时代。当然,我们并不否认世界秩序中仍存在诸多问题,但从历史的角度看,迈出的步伐是巨大的。二是进步性,互联网驱动下的人类社会发展到了较高的状态,促进了全人类政治、经济和文化的繁荣。三是综合性,在互联网的推动下,人类实现的,不再是传统的物质文明的繁荣,也不再是没有物质基础的精神文明的繁荣,二者兼而有之,互为依托。如果从文化融合与创新的角度看,西方文明与工业文明的相互作用,把西方文化推向了更高的境界,并因此诞生了西方网络文化,是文明进步的体现。与此同时,非西方的传统文明在与工业文明的融合过程中,或多或少也受到了"被改造的工业文明"的影响。进一步讲,工业化背景下,新鲜血液的注入,使得部分文明在"以我为主"的自我完善中又焕发出了新活力;"文化中心论"视角下,西方文化对于其他文化的强势同化,也给各文明的生存和发展带来了危机感,无形中促进了文明的进步。如果从沃勒斯坦对文明的定义来看,我们发现,互联网推动下的人类或者世界各国在半个多世纪以来,无论是世界观,还是习俗,抑或是文化,都发生了新的变化,这些新的变化的特殊联结,就是一种新的文明形态,即互联网文明。值得注意的是,虽然西方文明借助互联网对其他文明进行了隐形入侵,对全世界文明多样性造成了巨大的冲击,但不可否认,在互联网的推动下我们进入了更高级的文明形态。

为了充分认识互联网是工业文明的高级形态,我们有必要对工业文明和互联网文明进行比较。就此,我们须从时间角度,寻找文明纵向发展的主要维度和主要指标。这些维度的确定和指标的选取,应符合"1+2+3"的文明分析范式。综合来看,我们选取了四类指标。第一类,基于科技是文明进步的基石,确定生产力这一指标;基于生产关系与生产力的重大联系性,确定生产关系这一指标。第二类,基于生产要素对生产效率的影响,加入生产要素指标,并探讨其稀缺性。第三类,基于不同文明形态下经济形态的不同,确定经济形态指标,并探讨其主要目标。第四类,基于文明的跃迁带来范式的跃迁,新的理论体系将逐步取代旧的理论体系,并立足于农业文明、工业文明以及互联网文明的演变规律,确定了思维模式这一重要指标(见表5-1)。

表5-1　工业文明与互联网文明的比较

类别	主要指标	工业文明	互联网文明
第一类	生产力	机器	计算机
	生产关系 (所有制)	私有制	私有制
第二类	生产要素	土地、劳动力、资本、科学技术	资本、科学技术
第三类	经济形态	工业经济	互联网经济
第四类	思维模式	工业化思维	互联网思维

通过对第一类指标内容的挖掘和比较,我们发现:一是从生产力指标看,工业文明中生产力的主要标志是机器,互联网文明中生产力的标志是计算机。本质上,计算机也是一种机器,是机器中的高级形态。从这个维度看,互联网文明是工业文明的高级形态。二是从生产关系看,我们选取了生产关系三要素中起决定性作用的生产资料所有制情况来分析,工业文明中主要体现为私有制,互联网文明中也体现为私有制。

从第二类指标看，工业文明时代的生产要素，主要是西方经济学中所提的土地、劳动力、资本和科学技术。整体来看，工业时代的西方文明世界，城市土地、熟练技能的劳动力、不完全流动的资本以及萌芽和发展中的科学技术，都是稀缺的要素。到了互联网文明时代，"上网"在一定程度上降低了土地要素的限制；由于受教育人数规模化增长，熟练劳动力不再是特别稀缺的资源；由于资本积累、资本掠夺和金融垄断——包括西方文明对于其他文明的扩张、掠夺和垄断，资本要素对互联网文明发展的限制趋于降低；另外，由于科学技术的进步，生产效率的提高，进一步释放了土地、劳动力和资本三大生产要素的作用。整体看，互联网文明时代全要素生产率得到了较大提升。但是，囿于各生产要素稀缺性并未得到彻底解决，且稀缺程度呈现的主要是区域性和结构性的变化。而这也正是互联网推动全球化快速发展的重要原因。因此，总体而言，工业文明时代和互联网文明时代生产要素稀缺性本质上并没有改变，只是程度上有所变化，文明的形态并未发生本质上的跃迁。也即是说，从生产要素的角度，互联网文明只是工业文明的更高形态而已。

从第三类指标看，基于生产力、生产关系和生产要素在经济形态中的重要影响力，我们基本可以判断，"互联网文明是工业文明的高级形态"的结论不会发生改变。具体来讲,工业文明时代的经济形态或者经济发展模式,抑或称之为经济主体,可以概括为工业经济。工业经济的主要目标是商品的生产,最终目的是通过资源掠夺、资本掠夺,服务于财富的创造。互联网文明时代,经济形态是互联网经济,其主要目标,是在生产力大幅提升、产能相对过剩的情况下,寄希望于商品的全球流通,以及对知识、金融、技术的垄断,实现财富的跨区域、跨世纪积累。这个过程,体现在经济全球化上就是全球化分工的日益深入,这给中华文明融入工业文明提供了绝佳的机遇,也是中国连续10多年成为世界最大制造业国家的时代背景。当然,在这个过程中,"中心—外围结构"的国际秩序进一步稳固,成为中华文明必须要面对的挑战。综上所述,我们可以看出,不管是工业经济还是互联网经济,其主要目标都是基本一致的,是前和后的关系。从这个角度讲,互联网文明仍然是工业文明的范畴。

最后,从第四类指标看(把思维方式的变化作为理论体系或范式更迭的基本要素),如果我们把工业文明与农业文明进行比较,我们可以基本得出一个结论:农业文明时代的主体思维方式是生存的思维,当然,生存的思维并不是唯一的;而工业文明时代的思维,我们可以称之为工业化思维,本质上,这是发展的思维。抽象来讲,农业文明时代,人们思维活动的出发点,是生存或者生存得更好的问题;工业文明时代,人们的思维活动的出发点,是活得更好的问题。同理,我们可以把互联网文明时代的思维叫作互联网思维——"互联网思维是人们立足于互联网去思考和解决问题的思维"①。对比工业化思维和互联网思维来看,首先,这两者都是发展的思维;其次,二者注重的都是效率的问题;最后,西方文化背景下,二者都明显具有利己的特点。众所周知,不管是西方经济学,还是国际政治学,都是基于理性人假设这个基础。什么是理性人假设?简单讲,一是完全理性,二是自私,三是追求利益最大化,四是基于丰富知识储备和计算能力的准确判断能力。归结来讲,"理性人假设讲的是个人权利",这是西方文明在其文化背景下对工业文明的改造所决定的。因此,从思维的角度讲,互联网思维并未跳出工业化思维的圈子。在此基础上,综合上面三维度来看,我们自然可以得出互联网文明是工业文明的高级形态的结论。

三、区块链:数字文明的重要标志

数字文明已成为全球各国、社会各界日益关注的焦点话题。但是,大家对于数字文明的内涵与外延尚未达成共识,更不用说构建一个系统的数字文明体系。有一种观点认为,数字文明是一个基于大数据、云计算、物联网、区块

---

① 周文彰:《谈谈互联网思维》,《光明日报》2016年4月9日,第6版。

链、人工智能等新一代数字技术的智能化时代。还有一种观点从传统上给出了定义:"在传播哲学看来,数字文明作为实体范畴,就是数字技术达成的人类社会高度辉煌的物质和精神成果;同时作为价值范畴,文明与非文明是社会发展的总体矛盾,数字文明也是在对不文明和反文明的破解和反拨中传播和跃升的。"①这两种围绕文明的内生性和外延性给出的定义具有一定的合理性,但都较为片面,缺乏系统性。

在讨论什么是数字文明前要研究两个问题,一是数字文明所承载的技术性问题,二是数字文明的时空性问题。从数字文明形成的动力来看,主要是基于新一代数字技术,这是科技文明范畴下的数字文明。从时空性的角度,数字文明处于何时何地?"时"是基于历史的纵向问题,"空"是基于地理的横向问题。目前来看,数字文明在时间上仍处于"未来未曾来"的位置,这是因为我们现在仍处于互联网文明时代下的"不文明"时代;同时,数字文明在空间上所需的世界——数字世界——仍未得以充分构建。这里,应进一步抓住两个重大问题。第一,数字文明的主体是数字世界的文明,是数字世界文明与物质世界文明相互作用下的总和。第二,新一代数字技术是互联网不文明

---

① 季燕京:《什么是数字文明?》,中国社会科学网,2014年,http://www.cssn.cn/zt/zt_xkzt/zt_wxzt/jnzgqgnjtgjhlw20zn/ztwz/jyjsmsszwm/201404/t20140417_1069965.shtml。

向数字文明过渡的物质基础和重要催化剂。有鉴于此,我们可以初步把数字文明定义为:在新一代数字技术推动下,人类正式迈入物理世界和数字世界并存时代,并以此为基础创造出物质的和精神的,政治、经济、社会、文化、生态等各领域新成果的历史性总和,是人类文明发展的全新阶段。我们据此可以推断出一个重要结论:区块链是数字文明的重要标志。这是因为,从新一代数字技术来看,不管是大数据,还是云计算,抑或人工智能和量子互联网,都存在与互联网一样的问题——不规则、不安全、不稳定,即无序、缺乏信任、不公平等问题。但可喜的是,区块链凭借其分布式账本、不可篡改、智能合约、相对去中心化等特点,可以有效地解决其他新一代数字技术应用中的问题。从这个意义上讲,区块链就是数字文明的重要标志。

从数字世界看,在其内涵上,以中国科学院王飞跃研究员为代表的多数研究者认为,数字世界与物理世界是平行关系,它是物理世界的映射。我们认为,在数字世界形成的初级阶段,它确实是物理世界的映射,是孪生世界。但是,数字世界在形成后,大概率会存在一定程度上脱离物理世界并相互作用的可能。同时,数字世界也不仅仅是物理世界的单向映射,而应该是双向的相互作用、相互影响、相互依赖。那么,我们不禁要问,数字世界的形成和正常运行依靠什么?换句话说,数字世界的支柱会是什么?

我们认为,数字身份、数字货币和数字秩序是数字世界的三大支柱。而不管是数字身份,还是数字货币,抑或数字秩序,其基石均是区块链,或者说是具有区块链特征的"区块链类技术"。所以,犹如凯文·凯利在2019年数博会上说的:"区块链会成为数字文明的基石,它打破了整个人类千百年来建立起的信任方式,为数字化转型提供了新的思路。"[①]而不管是称之为"基石",还是称之为"重要标志",区块链对数字文明的形成,无疑具有极其重要的意义和作用。

此外,需要看到的是,数字文明不同于互联网文明,它是人类文明发展的全新阶段。也即是说,以区块链为基础的数字文明,不属于工业文明的范畴,是科技文明助推下,人类文明进程中与农业文明、工业文明同等重要,甚至更为重要,也更为高级的文明形态。为了解释这一问题,我们依然遵循"1+2+3"文明分析范式,采取对互联网文明进行分析的类似方法。我们在四大类指标的基础上新增了第五类指标,包括社会形态、国际秩序和文化交流三个方面。正是因为在以下指标中的跨越式变革,数字文明才能成为人类文明进程的全新阶段(见表5-2)。

---

① 李唯睿、贾智:《区块链或成数字文明的基石》,《当代贵州》2019年第22期,第20页。

表5-2　工业文明、互联网文明与数字文明的比较

类别	主要指标	工业文明	互联网文明	数字文明
第一类	生产力	机器	计算机	数据
	生产关系（所有制）	私有制	私有制	公有制为主体
第二类	生产要素	土地、劳动力、资本、科学技术	资本、科学技术	数据、科学技术、资本
第三类	经济形态	工业经济	互联网经济	数字经济
第四类	思维模式	工业化思维	互联网思维	区块链思维
第五类	社会形态	封闭	相对封闭	透明开放

从第一类的生产力指标来看,在科技文明的主体框架下,数据是数字文明时代的"第一生产力",这是数字文明区别于互联网文明和工业文明的重要特征;从生产关系看,基于数据应用价值的挖掘和利用,显然是以开放共享的公有制为主体的所有制形式更有利于生产力的进步。如此,就基本决定了数字文明不再属于工业文明的范畴。

从第二类的生产要素指标来看,数字文明时代,数据要素将快速崛起,在赋能资本、技术、劳动力的基础上,其丰富性、可复制性将扭转生产要素稀缺的局面,大幅降低资源稀缺性对生产力和生产关系的限制。与此同时,在数字世界中,土地不再成为高度稀缺资源;数字货币的流动和发展,使得资本在加速流转中稀缺度得以相对下降;物联网、人工智能、量子互联网的发展,使得一般熟练劳动力

的重要性相对下降，劳动力要素稀缺性向高技术人才收缩，范围变窄。

从第三类的经济形态指标来看，数字文明时代的主体是数字经济。需要指出的是，在数字世界和物理世界的互动下，数字经济虽然成了主体，但物理世界的工业经济仍然占据着重要地位，将形成实体经济和数字经济良好互动的局面。进一步看，数字文明视角下的数字经济，追求的主要目标不再局限于商品生产和流动，不再局限于财富的积累，而是转向价值的流动和积累。这也是数字文明有别于工业文明和互联网文明的重要方面。

从第四类的思维模式指标来看，数字文明时代的思维是区块链思维，是共识的思维（信任的思维）、分布式的思维，追求的不仅仅是效率，而是效率与公平的平衡；不再是完全利己，而是以利他为主的利己与利他的平衡。这与工业化思维和互联网思维是截然不同的。具体来讲，数字文明时代，我们不再以理性人假设作为前提，而是以数据人假设为前提。这是因为，理性人假设存在三点片面性："首先其缺乏明确合理的财富观，其次缺乏经济伦理和道德原则的规定，最后缺乏财富公平意识。"[1]对比来看，数据人假设以利他与共享为底色，更能适应数字文明时代的要求。

---

[1] 彭宁远：《西方经济学"理性人"假设的片面性研究》，《财富时代》2020年第12期，第207页。

我们从第五类指标来看,社会形态方面,基于数字文明时代下构建的秩序框架,以个人、国家为主体的社会或国际社会中,特权不再随处可见,将变得更加透明和开放;国际秩序方面,无序竞争不再是国际的主流,有序竞争、合作共赢才是主流;文化交流方面,平等互鉴、对话包容将成为主流,文化中心论视角下的文化扩张将日益失去活力。

第二节　数字文明三部曲

这是一个大变革的时代,也是一个多文明崛起和并存的时代。如同西方文明与工业文明相遇一样,世界各主要文明正加速走向数字文明的路口。200多年前,西方文明抢得工业文明先机,并实现了对工业文明的改造,从而奠定了西方文明在国际秩序中的地位。200多年过去了,中华文明需要增强忧患意识和机遇意识,勠力在与数字文明的融合中走在时代前列。如果说,互联网和物联网共同构建的是一条通往未来的高速公路,那么,大数据就是行驶在这条路上的一辆辆车,块数据就是这些车形成的车流,数权法就是根据目的地指引车流的导航仪,主权区块链则是让这些车在高速公路上合法和有序行驶的规则和秩序。块数据、数权法、主权区块链正着力解决数字文明新秩序中的三大核心问题,是推动人类从工业文明走向数字文明的主要基石。其中,块数据解决的是融合问题。只要万物被数据化,融合就成为可能。这就是"数化万物,智在融合"的重大意义。数权法解决的是共享问题。数权法的本质是共享权,而共享权是基于利他主义文化的制度建构。主权区块链解决的是科技向善问题,也就是科技的灵魂是什么。这里的"善"就是阳明心学所倡导的"良知"。如果从理论上确立了融合、共享、良知三大价值取向,人类走向数字文明的文化障碍就得到破解,人类命运共同体必将行稳致远。

一、块数据:融合的解决方案

就像望远镜让我们能够感受宇宙,显微镜让我们能够观测微生物一样,大数据正在改变我们的生活以及理解世界的方式,成为新发明和新服务的源泉,而更多的改变正蓄势待发……①然而,海量数据激增的同时也带来了不确定性的增长。数据爆炸引发数据垃圾泛滥、数据拥堵不堪的隐忧,人类的这种问题和困扰被称为"海量数据的悖论",破解这个悖论需要全新的解决方案。正是在这样的时代大背景下,块数据应运而生。

块数据是点数据、条数据的有机融合。首先,点数据

---

① [英]维克托·迈尔-舍恩伯格、[英]肯尼思·库克耶:《大数据时代:生活、工作与思维的大变革》,盛杨燕、周涛译,浙江人民出版社2013年版,第1页。

是离散系统的孤立数据。随着数字技术和人类生产生活交汇融合,互联网快速普及,全球数据呈现爆发增长、海量集聚的特点。但是,规模庞大的数据独立存在着,没有连接桥梁,形成了一个个离散的孤立点数据。点数据是大数据的重要来源,具有体量大、分散化和独立性的特点。点数据是来源于个人、企业及政府的离散系统,涉及人们生产生活的各个领域、各个方面和各个环节,这类数据已经被识别并存储在各种相应的系统中,但是没有与其他数据发生价值关联,或者价值关联没有被呈现,导致未被使用、分析甚至访问。其次,条数据是单维度下的数据集合。无论是传统行业所汇聚的内部数据,还是各级政府所掌握的卫生、教育、交通、财政、安全等部门数据,再或者是互联网企业存储的电子商务、数字金融等新型行业数据,都可以被定义为条数据,即在某个行业和领域呈链条状串起来的数据。目前,大数据的应用大多是以条数据呈现。条数据在一定程度上实现了数据的定向聚集,提高了数据使用的效率,但条数据将数据困在了孤立的链条上,形成了一个个"数据孤岛"或"数据烟囱"。最后,块数据是特定平台上的关联聚合。块数据就是把各种分散的点数据和分割的条数据汇聚在一个特定平台上,并使之发生持续的聚合效应。块数据内含一种高度关联的机制,这种机制为数据的持续集聚提供了条件。块数据的关联聚合是在特定平台上发生的,并不局限于某个行政区域或物理空间。块数据的关联性聚合可以实现不同行业、不同部门和不同领域数据的跨界集聚。块数据的平台化、关联度、聚合力特征,推动大数据发展进入块数据融合发展的新阶段,打破"条"的界限,让数据实现在"块"上的有机融合。[①]

块数据是大数据时代真正到来的标志。当前,新一轮科技革命和产业变革正处于重要交汇期。随着新一代数字技术对人类生产生活的快速介入,人类活动正日益被代码转换为可记录、可收集、可处理、可分析的数据,我们进入了以大数据为标志的发展新阶段。从人类的文明进程来看,大数据是互联网文明向数字文明过渡中的重要产物,是人类数字化迁徙的重要标志,是数字世界形成的重要载体。我们必须要深刻认识到数据运动的规律。而块数据是研究数据运动规律的数据哲学。具体而言,数据是运动的,数据运动是有规律的,数据运动所揭示的是数字文明时代秩序的增长。立足当下,面向未来,只有掌握了块数据,我们才能真正认识到大数据时代的深刻内涵,才能进一步看到,块数据是大数据发展的高级形态,是大数据融合的核心价值,是大数据时代的解决方案。人类将以块数据为标志,真正步入大数据时代。

---

① 大数据战略重点实验室:《块数据3.0:秩序互联网与主权区块链》,中信出版社2017年版,第47—57页。

　　块数据是数据、算法、场景融合应用的价值体系。块数据价值链是实现超越资源禀赋的价值整合，是以全产业链、全服务链和全治理链为核心的价值体系。通过数据、算法、场景的叠加效应，在块数据系统架构下规模化、精准化的数据采集、数据传输、数据存储、数据分析和数据应用的数据观和方法论，为我们建构起一个融合技术流、物质流、资金流、人才流、服务流的价值系统。以发现块数据内海量复杂数据的潜在关联和预测未来为目标，以对复杂理论的系统性简化为主要范式，实现对不确定性和不可预知性更加精准的预测。从条数据到块数据的融合，人类社会的思维模式和行为范式将产生跨越式变革——这一数据哲学，不仅革新了我们的世界观、价值观和方法论，而且开启了我们的新时代、新生活和新未来。

　　块数据引领和催生新组织模式，成为改变未来的新力量。块数据既是一种经济模式，也是一种技术革新，更是一种新的世界观、价值观和方法论，引领和催生新的组织模式。块数据组织通过资源汇聚强化自身战略地位，再平衡成为掌握未来动向的第一制高点。块数据组织是一个资源共享的高效组织结构，预示着组织发展的新方向。无边界组织、自组织、云组织等，都可以看作一种正在萌芽和生长着的块数据组织。利他主义的数据文化是构成块数据组织的理论基石，其出发点是数据人假设。块数据组织中,数据力上升为组织的核心竞争力。数据力与数据关系影响着社会关系,这将引发整个社会发展模式的变革和重构。所有这一切,都预示着块数据组织"扁平化、平台化、关联度和聚合力"所带来的强大组织势能。这是实现组织的自激活和对环境变化的自适应,是组织存续与发展的重要动力所在,并最终形成共享型组织新范式。

激活数据学成为人工智能时代大数据发展新的解决方案。"数据拥堵"现象日益普遍,并成为困扰人类的重要社会问题之一,数据无序增长预示着"超数据时代"的来临。在超数据时代,大部分数据是无效的,只有小部分数据是有效的。事实上,"大"不是大数据的价值所在,"活"才是大数据价值实现的关键。我们要把大数据看作一种"活"的数据,因为只有激活,大数据才有生命,才能成为未来世界人们赖以生存与发展的"土壤"和"空气"。为此,我们要探索用数字技术来简化大数据的复杂性问题,借用生命科学的理论方法解决疏通数据拥堵的问题,以数据社会学的思维挖掘沉淀的数据宝藏。块数据,就是数据通过算法作用于场景,这种作用的动力就是激活数据学,它为我们寻找到有效数据提供了解决方案。作为一种理论假说,激活数据学就像一座朝向深邃的大数据宇宙的"天眼"。它是未来人类进入云脑时代的预报,是关于混沌的数据世界的跳出决定论和概率论的非此即彼、亦此亦彼的复杂理论的大数据思维范式革命。

块数据提出的数据进化论、数据资本论、数据博弈论或将成为数字文明的"新三论"。美国学者塞萨尔·伊达尔戈的《增长的本质》一书被誉为"21世纪经济增长理论的重要里程碑",因为该书提出了一个重要观点：经济增长的本质是信息的增长，或者说秩序的增长。该书认为，善于促进信息增长的国家会更昌盛。数据进化论、数据资本论和数据博弈论，正在重构数字文明时代人与技术、人与经济、人与社会的秩序。需要看到，数字文明时代增长的本质不是GDP的增长，而是文明的增长和秩序的增长。新"三论"对社会结构、经济机能、组织形态、价值世界进行了再塑造，对以自然人、机器人、基因人为主体的未来人类社会构成进行了再定义，对以数据为关键要素的新型权利范式和权力叙事进行了再分配。这既是研究未来生活的宏大构想，也是研究未来文明增长和秩序进化的重大发现。

块数据加速了文明冲突走向文明融合和文明有序的进程。块数据正在成为数字经济发展的关键环节。数字经济是以数据为关键要素的经济发展模式。这里的数据不是一般意义的数据资源，而是广义上能够让数据转化为财富的数据驱动机制。这种机制通过对数据的解构和重构实现资源配置，从而促进数据资源向价值转化、价值积累的持续转化，这正是块数据的本质所在。数据共享的基础是开放,数据开放的前提是融合。块数据为数据的融合提供了解决方案,是数据发挥应用价值的重要基础。块数据的最大特点正是把各个分散的点数据和各类分割的条数据汇聚在一个特定平台上使之发生持续的聚合效应。这种聚合效应通过数据多维融合与关联分析对事物做出更加快速、更加全面、更加精准和更加有效的研判和预测,从而揭示事物的本质规律,加速推动秩序的进化和文明的增长。在世界处于百年未有之大变局的当今,从互联网到区块链,从社会秩序到伦理规范,从数字经济到数字治理,文明的冲突或多或少、或长或短,都在所难免。而推动文明融合和文明秩序的有效解决方案,就是文明数据化和数据文明化,我们称之为数字文明。在加速数字文明的进程中,块数据正成为文明融合的推动力量,这正是"数化万物,智在融合"的时代意义。

二、数权法:共享的法理重器

从互联网文明迈向数字文明,大致要经历三个阶段。第一个阶段,是所有的人和物借助互联网、大数据、物联网等前所未有地联系到一起。这是我们当下已经历和正在经历的,是新一代数字技术对物理世界的第一次全面的改造。基于这样的改造,以国家为主体的世界各国、各地区迈入了全球化的高级阶段,形成数据相接、信息相通、利益相连、命运与共的基本格局。在此过程中，互联网全球治理、数据主权竞争等成为全球治理的核心议题。第二个阶段，是物理世界向数字世界映射的阶段。这个阶段因个人或国家数据权利和数据权力的冲突，各种纠纷逐渐在世界政治、国内政治、产业升级、个人生存和发展中暴露出来。简单讲，在这个阶段，数字世界开始出现雏形——如果说物理世界是第一世界，那么这个开始诞生的雏形就是第二世界。这个阶段，重混与失序，数据保护、流动与垄断，数字霸权与数据主权，数字暴力与数字自卫等诸多矛盾进一步显露出来，数字世界的秩序问题成为核心议题。第三个阶段，是在前两个阶段基础上，数字世界的数字货币、数字身份、数字秩序等"四梁八柱"逐渐建立起来，与物理世界形成了良好互动，基本实现文明的跃迁。总体而言，当下我们正处于第一阶段的后期、第二阶段的初期，第一层面的互联网全球治理和第二层面的数字世界制度构建成为中心问题。解决这些问题，我们在掌握数据运动规律的基础上，还需要找到数字世界制度构建、秩序运行的原点。"法与时转则治，治与世宜则有功。"我们认为，这个原点，就是数据法治——数权和以数权为核心的数据秩序建设问题。没有"权"，"数"没有任何意义，因为只有"数权"才能真正体现"数"的价值。数权法就是基于"数据人"建构的一套"数权—数权制度—数权法"的法理架构。

在数字文明时代,人类开始重新认识人与数据的关系,考量"数据人"的权利问题。大数据是一种生产要素、一种创新资源、一种组织方式、一种权利类型。数据的利用成为财富增长的重要方式,数权的主张成为数字文明的重要象征。在数据的全生命周期治理过程中会产生诸多权利义务问题,涉及个人隐私、数据产权、数据主权等权益。数据权、共享权、数据主权等成为大数据时代的新权益。数权是共享数据以实现价值的最大公约数。数字时代是多维而动态的,数据权利的设计不应仅体现原始数据单向的财产权分配,更应反映动态结构和多元主体的权利问题。因此,一种涵盖全部数据形态、积极利用并许可他人利用的新型权利呼之欲出——数权。

数据人假设是数权法的逻辑起点。正如著名法学家严存生所指出的,"法是人类社会特有的社会现象,其产生和发展、制定和实施都离不开人,这就决定了任何对法的研究,如果要上升到哲学的高度,或者说任何法哲学对法的研究,都必须以研究人的本性为出发点,这样才能抓住法现象的根本和找到理解法现象的钥匙"①。纵观人类发展史,我们可以得到五种从人性出发提出的经典假设。第一种是工业文明时代最为常见的人性假设,西方文明下众

---

① 严存生:《探索法的人性基础——西方自然法学的真谛》,《华东政法学院学报》2005年第5期,第88页。

多学科研究的起点,即经济人假设。第二种与经济人假设相对应,亚当·斯密在反思经济人假设过程中,在《道德情操论》中提出了道德人概念,我们可以将之视为道德人假设。在斯密的论述中,道德人是利他的、理性的,追求的是团体利益最大化。经济人和道德人,是人性假设的两个方面。从经济人到道德人,利己变成了利他,个人利益最大化变成了团体利益最大化,但"理性"假设并未改变,片面性依然存在。此外,还存在政治人、社会人、文化人的假设。但不管哪种假设,都难以适应数字文明时代数据运动规律、数据权利需求、数字秩序构建的要求。我们正在踏进数字经济、数字社会、数字政府架构的文明新时代,数字文明的开启有赖于数权制度的安排、数权规则的设计与数权法律的明确,数权立法是人类社会发展的必然趋势。人性假设是数权法研究的逻辑起点与价值核心,我们把数权法的人性预设为数据人,而数据人假设的核心是利他主义。正因为利他是可能的,数权的主张才成为可能,数权法才具有正当性基础。

利他主义理念是数字社会发展的重要动力。如果数据无法共享、无法流动、无法交易,就难以发挥数据的价值。在未来的数字世界,数字社会将是去中心化和扁平化的,互利共赢应是时代的共识。在未来的数字世界和进化后的物理世界,人类的行为或将跳出理性的范畴,变得更加复杂。理性将不是人们采取的基本准则,也不会是基本准则,因为数字世界里我们都无法做到完全理性。此外,需要看到,利己与利他是辩证统一的。从互联网时代到数字时代,如果要想利己,利他必然是一个前提条件。其中的不同,仅是前提条件的数量和严格程度不一,但利他是必然的。例如,地图导航就是一个很好的例子。不管是高德地图还是百度地图,其导航的精确性,除了有赖于公司的投入,还有赖于用户的行程共享,才能不断地优化导航路线。也即是说,利他性的行程共享,是我们短期内获得利己性的"行程最优"的重要条件。这样的例子,在未来的数字世界将数不胜数。当然,我们并不能忽略个人隐私保护的重要性,但共享是数字世界的重要法则。

共享制度关注的核心主题是数据的个人权益与公共利益的平衡问题。共享是对数据的有效使用,是数据所有权的最终体现。数权不同于物权,不再表现为一种占有权,而是成为一种不具有排他性的共享权,往往表现为"一数多权"。数权一旦从自然权利上升为一种公意,它就必然超越其本身的形态,而让渡为一种社会权利。共享权的提出,将成为一种超越物权法的具有数字文明标志意义的新的法理规则。从农业文明到工业文明再到数字文明,法律将实现从"人法"到"物法"再到"数法"的跃迁。数字文明为数权法的创生提供了价值原点与革新动力,数权法也为数字文明的制度构建和秩序运行提供了法理依据。数权法是文明跃迁过程中的产物,也将是人类从工业文明向数字文明迈进的基石。

三、主权区块链:科技向善的共同准则

科技是人类文明进步的核心动力。进入21世纪,新一轮科技革命浪潮汹涌澎湃、激荡人心,正把我们从互联网文明时代推向数字文明时代。这是一个伟大的进程,这也是一个可怕的过程。我们总会不禁发问,我们现在知道,未来未必知道的新一代数字技术一旦与人类完全融合,我们的世界是变得更好,还是变得更坏?当全人类在数字世界相遇,这个世界会变得充满活力,还是充满暴力?变得更好、变得更有活力,应该是任何国家、任何地区、任何组织、任何企业、任何个人的期望。有了这个基本共识,数字文明时代的秩序构建就有迹可循。

科技向恶还是向善关键在于主体的选择。我们在讨论科学技术的善恶时,大多数时候讲的都是技术,而不是科学。这是因为,科学离我们很远,我们感觉不到它的好坏。技术介于科学与人类之间,离人类要近得多,我们常常能直观地感受到它带来的好,或它带来的坏。犹如对核聚变科学研究和原子弹的讨论一样,我们并不畏惧核聚变——因为那似乎很遥远,像是在不可触摸的地方。但我

们畏惧原子弹,因为原子弹有着巨大的破坏力——包括对生命和文明的摧毁。我们不能轻易地判断核聚变是好还是坏,但是当核聚变用在核电站时,我们知道这·技术是"向善"的,是为人类服务的。"科技是一种能力,向善是一种选择"是大多数人在讨论科技向善时得出的共同结论,也就是说,科技是否向善关键在于人类的选择。

避免科技向恶是科技向善的第一步。互联网巨头(企业)是互联网时代的重要标志,是新一代数字技术革命浪潮中的领跑者。互联网巨头的选择,关乎互联网秩序的形成。避免科技向恶,谷歌永不作恶的价值观、腾讯科技向善的使命和远景,都为互联网的其他企业参与者做出了示范,这是迈向科技向善的第一步。但是,并不是所有的新技术都能被"向善"的互联网企业所掌控,或者被服务于人民的国家公权力所掌控。例如,互联网顶级技术掌握在一些国家手中,就成了"窃听"其他国家机密的手段;大数据技术、云计算技术掌握在一些企业手中,就成了"杀熟"的工具;人工智能技术掌握在一些暴力组织手中,就成了"自杀式袭击"的武器。在从互联网文明向数字文明过渡的过程中,数字技术不仅推动着经济进步,也不断产生信息鸿沟、经济鸿沟、数字鸿沟,它不断地割裂人类社会,或将导致传统文明的解体和文明秩序的混乱,甚至造成人类基本价值观和世界观的崩塌。技术之恶,是横亘在通往数字文明之路上的巨大障碍。

　　主权区块链的诞生为我们避免技术之恶、实现科技向善提供了解决方案。我们都知道,区块链技术是利用块链式数据结构来验证与存储数据、利用分布式节点共识算法来生成和更新数据、利用密码学的方式保证数据传输和访问的安全、利用由自动化脚本代码组成的智能合约集体维护可靠数据库的技术方案①。区块链技术具有不可篡改、智能合约和去中心化的核心特点,以及与此相关的分布式、时序数据、开放、共识、匿名、安全、集体维护等特性,这构成了区块链的数字形象。基于这些特点,使得区块链区别于大数据、物联网、人工智能、量子计算机等新技术——在为人类提供技术的同时,也为人类生产和生活提供新的规则。这些规则进一步改变人类思维方式,影响企业经营模式,改变经济发展方式,重塑社会交往方式,重构国家交往方式,推动世界秩序变革,这是对人类全方位的改变。但是,我们也要看到,区块链技术与其他数字技术一样,也存在着缺陷。例如,在区块链与比特币相伴相生的过程中,区块链技术就沦为了洗钱、避税的帮凶。避免从"主观不作恶"到"客观不作恶",我们需要对区块链进行改造。

　　主权区块链在继承区块链良好特性的同时,也与区块

---

① 孙健:《区块链百科全书:人人都能看懂的比特币等数字货币入门手册》,电子工业出版社 2018 年版,第 54 页。

链有着较大的区别。狭义上,主权区块链是以国家为主体的区块链技术解决方案。广义上,主权代表的是某一主体(如人类、民族等),主权区块链是在某一规则前提下的区块链技术,首要条件是满足伦理和监管。在数字世界层面,主权区块链强调人类整体利益和秩序,而不是霸权和压迫;在国际秩序中,主权区块链强调尊重数据主权和国家主权,平等制定规则和制度,而不是超主权或无主权的状态。在区域监管层面,主权区块链强调数字世界应该受到主权(主体)的监管,而不是无监管。在治理结构中,强调的是多中心、多文明共存下的利他与共享,而不是绝对的去中心化。此外,在共识层面,主权区块链强调和谐包容,而不是效率优先;在合约层面,强调在数权法律框架下的自动生成机制,而不是"代码即法律";在应用层面,强调有限应用,而不是无节制、无条件的应用。①

主权区块链助力构建科技向善的共同准则。我们可以将这些准则归纳为主权区块链思维、主权区块链文化、主权区块链精神、主权区块链价值观,它将是数字文明世界运行的重要基石。从思维和意识的关系上讲,如果说科技向善是一种处理科技与人类关系中的意识,那么主权区块链就是处理这对关系的思维,我们将之称为主权区块链

---

① 贵阳市人民政府新闻办公室:《贵阳区块链发展和应用》,贵州人民出版社2016年版,第20—35页。

思维,它是对区块链思维的拓展和深化,是在分布式思维、共识思维、去中心化思维等基础上,进一步凝聚形成主权性思维(主体性思维)和利他性思维。其目的是在降低运行成本、提升效率的基础上,实现公平与效率的平衡。从文明进程来看,如果说主权区块链思维更倾向于区块链——一种解决方案,那么主权区块链价值观则更倾向于主权——一种价值取向。这些价值取向是:运用主权区块链的思维方法,秉持文明共存、和平共处、平等互鉴、开放包容、理解互敬、携手共进、互利共赢、天下大同八大文明理念,抵制文明入侵、文明同化、文明灭绝三大行为,构建数字世界的文明制度和文明秩序。在主权区块链思维和价值观的驱动下,人类通过对新一代数字技术的伦理改造,以及在技术应用中的实践和探索,进一步营造出主权区块链文化——核心是以利他文化为主体,利己文化与利他文化的平衡。而主权区块链思维与价值观和文化一道,将共同构成数字文明时代的主权区块链精神,指引人类走向新的繁荣,创造更丰富的文明成果。

第三节　人类的明天

文明的范式是回答"人类的明天"这个时代之问、文明之问的起点。科技文明是人类进步的核心动力,自中世纪欧洲文艺复兴将人从神的束缚中解放出来后,西方文明快速迈入了工业文明,并完美实现了对工业文明的西化改造。其所形成的极致利己主义和个人主义把人类引向了"物本主义"的境地,这既是其他文明迟迟无法完全融入工业文明的重要原因,也是当前全球治理体系多边主义停滞、瓦解的重要因素,更是新科技革命出现技术之恶的重要根源。在互联网文明向数字文明跃迁的过程中,新科技革命就是一把火,如果没有中华文明提供的文明融合范式,如果没有新的权利观和伦理观,它会把整个世界烧成灰烬。从文明范式的角度看,人类文明转型与中华文明复兴构成了当今人类文明发展的新取向和新路径。这场新的文明互动和文明融合,将以新科技革命、新人文革命为主线,以确立共享权与新伦理为内涵,在总体上体现一种利他主义与数字正义相统一的人类文明新范式。这种以共享权、数字人权、全球伦理等共同引领的权利观、伦理观,在促进人的全面发展的同时,将推动人类社会和人类文明从"适者生存"型向"善者优存"型持续攀升。

一、后疫情时代的文明走向

突如其来并迅速席卷全球的新冠肺炎疫情加速了"百年未有之大变局"的演进。经此一役,我们更加清楚地看到了一件事情——人类的文明已经来到了一个新的拐点。

这是一个新旧交替的年代,这是一个转型变革的时代,由疫情引发的关于文明走向和全球治理等问题才刚刚开始。一方面,新冠肺炎疫情和疫情治理暴露出了人与自然、国与国之间的紧张关系,加速了世界秩序的重塑和调整。疫情下,各国、各地区因病毒来源、经济贸易、疫苗供给摩擦不断、纠缠不清,严重滞缓了疫情全球治理的步伐。同时,因治理理念和治理效能差异,各国、各地区经济复苏程度不一,加大了国家间和地区间的差距。这将不断提升全球治理的难度,加速世界秩序的重塑和调整。另一方面,新冠肺炎疫情加速了新一轮科技革命和产业变革。疫情期间,疫情防控和复工复产的平衡是世界各国聚焦的焦点。在处理这对矛盾过程中,新一代数字技术加速实现了在新业态、新平台、新模式中的运用,催生了远程教育、远程医疗、远程办公等新产业。从某种意义而言,在疫情的推动下,人类迈向数字世界的步伐进一步加快。

后疫情时代,数字不文明的风险日益升高。在人类向数字世界迁徙并创造数字世界的过程中,西方文明会把物理世界中无数组对应关系带到数字世界,通过对数字世界的改造,赢得领先优势。例如,西方文明在自觉与不自觉中,会带上其利己主义思想、个人主义文化以及由此诞生在工业文明世界中的各种政治理论、经济理论、文化理论,以指导数字世界的构建。如果说,数字世界是物理世界的映射，是一个平行世界的话，那数字世界不见得会比物理世界更好，甚至可能更乱，这是西方文明在解放人的过程中走向极端主义的结果。所谓"成也萧何，败也萧何"，文艺复兴对个人的解放，在创造了工业文明的同时，也对文明的进步——向数字文明的跃迁——构成了桎梏。与此同时，在西方文明的传统视角下，科技的进步很可能异化为资本主义向世界扩张的机会，技术鸿沟将进一步撕裂整个人类世界。在这个关键的十字路口，如果其他文明不挺身而出，不向极致利己主义提出挑战，不提供一套新的解决方案，那么，人类的数字文明进程，很可能会陷入西方文明主导下的怪圈。数字文明甚至会演变成"第二个工业文明"，从文明的美好愿景陷入不文明的绝境。若是如此，人类即将迈出的一大步会变成一小步，甚至会出现倒退的情况。

在这个多文明交汇的重要路口，在这个从量变到质变飞跃的关键时刻，世界必须为数字文明的共同理想而紧密团结在一起。纵观近现代以来的人类文明进程，从农业文明到工业文明，各文明的目标无不都是自我发展与完善。20世纪以来，随着民族解放运动席卷全球，各民族国家和宗教国家迈上了新发展阶段。到21世纪初，世界上绝大部分的国家都进入了工业化阶段，包括中华文明、印度文明、伊斯兰文明以及东南亚地区、非洲地区、南美地区均在工业化中取得了积极进展,实现了与工业文明在现有西方文化限制下的较好融合,这为非西方文明向数字文明的过渡打下了坚实的基础。同时,后发赶上的各文明,正急切地想要获得文明发展和进步的话语权。为此,各文明必须推己及人,秉持开放包容、共同进步的理念,联合起来,避免人类在文明跃迁的重要路口,陷入西方文明从数字世界到物理世界的包围圈。面向未来,我们发现,中华文明与数字文明的有机融合、同频共振,将为人类文明的第二次大融合和向数字文明的跃迁提供更好的解决方案。

首先,中华文明是文明融合的结果和典范。作为人类历史长河中最特别、生命力最为顽强的文明,中华文明的发展史,就是一部文明的融合史。暂且不谈多民族融合带来的文明融合,在整个中华文明史中,我们至少有两次大规模的文明融合先例。第一次是公元2世纪到公元7世纪,是中华文明对佛教文明的有机融合。两汉时期,佛教开始东传进入中国,开启了以儒家文化、道家文化为代表的中华文明与佛教教义融合的新篇章。至魏晋南北朝时期,特别是梁朝,佛教文明在中国得以扎根。到隋唐时期,佛教东传进入开花结果期。唐代以后,儒释道合流,佛教文明成了中华文明的重要组成部分。可以说,中华文明与佛教文明的融合过程,是中华文明对佛教文明的接纳过程,是一个和平融合的过程。通过融合,中华文明为佛教文明的发展提供了良好的土壤,使之得以历久弥新,发展和进步。第二次是鸦片战争以来中华文明与工业文明的融合,是中华文明从被动到主动的融合,是各文明与工业文明融合中最成功的融合案例。18世纪以来的工业文明,是西方文明的代名词,是基督教文明的现代化。正是如此,中华文明在与被改造的工业文明的融合过程中,历经了重重阻碍。但是,在中华文明开放包容的引导下,中国成了世界第二大经济体,第一大制造业国家,拥有了世界上最完整的制造业体系。可以说,不管是接受他文明,还是融入新文明,中华文明均有着成熟的历史经验。

其次,从文明的特质上讲,无论是"有容乃大""天下大同""和而不同""中庸之道""己所不欲,勿施于人""求同存异",还是"有教无类""四海之内,皆兄弟也""人类命运共同体",无不彰显了中华文明开放包容的特质。而无论是"美国梦""门罗主义""杜鲁门主义",还是"美国第一""美国优先",无不代表着美国极致利己主义的特点。

最后,中华文明与主权区块链理念相通、特性相容,是构建数字文明秩序的最佳"搭档"。一是从本质上讲,主权区块链是利他的,而中华文明不管是对佛教文明的接纳,还是推动工业文明实现新发展,也都是利他的。二是从核心特点来看,主权区块链强调的是集体主义,中华文明强调的也是集体主义。特别地,新中国公有制为主体的基本经济制度,能与区块链利他性和集体主义形成最好的结合,共同构成处理文明冲突、实现文明发展与融合的公共产品。三是从主要特点上看,主权区块链和中华文明都强调公平、安全、信任、平等、共存。四是主权区块链强调秩序、规则,中华文明同样强调"无规矩不成方圆"。

如果说世界各文明与工业文明的融合是人类文明史上的第一次大融合,那么与数字文明的融合将成为人类文明史上的第二次大融合。

二、新科技革命与新人文主义

20世纪是人类过得最糟糕的一个世纪,也是人类文明进步最快的一个世纪。"20世纪惨痛的教训要求我们重新思考人类在21世纪必须要建立一个怎样的新世界,特别是人类的精神世界,重新定义人类状况,重新考虑人类的生存意义。"[①]20世纪进步的经验要求我们重新审视科技革命和全球化,总结思考科技革命对于经济发展和社会进步的作用的差异,确定新科技革命和全球化在人类明天中的新方位。

观察"人类的明天",我们要抓住数字文明这条主线,在数字世界一体化的框架下,审视新科技革命和新人文主义这两大变量对文明进程的影响。当前,在互联网的基础

---

① 乐黛云:《21世纪的新人文精神》,《学术月刊》2008年第1期,第10页。

上，随着以大数据、物联网、云计算、区块链、人工智能、量子信息等为代表的新一代数字技术革命浪潮的兴起，新科技革命加速向我们走来，数字世界的大门正向我们敞开。但是，数字世界是什么样、由谁来建立、该怎么建立、该怎么运行、该怎么维护、边界在哪里，这是我们要积极面对、及时解决的一系列问题。

一直以来，科技革命始终贯穿人类发展史，是人类走向"明天"的不竭动力。从18世纪到20世纪中叶，科技革命一直围绕生产力的进步展开。在这场人类历史上新技术爆发最集中、迭代最频繁的科技革命浪潮中，工业文明诞生了。这是一个相对农业文明时代，物质得到极大发展的文明时代。不管是蒸汽机，还是发电机，抑或内燃机和计算机，它们给人类提供的，或者为人类增强的，是一种改造自然的能力，是一种推动经济总量升级的能力。"经济基础决定上层建筑"，在这两个多世纪的时间里，人类的政治制度、经济模式、文化形态、社会状态为了更好地适应物质世界的发展，均发生了巨大的改变。所以，处在这个时代的每个人再回头去看时，都会因为科技的进步而自豪，对科技赋予人类物质的繁荣而心怀感激。但是，有很大一部分人或国家，正在将科技这个中立的时代推动者，捧向"神坛"，他们醉心于对物质和财富的追求，丝毫不介意科技是马克思所说的"危险万分的革命家"。这对于即将迎来数字世界的人类,是极其危险的。因为数字世界不同于物理世界,它的建立并不有赖于高楼大厦的建立、飞机大炮的生产,而是有赖于制度的设计、秩序的构建、机制的完善。如果新科技掌握在工业文明的"危险分子"手中,那么人类数字世界的建设将会变得一塌糊涂。因此,我们在为科技革命到来而喜悦、激动的同时,也要用严谨的眼光、批判的精神、冷静的态度去审视新科技给我们带来的好的与坏的东西,要用科学的态度去研究和利用技术,尊重数字人权,避免技术之恶,推动科技向善。

数字文明是人类的必然选择,数字世界一体化是必然要求,应将其列入全球核心议题。互联网文明将工业文明推向更高级的阶段,使世界贸易逐步从货物贸易向服务贸易转变。服务贸易中,国际金融一体化、知识贸易一体化、文化消费——如影视、音乐、游戏一体化,正不断推动人类从物质交换走向精神交流,文化多样化和文化交流正成为世界的重要趋势。可以说,人类历史上,分布在全球各地的人们,从未有过如此频繁的交流,人类社会前所未有地联系在了一起。如果说中世纪大航海时代到二战前是人类的第一次全球化——即使这是物质财富掠夺和大规模殖民的全球化,那么二战后从关贸总协定到世界贸易组织再到互联网全球化,就是人类的第二次全球化,这是经济贸易的全球化。如果人类还有第三次全球化,那必然是人类社会的全球化,或者进一步讲,是人的全球化。如前文所述,当下人类社会已经基本实现跨越空间的人际交往,突破了上千年来以国家或组织为主体的交往范式。我们可以预料,随着新科技革命的到来,互联网对物理世界的改造和映射,已经不足以满足人类个体间的交流,构建一个供所有人生存、发展、交流、生活的数字空间,已是大势所趋。为此,我们不能任由数字世界割裂,应该像处理气候变化、国际金融危机等全球性问题一样,把数字世界一体化建设作为全球核心议题,共同推进数字世界的建设。

"以人民为本"是数字文明的内在要求,是新科技革命向前发展的指南针。"新科技革命带来的生产力迅猛发展、生活方式和社会结构的深刻变革,归根结底,还是要落到如何满足人类对美好生活的向往和追求","新科技革命不能是人类欲望不断膨胀、'人类每到一处就拼命扩张'的工具"[①]。要把"以人民为本"摆在新科技革命时代的核心位置,避免走向农业文明时代"以神为本"、工业文明时代"以物为本"的老路,避免因追求资本积累、财富积累、权力积累而造成人与自然、人与人、人与社会的紧张,避免患上"迷心逐物"的"物质病"。新科技革命呼唤新人文主义,新人文主义呼唤"以人民为本"的数字人权。为什么是"以人

---

① 叶小文:《"人类的明天":两条观察主线——以社会和人为中心的牵引现代化观》,《人民论坛》2020年第32期,第41页。

民为本"而不是"以人为本"？一方面,因为"以人为本"仍容易陷入个人主义、对个体无限解放甚至膨胀的怪圈,我们应该"以人民为本"。另一方面,人民既包含了人的含义,也包含了集体、民族、人类的含义。在数字科技快速发展应用的背景下,它既要求尊重人的尊严,公平获得生存和发展的权利,实现自我价值的权利,不损害他人权利和利益的义务;也要求企业等组织承担尊重和保障人权的责任,实现"以人权的力量和权威强化对数字科技开发及其运用的伦理约束和法律规制"[1];更要求政府等担当起保障和实现数字人权的义务,在填补"数字鸿沟"的过程中实现共同发展。放眼全球,当人类社会秉持"以人民为本",即以世界人民为本的时候,新科技革命给人类带来的就会是希望、繁荣,而不是混乱、掠夺。

新人文主义不是一句口号,它要在数字世界、数字文明的发展中得以贯彻落实,必须要依靠主权区块链精神。如果说"以人民为本"的数字人权是新人文主义的一个目标,那么主权区块链精神就是实现这一目标最大的倚仗、最优的路径。"以人民为本"的数字人权和主权区块链精神,是中华文明对人类文明发展的积极贡献。在西方文明主导的文明秩序和国际秩序下,"以物为本""以资为本"始终占据着主导地位,"只要世界市场的基本结构及其运行

---

[1] 张文显:《"无数字 不人权"》,《北京日报》2019年9月2日,第15版。

机制仍然是资本主义生产方式主导,超越它的世界体系就建立不起来"[1],时代正呼唤各文明的崛起,也给予了中华文明最好的机遇。我们认为,在人类社会联系日益密切的今天,中华民族的伟大复兴,不能仅仅停留在中国的复兴,也不能只是中华文明的复兴,而应该是中华文明引领下的人类文明的进步,这才是人类美好的明天。

三、共享权与新伦理

当前,互联网全球治理已成为推动全球治理体系变革的重要内容;未来,数字世界治理将成为人类需要共同面对的核心问题。但是,不管是互联网文明时代的互联网全球治理,还是数字文明时代的数字世界治理,核心都是对数据的治理。数据是物理世界的"第五要素",是数字世界的"第一要素",是促进经济转型升级、提高社会治理效能的重要动力,加强数据治理,推动数据共享,是建设数字政府、构建数字社会、发展数字经济的应有之义。如何构建数据治理规则、制度和秩序,是数据治理的三个重要维度。基于用数据进行治理、对数据进行治理形成的数字秩序,是数字文明时代的第一秩序。法律是治国之重器,良法是善治之前提。数据治理的核心就是要运用法治思维和法

---

[1] 叶小文:《"人类的明天":两条观察主线——以社会和人为中心的牵引现代化观》,《人民论坛》2020年第32期,第41页。

治方式平衡利益、调节关系、规范行为。依靠法治,是强化数据治理的首要选择。法律是社会的调整器,但法律的作用是有限的。还需要依靠伦理,这是推动数据治理的重要补充。法治和伦理,是数据治理的"左右手"。

数权法是建立数字世界基本秩序的主要逻辑和重要依据。经过几千年的物质社会发展,物权法成了工业社会的法律基石;进入数字社会,数权法也一定会成为数字社会的法律基石。数字文明的本质是基于数权的数字生产和数字生活的总和,人类在数字世界共同生活的基础是基于数权而建立的秩序,人类的未来是在数字世界实现和平共处、共同进步、共同繁荣,这是人类的共同愿景。需要指出的是,数字时代的安全失控、法律失准、道德失范、伦理失常、隐私失密等风险日趋复杂。传统法律、法治、法理对数字世界的理解和规制在当前数字化、网络化、智能化背景下出现了难以应对的理论困境和实践短板。当然,这与其高度复杂性和不确定性密切相关,数字时代的法治建设更具挑战性。现有的制度供给无法适应和满足日益增长的数据权利需求,全球数据法律体系远未形成,数据监管长期缺位,相关法律存在真空地带。一方面,各国在数权立法方面并未取得重大进展,也并未形成数权法律体系,缺乏数据治理的法治经验;另一方面,受传统文化的影响,以美欧为代表的西方文明,以日本为代表的"中间文明",

以中国为代表的东方文明,对于数据、信息、隐私等数权领域的概念并不统一。例如,欧盟把"个人数据"作为数权立法的基本概念,以盎格鲁撒克逊人为主体的美国、加拿大、新西兰、澳大利亚则使用"隐私"概念,儒家文化圈的中国、日本、韩国则使用"个人信息"这一概念。同时,加上各国在立法取向、立法模式等也存在着很大的不同,对构建数字世界统一的数权法律体系形成了巨大的阻碍。有鉴于此,正向数字世界迁徙的人类需要在多边框架下,将数权列入全球治理的核心议题,通过平等协商形成原则性的共识,并力争制定数字领域的国际法,以化解未来数字世界中存在的各类矛盾,为各类冲突提供解决方案。

共享权是数权的本质,数字领域国际法的创立应坚持共享权的中心地位,以实现利他主义与数字正义的统一。随着数字货币的诞生、数字社会的涌现以及数字秩序的创立,全球化不可能倒退到各国封闭的状态,未来的新一轮全球化必然会再次席卷全球,并将不可阻挡地持续下去。在这轮全球化中,数字贸易蓬勃发展和数字世界一体化将成为两大趋势,相关数字规则的制定将成为各国激烈竞争和博弈的重要战场。各国应在互不侵犯主权利益的前提下,将实现人类总体利益最大化作为终极目标,把数字时代的新型权利——共享权——摆在中心地位,促进数字贸易全面发展。与此同时,在共享权基础上形成的共享原则——在数据合法共享基础上各国公平享有数字发展权以及各国人民平等享有数字人权,共享伦理——以"共享"为核心价值取向的伦理思想、伦理精神、伦理原则和伦理行为统一而成的数字伦理价值体系,使共享成为数字世界的新逻辑,使利他主义与数字正义相辅相成,进而重塑国际规则体系。当然,当下西方文明主导下的现实主义国际秩序大概率不允许这样的情况发生,但我们始终坚信,面向未来,随着中华文明复兴和人类文明大融合的继续,人类终将紧密团结在一起,命运与共,建设一个属于全人类的美好世界。"美美与共,天下大同",任重而道远。需要看到,从理论上讲法律不是万能的,并不能解决数据治理的全部问题,更无法解决数字世界构建过程中的所有问题;从现实看,由于各国的分歧,人类对数字世界建设的基本逻辑、基本原则、基本内容以及数字世界运行的基本规则、基本制度和基本秩序等内容尚未达成共识,且未采取足够的行动。基于此,我们还需把"数字世界普遍伦理"摆在重要位置,使之成为各国、各地区的底层共识。

"数字世界普遍伦理"基于元伦理学,从数字世界的基本概念、基本规则、基本内容出发,遵循底线伦理,实现对"全球伦理"的深化研究或重新认定。首先,在元伦理学上对数字世界伦理进行讨论是必要的。近年来,人类对于数字伦理的探讨大都集中于实践案例,使用的概念"五花八门",鲜有从基本概念出发,沿学科范畴、研究对象等进行系统分析的成果。与此同时,鉴于各国对于数字世界的认知也存在着较大的差异,我们应从元伦理学出发,对涉及数字世界的诸多词语、诸多理念进行讨论,达到"追求关于规范性问题的确定性认识"[①]的地步。其次,数字世界普遍伦理应是对"全球伦理"的发展或重新认定。1990年,孔汉思[②]在《全球责任》中首次提出"全球伦理";在孔汉思的推动下,《走向全球伦理宣言》于1993年问世,并提出"没有全球伦理,便没有更好的全球秩序";1997年,联合国教科文组织哲学与伦理学处组织召开了两次关于全球伦理的国际会议,并于1998年在北京召开了"普遍伦理:中国伦理传统的视角"专家研讨会[③]。从全球伦理的定义看,它是指全人类共同的伦理规范和道德准则。在数字世界的框架下,数字世界普遍伦理就是全人类在数字世界的伦理规范和道德准则。需要注意的是,从全球伦理的起源看,它与基督教有着莫大的关系,是基督教文明背景下的产物。在对数字世界普遍伦理进行审视时,需对"全球伦理"进行重新认定,以契合数字文明时代的要求。最后,数字世界普遍

---

① 陈真、王桂玲:《西方元伦理学百年发展历程的回顾与前瞻》,《哲学动态》2020年第11期,第88页。

② 孔汉思(Hans Kung),1928年生于瑞士,德国图宾根大学荣休教授、基督教研究所所长,著名哲学家和神学家。

③ 赵敦华:《关于普遍伦理的可能性条件的元伦理学考察》,《北京大学学报(哲学社会科学版)》2000年第4期,第109页。

伦理的研究和实践,应遵循底线伦理的要求。简单来说,就是数字世界的伦理共识,应坚持底线思维,把道德底线作为基本准则。它至少包括三个层次:第一个层次是数字世界所有人最基本的义务,第二个层次是数字领域国际法相关的义务,第三个层次是数字技术、数字经济、数字社会等各主体的职责和道德。我们相信,在新科技革命与新人文主义的加持下,在共享权与新伦理的支撑下,人类社会从互联网文明成功迈入数字文明,世界会因此而变得更加美好!

参考文献

一、中文专著及其析出文献

[1]蔡维德:《互链网:未来世界的连接方式》,东方出版社2021年版。

[2]陈欣:《社会困境中的合作:信任的力量》,科学出版社2019年版。

[3]大数据战略重点实验室:《块数据3.0:秩序互联网与主权区块链》,中信出版社2017年版。

[4]大数据战略重点实验室:《块数据5.0:数据社会学的理论与方法》,中信出版社2019年版。

[5]大数据战略重点实验室:《数权法1.0:数权的理论基础》,社会科学文献出版社2018年版。

[6]大数据战略重点实验室:《数权法2.0:数权的制度建构》,社会科学文献出版社2020年版。

[7]大数据战略重点实验室:《主权区块链1.0:秩序互联网与人类命运共同体》,浙江大学出版社2020年版。

[8]丁香桃:《变化社会中的信任与秩序——以马克思人学理论为视角》,浙江大学出版社2013年版。

[9]董保华等:《社会法原论》,中国政法大学出版社2001年版。

[10]费孝通:《乡土中国》,人民出版社2008年版。

[11]何宝宏:《风向》,人民邮电出版社2019年版。

[12]何怀宏:《人类还有未来吗》,广西师范大学出版社2020年版。

[13]何建湘、蔡骏杰、冷元红:《争议比特币:一场颠覆货币体系的革命?》,中信出版社2014年版。

[14]胡家祥:《心灵结构与文化解析》,北京大学出版社1998年版。

[15]胡训玉:《权力伦理的理念建构》,中国人民公安大学出版社、群众出版社2010年版。

[16]胡泳、王俊秀主编:《连接之后:公共空间重建与权力再分配》,人民邮电出版社2017年版。

[17]黄步添、蔡亮编著:《区块链解密:构建基于信用的下一代互联网》,清华大学出版社2016年版。

[18]黄光晓:《数字货币》,清华大学出版社2020年版。

[19]蒋先福:《契约文明:法治文明的源与流》,上海人民出版社1999年版。

[20]李春玲、吕鹏:《社会分层理论》,中国社会科学出版社

2008年版。

［21］李路路、孙志祥主编:《透视不平等——国外社会阶层理论》,社会科学文献出版社2002年版。

［22］梁春晓:《互联网革命重塑经济体系、知识体系与治理体系——对信息技术革命颠覆性影响的观察》,载信息社会50人论坛主编:《重新定义一切:如何看待信息革命的影响》,中国财富出版社2018年版。

［23］梁海宏:《连接时代:未来网络化商业模式解密》,清华大学出版社2014年版。

［24］梁治平:《法辨——中国法的过去、现在与未来》,贵州人民出版社1992年版。

［25］刘锋:《互联网进化论》,清华大学出版社2012年版。

［26］刘华峰:《寻找货币锚》,西南财经大学出版社2019年版。

［27］刘权主编:《区块链与人工智能:构建智能化数字经济世界》,人民邮电出版社2019年版。

［28］刘佑成:《社会发展三形态》,浙江人民出版社1987年版。

［29］龙白滔:《数字货币:从石板经济到数字经济的传承与创新》,东方出版社2020年版。

［30］彭绪庶:《数字货币创新:影响与应对》,中国社会科学出版社2020年版。

[31]邱泽奇:《迈向数据化社会》,载信息社会50人论坛编著:《未来已来:"互联网+"的重构与创新》,上海远东出版社2016年版。

[32]司晓、马永武等编著:《科技向善:大科技时代的最优选》,浙江大学出版社2020年版。

[33]孙健:《区块链百科全书:人人都能看懂的比特币等数字货币入门手册》,电子工业出版社2018年版。

[34]王俊生等:《数字身份链系统的应用研究》,载中国电机工程学会电力通信专业委员会主编:《电力通信技术研究及应用》,人民邮电出版社2019年版。

[35]王焕然等:《区块链社会:区块链助力国家治理能力现代化》,机械工业出版社2020年版。

[36]王文、刘玉书:《数字中国:区块链、智能革命与国家治理的未来》,中信出版社2020年版。

[37]王延川、陈姿含、伊然:《区块链治理:原理与场景》,上海人民出版社2021年版。

[38]王益民:《数字政府》,中共中央党校出版社2020年版。

[39]吴晓波:《腾讯传1998—2016:中国互联网公司进化论》,浙江大学出版社2017年版。

[40]吴增定:《利维坦的道德困境:早期现代政治哲学的问题与脉络》,生活·读书·新知三联书店2012年版。

[41]武卿:《区块链真相》,机械工业出版社2019年版。

［42］习近平:《为建设世界科技强国而奋斗——在全国科技创新大会、两院院士大会、中国科协第九次全国代表大会上的讲话》,人民出版社2016年版。

［43］肖珺:《跨文化虚拟共同体:连接、信任与认同》,社会科学文献出版社2016年版。

［44］徐国栋:《民法哲学》,中国法制出版社2009年版。

［45］许国志主编:《系统科学与工程研究(第2版)》,上海科技教育出版社2000年版。

［46］闫慧:《中国数字化社会阶层研究》,国家图书馆出版社2013年版。

［47］杨东、马扬:《与领导干部谈数字货币》,中共中央党校出版社2020年版。

［48］俞可平:《社群主义》,中国社会科学出版社1998年版。

［49］张康之、张乾友:《共同体的进化》,中国社会科学出版社2012年版。

［50］张曙光等:《价值与秩序的重建》,人民出版社2016年版。

［51］张文显主编:《法理学(第四版)》,高等教育出版社、北京大学出版社2011年版。

［52］郑永年:《技术赋权:中国的互联网、国家与社会》,邱道隆译,东方出版社2014年版。

［53］中共中央马克思恩格斯列宁斯大林著作编译局:《马

克思恩格斯选集(第1卷)》,人民出版社1995年版。

[54]中国电子信息产业发展研究院编著:《数字丝绸之路:"一带一路"数字经济的机遇与挑战》,人民邮电出版社2017年版。

[55]钟伟等:《数字货币:金融科技与货币重构》,中信出版社2018年版。

[56]周延云、闫秀荣:《数字劳动和卡尔·马克思——数字化时代国外马克思劳动价值论研究》,中国社会科学出版社2016年版。

[57]朱光磊等:《当代中国社会各阶层分析》,天津人民出版社1998年版。

[58][奥]多丽丝·奈斯比特、[美]约翰·奈斯比特:《掌控大趋势:如何正确认识、掌控这个变化的世界》,西江月译,中信出版社2018年版。

[59][德]恩格斯:《恩格斯 自然辩证法》,于光远等译编,人民出版社1984年版。

[60][德]恩斯特·卡西尔:《人文科学的逻辑》,沉晖等译,中国人民大学出版社1991年版。

[61][德]伽达默尔:《科学时代的理性》,薛华等译,国际文化出版公司1988年版。

[62][德]马丁·海德格尔:《海德格尔选集》,孙周兴选编,上海三联书店1996年版。

［63］［德］马克思、［德］恩格斯：《马克思恩格斯全集（第十二卷）》，中共中央马克思恩格斯列宁斯大林著作编译局译，人民出版社1964年版。

［64］［德］马克思、［德］恩格斯：《马克思恩格斯全集（第四十六卷·上）》，中共中央马克思恩格斯列宁斯大林著作编译局译，人民出版社1979年版。

［65］［德］马克思、［德］恩格斯：《马克思恩格斯文集（第五卷）》，中共中央马克思恩格斯列宁斯大林著作编译局译，人民出版社2009年版。

［66］［德］马克思、［德］恩格斯：《马克思恩格斯文集（第八卷）》，中共中央马克思恩格斯列宁斯大林著作编译局译，人民出版社2009年版。

［67］［德］马克斯·韦伯：《经济与社会（下卷）》，林荣远译，商务印书馆1998年版。

［68］［德］尼克拉斯·卢曼：《风险社会学》，孙一洲译，广西人民出版社2020年版。

［69］［古希腊］亚里士多德：《政治学》，吴寿彭译，商务印书馆1983年版。

［70］［加］哈罗德·伊尼斯：《传播的偏向》，何道宽译，中国人民大学出版社2003年版。

［71］［美］阿尔文·托夫勒：《未来的冲击》，孟广均等译，新华出版社1996年版。

[72] [美]艾伯特-拉斯洛·巴拉巴西:《链接:商业、科学与生活的新思维》,沈华伟译,浙江人民出版社2013年版。

[73] [美]伯纳德·施瓦茨:《美国法律史》,王军等译,中国政法大学出版社1989年版。

[74] [美]布莱恩·阿瑟:《技术的本质:技术是什么,它是如何进化的》,曹东溟、王健译,浙江人民出版社2018年版。

[75] [美]戴维·格伦斯基编:《社会分层(第2版)》,王俊等译,华夏出版社2005年版。

[76] [美]戴维·温伯格:《万物皆无序:新数字秩序的革命》,李燕鸣译,山西人民出版社2017年版。

[77] [美]E.博登海默:《法理学:法律哲学与法律方法》,邓正来译,中国政法大学出版社2004年版。

[78] [美]杰夫·斯蒂贝尔:《断点——互联网进化启示录》,师蓉译,中国人民大学出版社2015年版。

[79] [美]凯斯·桑斯坦:《网络共和国:网络社会中的民主问题》,黄维明译,上海人民出版社2003年版。

[80] [美]凯文·凯利:《必然》,周峰、董理、金阳译,电子工业出版社2016年版。

[81] [美]凯文·凯利:《失控:全人类的最终命运和结局》,东西文库译,新星出版社2010年版。

[82][美]凯西·奥尼尔:《算法霸权:数学杀伤性武器的威胁》,马青玲译,中信出版社2018年版。

[83][美]曼瑟尔·奥尔森:《集体行动的逻辑:公共物品与集团理论》,陈郁、郭宇峰、李崇新译,格致出版社2018年版。

[84][美]米歇尔·沃尔德罗普:《复杂:诞生于秩序与混沌边缘的科学》,陈玲译,生活·读书·新知三联书店1997年版。

[85][美]纳西姆·尼古拉斯·塔勒布:《非对称风险:风险共担,应对现实世界中的不确定性》,周洛华译,中信出版社2019年版。

[86][美]尼古拉·尼葛洛庞帝:《数字化生存》,胡泳、范海燕译,电子工业出版社2017年版。

[87][美]尼古拉斯·克里斯塔基斯、[美]詹姆斯·富勒:《大连接:社会网络是如何形成的以及对人类现实行为的影响》,简学译,中国人民大学出版社2013年版。

[88][美]帕拉格·康纳:《超级版图:全球供应链、超级城市与新商业文明的崛起》,崔传刚、周大昕译,中信出版社2016年版。

[89][美]皮埃罗·斯加鲁菲、牛金霞、闫景立:《人类2.0:在硅谷探索科技未来》,中信出版社2017年版。

[90][美]塞萨尔·伊达尔戈:《增长的本质:秩序的进化,从

原子到经济》,浮木译社译,中信出版社2015年版。

[91][美]希拉·贾撒诺夫等编:《科学技术论手册》,盛晓明等译,北京理工大学出版社2004年版。

[92][美]约翰·C.黑文斯:《失控的未来》,仝琳译,中信出版社2017年版。

[93][美]约翰·罗尔斯:《正义论》,何怀宏等译,中国社会科学出版社1988年版。

[94][美]约瑟夫·S.奈、[美]约翰·D.唐纳胡主编:《全球化世界的治理》,王勇等译,世界知识出版社2003年版。

[95][美]珍妮弗·温特、[日]良太小野编著:《未来互联网》,郑常青译,电子工业出版社2018年版。

[96][以]尤瓦尔·赫拉利:《未来简史》,林俊宏译,中信出版社2017年版。

[97][意]彼德罗·彭梵得:《罗马法教科书》,黄风译,中国政法大学出版社1992年版。

[98][英]阿兰·德波顿:《身份的焦虑》,陈广兴、南治国译,上海译文出版社2020年版。

[99][英]安东尼·吉登斯:《现代性的后果》,田禾译,译林出版社2011年版。

[100][英]安东尼·吉登斯:《现代性与自我认同》,赵旭东、方文译,生活·读书·新知三联书店1998年版。

[101][英]彼得·B.斯科特－摩根:《2040大预言:高科技引

擎与社会新秩序》，王非非译，机械工业出版社2017年版。

[102][英]大卫·休谟：《人性论》，关文运译，商务印书馆1983年版。

[103][英]梅因：《古代法》，沈景一译，商务印书馆1995年版。

[104][英]培根：《新工具》，许宝骙译，商务印书馆1984年版。

[105][英]乔治·扎卡达基斯：《人类的终极命运——从旧石器时代到人工智能的未来》，陈朝译，中信出版社2017年版。

[106][英]亚当·斯密：《道德情操论》，蒋自强等译，商务印书馆2015年版。

[107][英]伊姆雷·拉卡托斯、[英]艾兰·马斯格雷夫：《批判与知识的增长》，周寄中译，华夏出版社1987年版。

二、中文期刊

[1]巴曙松、张岱晸、朱元倩：《全球数字货币的发展现状和趋势》，《金融发展研究》2020年第11期。

[2]白津夫、白兮：《货币竞争新格局与央行数字货币》，《金融理论探索》2020年第3期。

［3］保建云:《主权数字货币、金融科技创新与国际货币体系改革——兼论数字人民币发行、流通及国际化》,《人民论坛·学术前沿》2020年第2期。

［4］鲍静、范梓腾、贾开:《数字政府治理形态研究:概念辨析与层次框架》,《电子政务》2020年第11期。

［5］卜素:《人工智能中的"算法歧视"问题及其审查标准》,《山西大学学报(哲学社会科学版)》2019年第4期。

［6］卜卫、任娟:《超越"数字鸿沟":发展具有社会包容性的数字素养教育》,《新闻与写作》2020年第10期。

［7］蔡蔚萍:《从网络谣言看信任危机》,《长春理工大学学报(社会科学版)》2014年第2期。

［8］曹红丽、黄忠义:《区块链:构建数字经济的基础设施》,《网络空间安全》2019年第10期。

［9］曹培杰、余胜泉:《数字原住民的提出、研究现状及未来发展》,《电化教育研究》2012年第4期。

［10］陈氚:《网络社会中的空间融合——虚拟空间的现实化与再生产》,《天津社会科学》2016年第3期。

［11］陈光:《科技"新冷战"下我国关键核心技术突破路径》,《创新科技》2020年第5期。

［12］陈洪兵:《论技术中立行为的犯罪边界》,《南通大学学报(社会科学版)》2019年第1期。

［13］陈立旭:《现代社会既要契约也需要良心》,《观察与思

考》1999年第1期。

[14]陈鹏:《区块链的本质与哲学意蕴》,《科学与社会》2020年第3期。

[15]陈仕伟:《大数据技术异化的伦理治理》,《自然辩证法研究》2016年第1期。

[16]陈锡喜:《人类命运共同体:以科技革命为维度的审视》,《内蒙古社会科学(汉文版)》2018年第5期。

[17]陈享光、黄泽清:《货币锚定物的形成机制及其对货币品质的维护——兼论数字货币的锚》,《中国人民大学学报》2018年第4期。

[18]陈岩、张平:《数字全球化的内涵、特征及发展趋势》,《人民论坛》2021年第13期。

[19]陈真、王桂玲:《西方元伦理学百年发展历程的回顾与前瞻》,《哲学动态》2020年第11期。

[20]陈志刚:《非物质经济与社会变革》,《马克思主义研究》2007年第6期。

[21]陈忠:《"规则何以可能"的存在论反思》,《东南学术》2004年第3期。

[22]成军青、薛俊强:《马克思政治经济学批判语境中的数字劳动本质探析》,《改革与战略》2020年第11期。

[23]程贵:《人民币国际化赋能全球金融治理改革的思考》,《兰州财经大学学报》2019年第6期。

[24]程亚文:《常规秩序与异态冲突——对亨廷顿"文明冲突论"的另一种诠释》,《欧洲》1998年第6期。

[25]丛斌:《规则意识、契约精神与法治实践》,《中国人大》2016年第15期。

[26]崔久强、吕尧、王虎:《基于区块链的数字身份发展现状》,《网络空间安全》2020年第6期。

[27]崔久强、郑宁、石英村:《数字经济时代新型数字信任体系构建》,《信息安全与通信保密》2020年第10期。

[28]戴丽娜:《2018年网络空间国际治理回顾与展望》,《信息安全与通信保密》2019年第1期。

[29]戴长征、鲍静:《数字政府治理——基于社会形态演变进程的考察》,《中国行政管理》2017年第9期。

[30]丁邡、焦迪:《区块链技术在"数字政府"中的应用》,《中国经贸导刊(中)》2020年第3期。

[31]杜朝运、叶芳:《集体行动困境下的国际货币体系变革——基于全球公共产品的视角》,《国际金融研究》2010年第10期。

[32]杜骏飞:《数字巴别塔:网络社会治理共同体刍议》,《当代传播》2020年第1期。

[33]段柯:《数字时代领导力的维度特征与提升路径》,《领导科学》2020年第16期。

[34]范冬萍:《探索复杂性的系统哲学与系统思维》,《现代

哲学》2020年第4期。

[35]丰子义:《全球化与文明的发展和建设》,《山东社会科学》2014年第5期。

[36]付玉辉:《后移动互联网时代:数字文明融合新阶段》,《互联网天地》2011年第6期。

[37]高洪民、李刚:《金融科技、数字货币与全球金融体系重构》,《学术论坛》2020年第2期。

[38]高奇琦:《主权区块链与全球区块链研究》,《世界经济与政治》2020年第10期。

[39]高宪芹:《利他主义行为研究的概述》,《黑河学刊》2010年第1期。

[40]高兆明:《信任危机的现代性解释》,《学术研究》2002年第4期。

[41]桂旺生、曾竞:《网络文化背景下道德相对主义的幽灵》,《社科纵横》2015年第3期。

[42]郝国强:《从人格信任到算法信任:区块链技术与社会信用体系建设研究》,《南宁师范大学学报(哲学社会科学版)》2020年第1期。

[43]何德旭、余晶晶、韩阳阳:《金融科技对货币政策的影响》,《中国金融》2019年第24期。

[44]贺仁龙:《"5G+产业互联网"时代数字孪生安全治理探索》,《中国信息安全》2019年第11期。

[45]胡伟:《论冷战后国际冲突:对"文明范式"的批评》,《复旦学报(社会科学版)》1995年第3期。

[46]黄璜:《数字政府:政策、特征与概念》,《治理研究》2020年第3期。

[47]黄璜、赵倩、张锐昕:《论政府数据开放与信息公开——对现有观点的反思与重构》,《中国行政管理》2016年第11期。

[48]黄静秋、邓伯军:《从数字的空间形态看人类命运共同体的历史演变》,《云南社会科学》2019年第6期。

[49]黄莉:《区块链思维赋能基层治理》,《红旗文稿》2020年第24期。

[50]黄明同:《阳明"致良知"论与社会文明》,《贵阳学院学报(社会科学版)》2019年第4期。

[51]黄旭巍:《快播侵权案与技术无罪论》,《中国出版》2016年第23期。

[52]IDM首席时政观察员:《"数字人"是城市数字化转型的元点》,《领导决策信息》2021年第3期。

[53]贾文山:《中华文明转型的独特范式》,《人民论坛》2016年第16期。

[54]江涛、王睿:《领导力的嬗变——数字时代的领导力》,《管理学家(实践版)》2011年第10期。

[55]姜先良:《"技术中立"的是与非》,《小康》2018年第

33期。

[56]蒋鸥翔、张磊磊、刘德政:《比特币、Libra、央行数字货币综述》,《金融科技时代》2020年第2期。

[57]蒋先福:《近代法治国的历史再现——梅因"从身份到契约"论断新论》,《法制与社会发展》2000年第2期。

[58]焦微玲、裴雷:《数字产品"免费"的原因、模式及盈利对策研究》,《现代情报》2017年第8期。

[59]靳永翥等:《"智慧信任":数字革命背景下构建基层社会共同体的新动力——基于贵阳市沙南社区的个案分析》,《中州学刊》2020年第1期。

[60]康宁:《在身份与契约之间——法律文明进程中欧洲中世纪行会的过渡性特征》,《清华法治论衡》2017年第1期。

[61]邝劲松、彭文斌:《区块链技术驱动数字经济发展:理论逻辑与战略取向》,《社会科学》2020年第9期。

[62]旷野、闫晓丽:《美国网络空间可信身份战略的真实意图》,《信息安全与技术》2012年第11期。

[63]赖忠先:《龙场悟良知 养性在践履——论阳明学的核心与性质》,《中州学刊》2010年第3期。

[64]李长江:《关于数字经济内涵的初步探讨》,《电子政务》2017年第9期。

[65]李承贵:《"心即理"的构造与运行》,《学术界》2020年

第8期。

[66]李承贵：《"心即理"何以成为阳明心学的基石——王阳明对"心即理"的传承与论证》，《贵阳学院学报（社会科学版）》2020年第6期。

[67]李达：《新时代中国社会治理体制：历史、实践与目标》，《重庆社会科学》2020年第5期。

[68]李国杰：《数据共享：国家治理体系现代化的前提》，《中国信息化周报》2014年第32期。

[69]李璐君：《契约精神与司法文明》，《法学论坛》2018年第6期。

[70]李升：《"数字鸿沟"：当代社会阶层分析的新视角》，《社会》2006年第6期。

[71]李唯睿、贾智：《区块链或成数字文明的基石》，《当代贵州》2019年第22期。

[72]李晓菊：《文明范式的当代转换与价值观的变革》，《福建论坛（人文社会科学版）》2006年第12期。

[73]李晔：《现代世界中的伦理规范与道德相对主义问题》，《深圳大学学报（人文社会科学版）》2017年第4期。

[74]李一：《"数字社会"的发展趋势、时代特征和业态成长》，《中共杭州市委党校学报》2019年第5期。

[75]李增刚：《全球公共产品：定义、分类及其供给》，《经济

评论》2006年第1期。

[76]连玉明:《向新时代致敬——基于主权区块链的治理科技在协商民主中的运用》,《中国政协》2018年第6期。

[77]连玉明:《主权区块链对互联网全球治理的特殊意义》,《贵阳学院学报(社会科学版)》2020年第3期。

[78]梁治平:《"从身份到契约":社会关系的革命——读梅因〈古代法〉随想》,《读书》1986年第6期。

[79]林曦、郭苏建:《算法不正义与大数据伦理》,《社会科学》2020年第8期。

[80]刘东民、宋爽:《数字货币、跨境支付与国际货币体系变革》,《金融论坛》2020年第11期。

[81]刘焕智、董兴佩:《论网络虚拟信任危机的改善》,《云南民族大学学报(哲学社会科学版)》2017年第2期。

[82]刘珺:《人民币国际化的数字维度》,《金融博览》2020年第9期。

[83]刘科、刘志勇:《责任的落寞:大数据时代的信息伦理失范之痛》,《山东科技大学学报(社会科学版)》2017年第5期。

[84]刘魁:《全球风险、伦理智慧与当代信仰的伦理化转向》,《伦理学研究》2012年第3期。

[85]刘尚希、李成威:《基于公共风险重新定义公共产品》,

《财政研究》2018年第8期。

[86]刘小红、刘魁：《风险社会的复杂性解读》，《科技管理研究》2013年第13期。

[87]刘颖：《从身份到契约与从契约到身份——中国社会进步的一种模式探讨》，《天津社会科学》2005年第4期。

[88]刘芸：《标准的秩序与区块链的失序》，《大众标准化》2018年第3期。

[89]刘贞晔：《国际多边组织与非政府组织：合法性的缺陷与补充》，《教学与研究》2007年第8期。

[90]龙萍：《数字原住民向数字公民转化的探讨》，《文化创新比较研究》2018年第13期。

[91]龙荣远、杨官华：《数权、数权制度与数权法研究》，《科技与法律》2018年第5期。

[92]龙晟：《数字身份民法定位的理论与实践：以中国—东盟国家为中心》，《广西大学学报（哲学社会科学版）》2019年第6期。

[93]陆岷峰：《关于区块链技术与社会信用制度体系重构的研究》，《兰州学刊》2020年第3期。

[94]路颖妮：《"微信息"带来碎片化世界》，《人民文摘》2014年第11期。

[95]栾群：《践行科技向善，筑牢可信人工智能的道德藩

篱》,《民主与科学》2019年第6期。

[96]罗大蒙、徐晓宗:《从"身份"到"契约":当代中国农民公民身份的缺失与重构》,《党政研究》2016年第1期。

[97]马长山:《数字社会的治理逻辑及其法治化展开》,《法律科学(西北政法大学学报)》2020年第5期。

[98]马亮:《公共部门大数据应用的动机、能力与绩效:理论述评与研究展望》,《电子政务》2016年第4期。

[99]孟庆国、关欣:《论电子治理的内涵、价值与绩效实现》,《行政论坛》2015年第4期。

[100]孟天广、李锋:《网络空间的政治互动:公民诉求与政府回应性——基于全国性网络问政平台的大数据分析》,《清华大学学报(哲学社会科学版)》2015年第3期。

[101]孟天广、张小劲:《大数据驱动与政府治理能力提升——理论框架与模式创新》,《北京航空航天大学学报(社会科学版)》2018年第1期。

[102]孟天广、赵娟:《网络驱动的回应性政府:网络问政的制度扩散及运行模式》,《上海行政学院学报》2018年第3期。

[103]牟春波、韦柳融:《新型基础设施发展路径研究》,《信息通信技术与政策》2021年第1期。

[104]牛庆燕:《现代科技的异化难题与科技人化的伦理应

对》,《南京林业大学学报(人文社会科学版)》2012年
第1期。

[105]潘沁:《从复杂性系统理论视角看人工智能科学的发展》,《湖北社会科学》2010年第1期。

[106]裴庆祺、马得林、张乐平:《区块链与社会治理的数字化重构》,《新疆师范大学学报(哲学社会科学版)》2020年第5期。

[107]彭波:《论数字领导力:数字科技时代的国家治理》,《人民论坛·学术前沿》2020年第15期。

[108]彭兰:《连接与反连接:互联网法则的摇摆》,《国际新闻界》2019年第2期。

[109]彭宁远:《西方经济学"理性人"假设的片面性研究》,《财富时代》2020年第12期。

[110]彭文生:《金融科技的货币含义》,《清华金融评论》2017年第9期。

[111]秦亚青:《世界政治的文化理论——文化结构、文化单位与文化力》,《世界经济与政治》2003年第4期。

[112]秦颖:《论公共产品的本质——兼论公共产品理论的局限性》,《经济学家》2006年第3期。

[113]任剑涛:《曲突徙薪:技术革命与国家治理大变局》,《江苏社会科学》2020年第5期。

[114]邵华明、侯臣:《人民币国际化:现状与路径选择——

以美元国际化历程为借鉴》,《财经科学》2015年第
11期。

[115]司晓、闫德利、戴建军:《科技向善:新技术应用及其
影响》,《时代经贸》2019年第22期。

[116]宋圭武、王振宇:《利他主义:利益博弈的一种均衡》,
《社科纵横》2005年第1期。

[117]宋宪荣、张猛:《网络可信身份认证技术问题研究》,
《网络空间安全》2018年第3期。

[118]孙帅:《从数字鸿沟的发展形态解析网络阶层分化》,
《新媒体研究》2019年第22期。

[119]孙旭欣、罗跃、李胜涛:《全球化时代的数字素养:内
涵与测评》,《世界教育信息》2020年第8期。

[120]唐皇凤:《数字利维坦的内在风险与数据治理》,《探
索与争鸣》2018年第5期。

[121]唐涛:《爱沙尼亚数字社会发展之路》,《上海信息化》
2018年第7期。

[122]王栋、贾子方:《新冠肺炎疫情与技术进步双重影响
下的全球化趋势》,《国际论坛》2021年第1期。

[123]王海明:《利他主义新探》,《齐鲁学刊》2004年
第5期。

[124]王建民:《转型时期中国社会的关系维持——从"熟
人信任"到"制度信任"》,《甘肃社会科学》2005年

第6期。

[125]王晶:《"数字公民"向我们走来》,《中国政协》2017年第13期。

[126]王晶:《开启数字世界新纪元》,《红旗文稿》2020年第1期。

[127]王俊妮:《国际货币法律制度的变革与演进》,《法制博览》2019年第3期。

[128]王旭、贾媛馨:《数字化背景下的国际货币竞争及其对人民币国际化的启示》,《南方金融》2020年第5期。

[129]王雁飞、朱瑜:《利他主义行为发展的理论研究述评》,《华南理工大学学报(社会科学版)》2003年第4期。

[130]王佑镁:《信息时代的数字包容:新生代农民工社会融合新视角》,《中国信息界》2010年第9期。

[131]王志凯:《深刻把握"双循环"战略的立足点和新动能》,《国家治理周刊》2021年第3期。

[132]王志萍:《普遍伦理研究综述》,《哲学动态》2000年第1期。

[133]王中原:《王阳明"致良知"的社会改良思想探析》,《求索》2016年第1期。

[134]魏波:《探索包容性治理的中国道路》,《人民论坛》

2020年第29期。

[135]魏小强:《基于零信任的远程办公系统:安全模型研究与实现》,《信息安全研究》2020年第4期。

[136]魏严捷:《法律的不确定性分析》,《法制博览》2020年第25期。

[137]文庭孝、刘璇:《戴维·温伯格的"新秩序理论"及对知识组织的启示》,《图书馆》2013年第3期。

[138]吴美川、张艳涛:《中国全球治理方案的公共性向度》,《理论视野》2021年第1期。

[139]吴小坤:《重构"社会联结":互联网何以影响中国社会的基础秩序》,《东岳论丛》2019年第7期。

[140]吴新慧:《数字信任与数字社会信任重构》,《学习与实践》2020年第10期。

[141]吴震:《作为良知伦理学的"知行合一"论——以"一念动处便是知亦便是行"为中心》,《学术月刊》2018年第5期。

[142]武杰、李润珍、程守华:《从无序到有序——非线性是系统结构有序化的动力之源》,《系统科学学报》2008年第1期。

[143]武薇:《致良知论——阳明心学思想初探》,《高校教育管理》2010年第4期。

[144]夏涛、邵忍丽:《重新认识"文明范式"》,《学术论坛》

2007年第3期。

[145]肖远企:《货币的本质与未来》,《金融监管研究》2020年第1期。

[146]谢俊贵、陈军:《数字鸿沟——贫富分化及其调控》,《湖南社会科学》2003年第3期。

[147]谢文郁:《良心和启蒙:真善判断权问题》,《求是学刊》2008年第1期。

[148]熊小果:《数字利维坦与数字异托邦——数字时代人生存之现代性困境的哲学探析》,《武汉科技大学学报(社会科学版)》2021年第3期。

[149]徐瑞朝:《英国政府数字包容战略及启示》,《图书情报工作》2017年第5期。

[150]闫德利:《科技向善:新技术应用及其影响》,《科技中国》2019年第5期。

[151]闫坤如:《风险的不确定性及其信念修正探析》,《科学技术哲学研究》2017年第2期。

[152]严存生:《探索法的人性基础——西方自然法学的真谛》,《华东政法学院学报》2005年第5期。

[153]杨道宇:《"心即理"的认识论意义》,《中州学刊》2015年第5期。

[154]杨峰:《全球互联网治理、公共产品与中国路径》,《教学与研究》2016年第9期。

[155]杨光斌:《世界政治学的提出和探索》,《中国人民大学学报》2021年第1期。

[156]杨光斌:《世界秩序大变革中的中国政治学》,《中国政治学》2020年第3辑。

[157]杨振山、陈健:《平等身份与近现代民法学——从人法角度理解民法》,《法律科学》1998年第2期。

[158]姚远、任羽中:《"激活"与"吸纳"的互动:走向协商民主的中国社会治理模式》,《北京大学学报(哲学社会科学版)》2013年第2期。

[159]叶小文:《"人类的明天":两条观察主线——以社会和人为中心的牵引现代化观》,《人民论坛》2020年第32期。

[160]叶小文:《人类命运共同体的文化共识》,《新疆师范大学学报(哲学社会科学版)》2016年第3期。

[161]余双波等:《零信任架构在网络信任体系中的应用》,《通信技术》2020年第10期。

[162]余煜刚:《"从契约到身份"命题的法理解读》,《中山大学法理评论》2012年第1期。

[163]俞可平:《全球治理引论》,《马克思主义与现实》2002年第1期。

[164]郁建兴、任泽涛:《当代中国社会建设中的协同治理:一个分析框架》,《学术月刊》2012年第8期。

[165]乐黛云:《21世纪的新人文精神》,《学术月刊》2008年第1期。

[166]郧彦辉:《数字利维坦:信息社会的新型危机》,《中共中央党校学报》2015年第3期。

[167]臧超、徐嘉:《数字化时代推进政府领导力的三重向度》,《领导科学》2020年第20期。

[168]曾坚:《对中国公民权利意识的历史考察及反思》,《贵州大学学报(社会科学版)》2001年第1期。

[169]曾维和:《社会治理共同体的关系网络构建》,《阅江学刊》2020年第1期。

[170]查晓刚、周铮:《多层公共产品有效供给的方式和原则》,《国际展望》2014年第5期。

[171]张成岗:《区块链时代:技术发展、社会变革及风险挑战》,《人民论坛·学术前沿》2018年第12期。

[172]张恩典:《反算法歧视:理论反思与制度建构》,《华中科技大学学报(社会科学版)》2020年第5期。

[173]张帆、刘新梅:《网络产品、信息产品、知识产品和数字产品的特征比较分析》,《科技管理研究》2007年第8期。

[174]张涵:《从文明范式看人类文明转型与中华文明复兴》,《郑州大学学报(哲学社会科学版)》2005年第6期。

［175］张华:《数字化生存共同体与道德超越》,《道德与文明》2008年第6期。

［176］张婧羽、李志红:《数字身份的异化问题探析》,《自然辩证法研究》2018年第9期。

［177］张立新、张小艳:《论数字原住民向数字公民转化》,《中国电化教育》2015年第10期。

［178］张涛:《自动化系统中算法偏见的法律规制》,《大连理工大学学报(社会科学版)》2020年第4期。

［179］张晓君:《网络空间国际治理的困境与出路——基于全球混合场域治理机制之构建》,《法学评论》2015年第4期。

［180］张一锋:《区块链:建构数字世界的新工具》,《信息化建设》2018年第11期。

［181］赵诚:《全球化和规则文明》,《中共中央党校学报》2007年第5期。

［182］赵敦华:《关于普遍伦理的可能性条件的元伦理学考察》,《北京大学学报(哲学社会科学版)》2000年第4期。

［183］赵磊:《"从契约到身份"——数据要素视野下的商事信用》,《兰州大学学报(社会科学版)》2020年第5期。

［184］赵林林:《数字化时代的劳动与正义》,《北京师范大

学学报(社会科学版)》2020年第1期。

[185]郑磊:《开放政府数据研究:概念辨析、关键因素及其 互动关系》,《中国行政管理》2015年第11期。

[186]郑万青:《构建良心看护下的契约社会——兼议法治 的道德产品》,《观察与思考》1999年第2期。

[187]郑玉双:《破解技术中立难题——法律与科技之关系 的法理学再思》,《华东政法大学学报》2018年 第1期。

[188]郑跃平、刘美岑:《开放数据评估的现状及存在问 题——基于国外开放数据评估的对比和分析》,《电 子政务》2016年第8期。

[189]郑云翔等:《数字公民素养的理论基础与培养体系》, 《中国电化教育》2020年第5期。

[190]支振锋:《互联网全球治理的法治之道》,《法制与社 会发展》2017年第1期。

[191]钟伟:《国际货币体系的百年变迁和远瞩》,《国际金 融研究》2001年第4期。

[192]周宏仁:《数字世界的治理》,《互联网天地》2004年 第1期。

[193]周小川:《关于改革国际货币体系的思考》,《理论参 考》2009年第10期。

[194]周永林:《加密货币的本质与未来》,《中国金融》2018

年第 17 期。

[195]朱虹:《"亲而信"到"利相关":人际信任的转向——一项关于人际信任状况的实证研究》,《学海》2011年第 4 期。

[196]邹顺康:《依赖关系的演变与道德人格的发展——马克思"人的全面而自由发展"思想的思维路径》,《社会科学研究》2015年第 5 期。

[197][法]本诺伊特·科雷:《数字货币的崛起:对国际货币体系和金融系统的挑战》,赵廷辰译,《国际金融》2020年第 1 期。

[198][荷]丹尼斯:《对作为全球公共产品的网络进行治理》,《中国信息安全》2019年第 9 期。

[199][美]约瑟夫·奈:《机制复合体与全球网络活动管理》,《汕头大学学报(人文社会科学版)》2016年第 4 期。

[200][以]尤瓦尔·赫拉利:《为何技术会促成专制》,魏刘伟编译,《世界科学》2018年第 12 期。

[201][意]阿尔多·贝特鲁奇、徐国栋:《从身份到契约与罗马的身份制度》,《现代法学》1997年第 6 期。

[202][英]肖恩·塞耶斯:《现代工业社会的劳动——围绕马克思劳动概念的考察》,周嘉昕译,《南京大学学报(哲学·人文科学·社会科学)》2007年第 1 期。

三、中文报章

[1]陈兴良:《在技术与法律之间:评快播案一审判决》,《人民法院报》2016年9月14日,第3版。

[2]崔文佳:《科技向善要靠法规与伦理约束》,《北京日报》2019年5月10日,第3版。

[3]葛孟超、吴秋余:《数字人民币 支付新选择》,《人民日报》2021年1月18日,第18版。

[4]何怀宏:《我为什么要提倡"底线伦理"》,《北京日报》2012年2月20日,第6版。

[5]胡代光:《经济全球化的利弊及其对策》,《参考消息》2000年6月26日,第3版。

[6]王晶:《"数字公民"与社会治理创新》,《学习时报》2019年8月30日,第A3版。

[7]燕连福、谢芳芳:《简述国外学者的数字劳动研究》,《中国社会科学报》2016年5月17日,第2版。

[8]尤苗:《数字货币:全球货币竞争的新赛道》,《学习时报》2020年7月24日,第A2版。

[9]袁岚峰:《鼓吹科技冷战,格调太低》,《环球时报》2020年12月26日,第7版。

[10]张文显:《"无数字 不人权"》,《北京日报》2019年9月2日,第15版。

[11]张新红:《社会治理创新呼唤新基建》,《中国信息化周

报》2020年,第20版。

[12]赵蕾、曹建峰:《"数字正义"扑面而来》,《检察日报》
2020年1月22日,第3版。

[13]周文彰:《谈谈互联网思维》,《光明日报》2016年4月9
日,第6版。

[14]朱嘉明:《从交子到数字货币的文明传承》,《经济观察
报》2021年3月1日,第33版。

四、其他中文文献

[1]贵阳市人民政府新闻办公室:《贵阳区块链发展和应
用》,贵州人民出版社2016年版。

[2]季燕京:《什么是数字文明?》,中国社会科学网,2014
年,http://www.cssn.cn/zt/zt_xkzt/zt_wxzt/jnzgqgnjt-
gjhlw20zn/ztwz/jyjsmsszwm/201404/t20140417_1069965.
shtml。

[3]联合国秘书长报告:《数字合作路线图:执行数字合作
高级别小组的建议》,联合国官网,2020年,https://www.
un.org/zh/content/digital-cooperation-roadmap/。

[4]龙荣远:《每日科技名词 | 数字货币》,学习强国官网,
2021年,https://www.xuexi.cn/lgpage/detail/index.html?id
=7285093362179956907&item_id=7285093362179
956907。

[5]龙荣远:《每日科技名词丨数字身份》,学习强国官网,
2021年,https://www.xuexi.cn/lgpage/detail/index.html?id
=8471966451907701152&item_id=8471966451907
701152。

[6]孟宪平:《大数据时代人的自由全面发展及现实路径分
析》,载中国科学社会主义学会、当代世界社会主义专
业委员会、中共肇庆市委党校、肇庆市行政学院编著:
《"时代变迁与当代世界社会主义"学术研讨会暨当代
世界社会主义专业委员会2015年会论文集》,2015年。

[7]前瞻产业研究院:《AI+数字孪生发展现状、应用场景及
典型企业案例分析》,前瞻产业研究院官网,2021年,
https://bg.qianzhan.com/report/detail/2106231443190679.
html#read。

[8]彭波:《抗击疫情标志着中国进入数字科技时代》,凤凰
新闻,2020年,https://ishare.ifeng.com/c/s/7x3W4kLy-
UOV。

[9]习近平:《共担时代责任 共促全球发展——在世界经
济论坛2017年年会开幕式上的主旨演讲》,新华网,
2017年,http://www.xinhuanet.com/mrdx/2017-01/18/c_
135992405.htm。

[10]习近平:《共同开创金砖合作第二个"金色十年"》,新
华网,2017年,http://www.xinhuanet.com//politics/

2017-09/03/c_1121596338.htm。

[11]习近平:《让工程科技造福人类、创造未来——在2014年国际工程科技大会上的主旨演讲》,新华网,2014年,http://www.xinhuanet.com//politics/2014-06/03/c_1110966948.htm。

[12]习近平:《同舟共济创造美好未来——在亚太经合组织工商领导人峰会上的主旨演讲》,新华网,2018年,http://www.xinhuanet.com/world/2018-11/17/c_1123728402.htm。

[13]习近平:《同舟共济克时艰,命运与共创未来——在博鳌亚洲论坛2021年年会开幕式上的视频主旨演讲》,新华网,2021年,http://www.xinhuanet.com/mrdx/2021-04/21/c_139896352.htm。

[14]习近平:《携手构建合作共赢新伙伴 同心打造人类命运共同体》,人民网,2015年,http://politics.people.com.cn/n/2015/0929/c1024-27644905.html。

[15]尹子文:《契约与身份:从传统到现代法律制度中的观念演变》,中国政法大学比较法学研究院官网,2013年,http://bjfxyjy.cupl.edu.cn/info/1029/1287.htm。

[16]张育雄:《浅谈数字孪生城市治理模式变革》,中国信息通信研究院官网,2017年,http://www.caict.ac.cn/kxyj/caictgd/201804/t20180428_159729.htm。

［17］中国信息通信研究院：《数字孪生城市白皮书（2020年）》，中国信息通信研究院官网，2020年，http://www.caict.ac.cn/kxyj/qwfb/bps/202012/P020201217506214048036.pdf。

［18］中国信息通信研究院云计算与大数据研究所、腾讯云计算（北京）有限公司：《数字化时代零信任安全蓝皮报告（2021年）》，中国信息通信研究院官网，2021年，http://www.caict.ac.cn/kxyj/qwfb/ztbg/202105/P020210521756837772388.pdf。

［19］中国移动研究院：《基于区块链的数字身份研究报告（2020年）》，中移智库官方微信，2020年，https://mp.weixin.qq.com/s/M6eWtv54fjowJbCqC1DCzg。

［20］朱嘉明：《区块链和重建世界秩序》，在2020年全球区块链创新发展大会上的演讲，江西赣州，2020年8月14日。

五、外文专著及其析出文献

［1］Etzioni A. "Old chestnuts and new spurs" //Etzioni A. *New Communitarian Thinking:persons, Virtues, Institutions, and Communities*. Charlottesville: The University of Virginia. 1995.

［2］Etzioni A. *The Spirit of Community: Rights, Responsibilities, and the Communitarian Agenda*. New York: Crown

Publishers. 1993.

[3] Goldin I. *Divided Nations: Why Global Governance is Failing, and What We Can Do about* It. Oxford: Oxford University Press. 2013.

[4] Grusky D B. *Social Stratification:Class,Race,and Gender in Sociological Perspective.* Boulder: Westview Press. 2008.

[5] Henehan M T, Vasquez J. "The changing probability of international war, 1986–1992". //Raimo Vayrynen ed. *The Waning of Major War:Theories and Debates.* London and New York: Routledge. 2006.

[6] Jenks B. "The United Nations and global public goods: Historical contributions and future challenges" //Carbonnier G. *International Development Policy: Aid, Emerging Economies and Global Policies.* London: Palgrave Macmillan. 2012.

[7] Norris P. *Digital Divide: Civic Engagement, Information Poverty and the Internet Worldwide.* New York: Cambridge University Press. 2001.

[8] Olson M. The *Logic of Collective Action: Public Goods and the Theory of Groups.* Cambridge: Harvard University Press. 1965.

[9] Selznick P. "Social justice: A communitarian perspective"

//Etzioni A. *The Essential Communitarian Reader*. Lanham: Rowman & Littlefield Publishers, Inc. 1998.

[10] Tapscott D. *The Digital Economy: Promise and Peril in the Age of Networked Intelligence*. New York: McGraw Hill. 1996.

[11] Wieland J. "Global standards as global public goods and social safeguards" // *Governance Ethics: Global Value Creation, Economic Organization and Normativity*. Boston, MA: Springer. 2014.

[12] Wuthnow R. "Between the state and market: Voluntarism and the difference it makes" //Etzioni A. *Rights and the Common Good: The Communitarian Perspective*. New York: St. Martin's Press. 1995.

六、外文期刊

[1] Burston J, Dyer-Witheford N, Hearn A. "Digital labour: Workers, authors, citizens". *Ephemera*, 2010, Vol.(3/4).

[2] Cooper R. "Prolegomena to the choice of an international monetary system". *International Organization*, 1975, Vol.29.

[3] David J. Rothkopf. "Cyberpoliti: The changing nature of power in the Information Age". *Journal of International Affairs*, 1998, Vol.51.

[4] Development Committee. "Poverty reduction and global

public goods: Issues for the World Bank in supporting Global Collective Action". *World Bank*, 2000, Vol.16.

[5] Eriksson J, Giacomello G. "The information revolution, security, and international relations: (IR) Relevant Theory". *International Political Science Review*, 2006, Vol.27.

[6] Farah B. "A value based big data maturity model". *Journal of Management Policy and Practice*, 2017, Vol.18.

[7] Graveson R H. "The movement from status to contract". *The Modern Law Review*, 1941,Vol.4.

[8] He D, Habermeier K F, Leckow R B, et al. "Virtual currencies and beyond: Initial considerations". *IMF Staff Discussion Note*, 2016, Vol.16.

[9] Lin J B, Lu Y B, Wang B, et al. "The role of inter-channel trust transfer in establishing mobile commerce trust". *Electronic Commerce Research and Applications*, 2011, Vol.10.

[10] McKinnon R. "Currency substitution and instability in the World Dollar Standard". *American Economic Review*, 1984, Vol.74.

[11] Meehanp KA. "The continuing conundrum of international Internet jurisdiction". *Boston College International and*

Comparative Law Review, 2008, Vol.31.

[12] Puschmann T. "Fintech". *Business & Information Systems Engineering*, 2017, Vol.59.

[13] Ripberger J T. "Capturing curiosity: Using Internet search trends to measure public attentiveness". *Policy Studies Journal*, 2011, Vol.39.

[14] Samuelson P A. "The pure theory of public expenditure". *The Review of Economics and Statistics*, 1954, Vol.36.

[15] Stewart K J. "Trust transfer on the World Wide Web". *Organization Science*, 2003, Vol.14.

[16] Stoddart K. "UK cyber security and critical national infrastructure protection". *International Affairs*, 2016, Vol.92.

[17] Stoker G. "Governance as theory: Five propositions". *International Social Science Journal*, 1998, Vol.5.

[18] Terranova T. "Free labour: producing culture for the digital ecomomy". *Social Text*, 2000, Vol.18.

七、其他外文文献

[1] Harari Y N. "The world after coronavirus". Financial Times. 2020. https://www.ft.com/content/19d90308-6858-11ea-a3c9-1fe6fedcca75.

［2］Libra association members. "An introduction to Libra". Libra association members. 2019. https://sls.gmu.edu/pfrt/ wp-content/uploads/sites/54/2020/02/LibraWhitePaper_en _US-Rev0723.pdf.

［3］WSIS. "Tunis agenda for the information society". World Summit on the Information Society. 2005. https://www.itu.int/ net/wsis/docs2/tunis/off/6rev1.html.

后　记

2016年12月贵阳市人民政府新闻办公室率先发布《贵阳区块链发展和应用》,提出"主权区块链"这一创新概念,该书被誉为中国首个迈向区块链时代的宣言书。2017年5月,全国科学技术名词审定委员会首次审定发布"大数据十大新名词","主权区块链"入选其中,被正式认定为科技名词。与此同时,《块数据3.0》面向全球发行,其以"秩序互联网与主权区块链"为主题,研究了从技术之治到制度之治的治理科技。2018年,离区块链概念的提出过去了十年,区块链技术开始觉醒并受到前所未有的关注。2019年,区块链迎来落地元年,并被正式上升到国家战略高度。2020年5月,《贵阳主权区块链技术与应用》在"永不落幕的数博会——2020全球传播行动"启动仪式上正式发布。2020年12月,连玉明教授在"2020雄安·区块链论坛"上发表主旨演讲,首次提出"区块链是基于数字文明的超公共产品"这一重要论断,进一步丰富了"主权区块链"这一概念的内涵与外延。经过几年的努力,主权区块链在理论创新、技术研发和场景培育等方面不断取得新突破,宏伟蓝图正在逐步成为现实。

2020年,贵阳市人民政府和浙江大学举行《主权区块链1.0:秩序互联网与人类命运共同体》(以下简称《主权区块链1.0》)首发仪式,在全球引起了强烈反响,多家海外华文媒体和国内主流媒体给予报道。浙江大学副校长何莲珍出席并致辞,充分肯定《主权区块链1.0》的重大理论创新成果,"站位高、立意新、谋划深,兼具时代性、原创性、引领性,为促进全球治理开出创新药方"。《主权区块链1.0》是大数据战略重点实验室在"块数据"系列、"数权法"系列等理论研究成果基础上推出的又一重大创新成果。习近平总书记在十九届中共中央政治局第十八次集体学习时强调,"努力让我国在区块链这个新兴领域走在理论最前沿、占据创新制高点、取得产业新优势"[①]。《主权区块链1.0》是对这一重要讲话精神的积极回应:一是提出了互联网发展从信息互联网到价值互联网再到秩序互联网的基本规律;二是推出了数据主权论、数字信任论、智能合约论"新三论";三是论述了科技向善与阳明心学对构建人类命运共同体的重要意义。

《主权区块链2.0:改变未来世界的新力量》是《主权区

---

① 新华社:《习近平主持中央政治局第十八次集体学习并讲话》,中国政府网,2019年,www.gov.cn/xinwen/2019-10-/25/content_5444957.htm。

块链1.0》的延续和深化。主要观点集中体现为:其一,区块链是基于数字文明的超公共产品;其二,互联网是工业文明的高级形态,核心是连接;区块链是数字文明的重要标志,本质是重构;其三,数字货币、数字身份、数字秩序助推人类迈向数字文明新时代。本书由大数据战略重点实验室组织讨论交流、深度研究和集中撰写。连玉明提出总体思路和核心观点,并对框架体系进行了总体设计,龙荣远、肖连春细化提纲和主题思想,连玉明、朱颖慧、宋青、武建忠、张涛、龙荣远、宋希贤、肖连春、邹涛、陈威、杨洲、钟雪、沈旭东、杨璐、席金婷、李成熙负责撰写,龙荣远负责统稿。陈刚为本书提出了许多具有前瞻性和指导性的重要观点。贵州省委常委、贵阳市委书记、贵安新区党工委书记赵德明;贵州省政协副主席,贵阳市委副书记、市长,贵安新区党工委副书记、管委会主任陈晏;贵阳市委副书记、贵州省大数据发展管理局局长马宁宇;贵阳市委常委、市委秘书长刘本立;贵安新区党工委副书记、管委会副主任张吉兵;贵安新区党工委委员、管委会副主任,贵阳市政府党组成员(兼)毛胤强等为本书贡献了大量建设性的思想和见解。大数据战略重点实验室分别组织召开数字中国智库论坛暨主权区块链学术研讨会。梅涛(京东集团)、罗以洪(贵州省社会科学院)、张小平(贵州省科技评估中心)、王为民(贵州省大数据发展促进会)、黄明峰(云上贵州大数据产业发展有限公司）、杨世平（贵州大学）、周继烈（贵州警察学院）、陈峰（贵阳信息技术研究院）、张金芳（贵阳信息技术研究院）、白禹（贵阳学院）等专家学者就本书相关议题进行了交流研讨，从不同角度提出了许多真知灼见。大数据战略重点实验室浙江大学研究基地专家组贾圣林教授、杨小虎教授、李有星教授、赵骏教授、郑小林教授、陈宗仕教授、杨利宏教授和美国威斯康星大学奥克莱尔分校计算机信息系统学终身教授张瑞东博士对书稿进行了审读并提出了许多富有建设性的修改意见。应该说，本书是集体智慧的结晶。在此，需要特别感谢的是浙江大学出版社的领导和编辑们，褚超孚社长以前瞻的思维、独到的眼光和超人的胆识对本书高度肯定并提供出版支持，组织多名编辑精心策划、精心编校、精心设计，本书才得以与广大读者见面。

我们正处在新一轮科技革命和产业变革相互融合、相互交织的时代。区块链是人类历史上最大的数字化迁徙，区块链技术被认为是继蒸汽机、电力、互联网之后的下一代颠覆性技术。如果说蒸汽机释放了社会生产力，电力解决了人们的基本生活需求，互联网改变了信息传递方式，那么区块链作为"信任的机器"，则将彻底改变整个人类社会价值传递方式和秩序建构机制。互联网与区块链的融合将重构新一代网络空间，形成互链网——未来世界的连接方式。这不仅是数字经济的重要驱动力,也是推动未来数字社会和数字中国构建的重要力量。

　　作为一种本身包含公平公正、共识共享的治理科技,区块链有望成为解决当下困境的一剂良药。区块链为数据要素的全球治理和价值释放提供了新思路,为建立跨产业主体的可信协作网络提供了新途径,有望在疫情后全球复苏中扮演越来越重要的角色。可以预见,区块链特别是主权区块链将不仅被视为拉动经济发展的新动能,更会成为推进治理体系和治理能力现代化的新支撑。希望我们的一些粗浅思考能够为治理科技的应用、治理体制的创新、治理场景的运行提供一些参考。区块链是一个不断升温的热点技术和焦点话题,当前各界对它的看法和理解也不尽一致。在编著本书的过程中,我们尽力搜集最新文献,吸纳最新观点,以丰富本书思想。尽管如此,由于水平有限、学力不逮和认知局限,加上本书所涉领域繁多复杂,我们的观点并不一定是绝对准确的,书中难免有疏漏差误之处,特别是对引用的文献资料和出处可能挂一漏万,恳请读者批评指正。

大数据战略重点实验室

2021 年 5 月